Ijoma Mangold
Die orange Pille

IJOMA
MANGOLD

DIE ₿RANGE PILLE

Warum Bitcoin weit mehr
als nur ein neues Geld ist

dtv

MIX
Papier | Fördert
gute Waldnutzung
FSC® C083411
www.fsc.org

Originalausgabe 2023

Satz: Fotosatz Amann, Memmingen
Gesetzt aus der Minion Pro
Druck und Bindung: CPI books GmbH, Leck
Printed in Germany · ISBN 978-3-423-28312-0

INHALT

Nichts hat mich so misstrauisch gegen den Bitcoin gemacht wie die Rasanz, mit der ich von ihm überzeugt war.

TEIL I

BITCOIN UND ICH

Money, Money, Money

Im Film ›Matrix‹ steht Neo vor der Wahl: Wenn er die blaue Pille schluckt, dann wird er wieder in seinem Bett erwachen, sich an nichts mehr erinnern, den Riss in der Matrix vergessen, auf den er gestoßen ist, und weiter glücklich in der Simulation leben. Entscheidet er sich hingegen für die rote Pille, tritt er heraus aus der Fiktion, und alles, was er bisher für wirklich hielt, wird er als eine Truman-Show durchschauen, inszeniert für sein Bewusstsein. Die rote Pille verspricht weder Glück noch Erfolg noch Wohlbefinden, sondern nur: die Wahrheit; mit der blauen Pille würde Neo seinen Seelenfrieden retten, unter der paternalistischen Protektion der Matrix sein kleines Glück genießen mit einem Lüstchen für den Tag und einem Lüstchen für die Nacht. Aber werden wir unseres Lebens noch froh, wenn wir einmal erkannt haben, dass das Glück nichts als eine Simulation ist?

Auch in der Bitcoin-Welt ist man überzeugt, dass die Welt, in der wir *bb*, also »before bitcoin«, lebten, eine Scheinwelt ist, in der die Zentralbanken uns mit wertlosem Geld versorgen, das sie aus dem Nichts erzeugen können. Bitcoiner nennen dieses Matrix-Geld Fiat-Währungen, in Analogie zur Genesis: Lateinisch »fiat«, *es werde* oder *entstehe* – so schuf Gott die Welt aus dem Nichts, eine uranfängliche *creatio ex nihilo*. Genau so aus dem Nichts schaffen die Zentralbanken im Zusammenspiel mit den Geschäftsbanken weltweit ihre Fiat-Währungen, nur dass sie nicht Gott sind, auch wenn sie sich manchmal so verhalten, als glaubten sie es. Und in der Tat: Solange es keine Konkurrenz zu den Fiat-Währungen gab, war ihre Machtvollkommenheit unangefochten.

»Clownswelt« nennen Bitcoiner dieses Fantasy-Land des schlechten Gelds, das sie hinter sich lassen wollen, und sie können das, weil es seit 2009 eine Technologie gibt, die hartes Geld ermöglicht: den Bitcoin, wie er von einer Frau, einem Mann oder einer Gruppe von Leuten 2008 unter dem Namen Satoshi Nakamoto im sogenannten White Paper entworfen worden ist. Kein Wunder also, dass Bitcoiner das popkulturelle Meme von der roten Pille aus dem Film ›Matrix‹ übernommen und es für ihre Zwecke farblich angepasst haben: Weil die Farbe des Bitcoins orange ist, hat die orange Pille geschluckt, wer überzeugt ist, dass Bitcoin uns aus der Clownswelt der Schulden und Finanzderivate und Negativzinsen und Vermögenspreisinflationen *and all that jazz* herausführen wird.

Eine typische Frage unter Bitcoinern lautet: Wer hat dich *georangepilled*? Will sagen, wer hat dir als Erster vom Bitcoin erzählt, und dies in einer so bezwingenden Weise, einer so eindringlichen Rekonstruktion der Gedankenarchitektur, dass du dich angesteckt hast, dass du mehr wissen wolltest, dass du angefangen hast, Fragen zu stellen, dass die Antworten anfingen – *holy shit*! –, überzeugend zu klingen, und dass du schließlich deine ersten Satoshis (so heißt die Einheit unterhalb eines Bitcoins – also das, was beim Euro die Cents sind) gekauft hast …

Es gibt im Bitcoin-Universum berühmte *Orange-Piller*, der berühmteste ist vielleicht Michael Saylor, CEO von MicroStrategy, der als einer der ersten Chefs eines börsennotierten Unternehmens Bitcoin in seine Bilanz aufnahm und seither unermüdlich der Welt, aber vor allem anderen Entscheidungsträgern in der US-amerikanischen Wirtschaft Bitcoin erklärt. Selbst erst Anfang der Pandemie 2020 von einem

Freund *georangepilled*, hat er als Mensch der Tat innerhalb weniger Monate die Fiat-Welt wie eine alte Schlangenhaut abgestreift und ist mit seinem Unternehmen in die Welt der Bitcoin eingestiegen, so dass MicroStrategy heute weniger ein Softwareunternehmen als ein Bitcoin-Derivat ist, dessen Aktienkurs genau dem Chart des Bitcoins folgt. Wem es als institutionellem Anleger die Regulierung verbietet, Bitcoin direkt zu halten, der kauft ersatzweise Aktien von MicroStrategy.

Bitcoin ist hochansteckend. Er ist nicht mehr als eine Idee, aber Ideen sind wie Viren, die sich, einmal gestreut, mit exponentiellem Wachstum vermehren. Bitcoiner zitieren gern Victor Hugo: Nichts sei stärker als eine Idee, deren Zeit gekommen ist. Und Bitcoin-Zeit läuft zehnmal so schnell wie die Normalzeit, was mit der Exponentialität von Netzwerk-Effekten zu tun hat: Waren es eben noch ein paar Nerds, die im Hobbykeller ihrer Eltern Bitcoin schürften, entstanden plötzlich große Firmen, die Bitcoin hielten, und ehe man es sich versah, wurde Bitcoin 2021 sogar offizielles Zahlungsmittel in El Salvador. Im Bitcoin-Universum kann ein Monat wie zehn Jahre sein. Das gilt auch für die Rückschläge, die wie Tsunamis durch die Märkte fegen.

Dieses Buch will Sie, geschätzte Leserin, geschätzter Leser, *orangepillen*, indem es davon erzählt, wie ich selbst *georangepilled* wurde. Ich stelle mir vor, dass Sie zu diesem Buch gegriffen haben, weil Sie mich als Literaturkritiker kennen. Bitcoin ist Ihnen eigentlich suspekt, Geld finden Sie vulgär, das ist was für Aufsteiger, nur altes Geld dulden Sie. Grundsätzlich haben Sie ein besseres Gefühl dabei, wenn der Staat durch Umverteilung für alle sorgt, denn die Schere zwischen Arm und Reich ist doch eigentlich ein Skandal, weshalb Sie den Umstand, dass Ihre Berliner Altbauwohnung sich in den letzten fünfzehn Jahren im Wert mehr als verdoppelt hat, wie ein Kavalier nur schweigend genießen. Mittlerweile sind

Sie auch ein bisschen genervt davon (Bitcoiner sagen *salty*), dass plötzlich so häufig von diesem neuen Geld die Rede ist, obwohl es, wie man hört, sinnlos Energie frisst – und als kürzlich sogar Ihr Bankberater (der einen Komplex hat, weil er glaubt, Sie hielten ihn für eine graue Maus, weil ihm Excel mehr liegt als Word) mit Bitcoin anfing, haben Sie innerlich geseufzt: »Darum hab ich nicht gebeten!«

Sie glauben aber (und ich kann Sie darin nur unterstützen), dass jemand, der alle sieben Bände von Prousts ›Suche nach der verlorenen Zeit‹ gelesen hat, zumindest nicht im Vulgaritätsverdacht steht, und deshalb haben Sie sich gedacht: Wenn schon kein Weg mehr an Bitcoin vorbeiführt, dann lasse ich es mir in Gottes Namen wenigstens von einem Proust-Liebhaber erklären.

Genau: Ich verstehe mich als Brückenbauer, weil ich aus einer Welt komme, in der mir nicht an der Wiege gesungen worden ist, dass ich mich dermaleinst für eine neue Technologie begeistern würde. Aber, glauben Sie mir, das geht: Man kann von Bitcoin so entflammt sein wie von der Proust-Lektüre. Ich erzähle und erkläre also Bitcoin, ich berichte von meinen Erfahrungen, davon, wie Bitcoin mich verwandelt hat, und immer wieder von meinem Erstaunen und meinen Selbstzweifeln, wie es ausgerechnet mir passieren konnte, im gesetzten Alter von fünfzig Jahren plötzlich so zu reden wie ein »neu erweckter Prophet«, wie es bei Shakespeare heißt, als wäre ich ein Jugendlicher, der zum ersten Mal Karl Marx' ›Kommunistisches Manifest‹ in die Hände bekommt und nach der Lektüre überzeugt ist, dass die Welt nie wieder so sein wird wie zuvor.

Der Kaninchenbau

Seit zwei Jahren wohne ich in einem kleinen Bauernhaus in der Uckermark, einer hügeligen Endmoränenlandschaft nördlich von Berlin, kaum besiedelt, dafür ein See nach dem anderen. Manchmal fragen Freunde mich besorgt, ob ich nicht noch zu jung sei, um die Welt und ihren Wandel an mir vorbeiziehen zu lassen. Sie machen sich Sorgen, dass ich – wie man früher im Diplomatenjargon gesagt hätte – verbusche.

Ich kann die Sorge verstehen. Trotzdem würde ich sagen: Das Gegenteil ist der Fall! Denn ich habe nicht nur das Land für mich entdeckt, sondern auch Bitcoin – lustigerweise beides fast zur selben Zeit. Auch in einem Garten, der so bescheiden ist wie meiner, hat man alle Hände voll zu tun, aber was immer ich mache, ob ich Unkraut jäte oder Laub reche, die Apfelbäume beschneide oder die Walnüsse ernte, immer habe ich meine Kopfhörer auf und lausche irgendeinem Bitcoin-Podcast und muss dabei selbst schmunzeln, wie Scholle und Technologie, Hand- und Kopfarbeit zusammengehen wie Yin und Yang. Das Bitcoin-Protokoll ist eine technologische Revolution, die unsere Welt nicht weniger fundamental verändern wird, als es das Internet in den vergangenen zwanzig Jahren getan hat, und während ich mich im Rhythmus der Jahreszeiten und ihrer Wiederkehr um meinen Garten kümmere, erzählen mir die Stimmen im Ohr von *disruption* und wie die Blockchain-Welt der Zukunft aussehen wird.

Ich wühle in der Erde und denke über das Ende der Zentralbanken nach.

Im Bitcoin-Space ist das keine unbekannte Erfahrung, im Gegenteil – es heißt dann, man sei wie Alice im Wunderland in den Kaninchenbau gefallen. Dieser Kaninchenbau hat so viele Gänge und Abzweigungen und Richtungen, dass man begierig tiefer eindringt; zwar ist jeder einzelne Gang für sich genommen schon unendlich aufregend, aber das steigert bloß das Bedürfnis, eine Ahnung vom Gesamtentwurf der Konstruktion zu bekommen, so dass man sich manchmal regelrecht sorgt, ob man je wieder ans Tageslicht zurückfinden wird, in jene Welt, in der man so lange gelebt hat und die einem nun ein wenig fad und verhockt vorkommt.

Aber dann muss ich über die Ironie schmunzeln, dass es ausgerechnet mich, einen eitlen Literaturkritiker und Ästhetizisten, der sich noch nie im Leben für irgendetwas Technologisches interessiert hat, mit Bitcoin dermaßen erwischt hat. Davon soll dieses Buch handeln – von einer unwahrscheinlichen Ansteckung, mit der absolut nicht zu rechnen war.

Und weil es mich selbst am meisten überrascht, dass ich bei Bitcoin gelandet bin, bin ich vielleicht nicht der schlechteste Reiseführer für Leser, die noch mit Abstand und Skepsis auf dieses neue Geld blicken. Wenn es mich, maximaler Technologie-Ignorant, der ich war, erwischen konnte, dann sind auch Sie, lieber Leser, davor nicht sicher. Und zwar, weil es in Wahrheit eine intellektuelle Entdeckungsreise ist, die neue Antworten auf Fragen bereitstellt, welche man, wissentlich oder nicht, schon lange mit sich herumgetragen hat. Dieses Buch soll eine Brücke bauen in die bürgerliche Welt, aus der ich selbst komme. Ich weiß, dass man dort die Nase über den Bitcoin rümpft, weil man grundsätzlich alles, was mit etwas steilerer Rendite verbunden ist, als vulgär ablehnt. In der bürgerlichen Welt wird nur altes Geld als kulturell legitim empfunden. Und Bitcoin ist in jeder Hinsicht neues Geld. Aber noch mehr als Geld ist der Bitcoin ein Abenteuer, weshalb *true believer* an ihm nicht irre werden, auch wenn er mal wieder in einer Woche dreißig Prozent seines Wertes eingebüßt hat.

Ich will Ihnen, liebe Leserinnen und Leser, die Grundzüge des digitalen Geldes erklären, aber dies auf eine Weise tun, die von meinem eigenen Weg zu Bitcoin erzählt. Ich weiß, es klingt wie im Genre religiöser Erbauungsliteratur: Der Bekehrte berichtet von seinem Damaskus-Erlebnis, er legt Zeugnis davon ab, was ihm widerfahren und warum er ein anderer, warum er vom Saulus zum Paulus geworden ist. Und tatsächlich würde ich sagen, ich bin zum Teil ein anderer geworden. Von einigen Grundüberzeugungen, die mich die ersten fünfzig Jahre meines Lebens durch die Welt begleitet haben, musste ich mich lösen, zum Beispiel von meinem bis dahin großen Institutionenvertrauen. Solche Abschiede sind durchaus nicht leicht, manchmal fühlen sie sich regelrecht unheimlich an – und dann versuche ich mich selbst im Spiegel anzuschauen, ob bei mir inzwischen etwa erste Anzeichen progressiver Paralyse zu erkennen sind, aber nichts ist, wie man weiß, schwieriger, als sich selbst zu diagnostizieren.

Wer zum ersten Mal in die leuchtenden Augen eines überzeugten Bitcoiners schaut, dürfte sich abgestoßen abwenden: Das hat doch alle Anzeichen einer religiösen Psychose! Nur Fanatiker und Erweckte reden in Zungen, da ist man als skeptischer Zeitgenosse besser auf der Hut … Und wirklich klingt es manchmal, als gäbe es überhaupt kein gesellschaftspolitisches Problem, für das Bitcoin nicht die Lösung ist. Ob wachsende Ungleichheit, die Förderung von erneuerbaren Energien oder das Ende einer konsumistischen Wachstumsideologie – früher oder später erklären die Anhänger des digitalen Geldes: »Bitcoin fixes this!«

Wenn ich sagen soll, womit ich am meisten gefremdelt habe, als ich mit dieser Welt in Berührung kam, dann war es genau dies: Als liberaler Skeptiker misstraute ich jedem eschatologischen Überschuss, jeder Erlösungsideologie, und im Bitcoin-Space traf ich ständig auf Menschen, die im Bitcoin einen universellen Heilsbringer zu sehen schienen. Mein Bauch sendete Alarmsignale! Gleichzeitig waren, was ich dort vernahm, Gedanken und Argumente, und sie waren so faszinierend, dass ich nicht widerstehen konnte, sie zu durchdenken, bis ich, gewissermaßen gegen meinen eigenen inneren Widerstand, an den Punkt kam, wo auch ich den Satz »Bitcoin fixes this« nicht mehr für gar so unplausibel hielt.

Wenn Geld die Rückseite all unserer Handlungen ist, dann ist es nicht verwunderlich, dass die Qualität des Geldsystems Auswirkungen auf unsere Handlungen hat. Geld ist nicht nur der Schatten, der unseren Handlungen folgt, sondern schafft für unterschiedliche Handlungsweisen unterschiedliche Anreize. Ein Geld, das entwertet, wird Sie, wenn Sie nicht völlig schmerzfrei sind, dazu verleiten, mehr Immobilien in Ihren Besitz bekommen zu wollen, als Sie persönlich bewohnen können. Ein Geld hingegen, das wertstabil ist, macht Sie mit höherer Wahrscheinlichkeit statt zum Immobilienspekulanten zum Sparer. Menschen folgen der Handlungslogik, der Anreizstruktur, die das Geld vorgibt.

Dem Leser bleibt es zu entscheiden, was da mit mir passiert ist: Entweder ist die Sache substantiell oder der Verfasser ist Opfer eines ideologischen Wahns geworden. Es ist beides gleichermaßen denkbar, und ich selbst kann es unmöglich entscheiden. Sitze ich, der ich mich immer für einen Realisten gehalten habe, einer großen Illusion auf? *Mundus vult decipi*, die Welt will betrogen werden – kann es sein, dass ich in der zweiten Hälfte meines Lebens auch einmal an etwas Großes glauben will, einfach weil es sich so gut anfühlt?

Mitunter muss ich an den bekannten Witz denken: Nur weil man paranoid ist, heißt das nicht, dass man nicht verfolgt wird. Nur weil Satoshi Nakamotos Erfindung mich euphorisiert, heißt das noch lange nicht, dass sie nicht funktioniert. Ich möchte Ihnen jedenfalls in diesem Buch die frohe Botschaft verkünden, dass es seit wenigen Jahren eine durch und durch rationale Technologie gibt, die enorme Engagementsenergien zu entfesseln vermag, weil wir mit ihr fast alles, was ist, neu denken können – und zwar unter dem Gesichtspunkt der Dezentralität und einer Freiheitsdimension, die im alten Fiat-Geld der Zentralbanken nicht möglich war. Deshalb ist Bitcoin mehr als einfach eine neue Asset-Klasse – er ist gesellschaftspolitisches Neuland. Aber um nachvollziehen zu können, warum ich den Mund so voll nehme, muss man eine Idee davon gewinnen, auf welche Probleme Bitcoin eine Antwort ist.

Zu gut, um nicht verboten zu werden?

Das größte Hindernis, das der Verbreitung von Bitcoin entgegensteht, ist mangelndes Verständnis. Zwar ist die Gesellschaft in den vergangenen zwei Dekaden auf breiter Front in die Digitalisierung eingetreten, aber dass etwas, das es nicht physisch, sondern nur digital gibt, einen Wert haben soll, kommt uns noch immer phantastisch in einem unguten Sinne vor. Noch weniger können wir uns vorstellen, dass eine Sache von Wert nur als ein anonymes Netzwerk existiert, ohne zentrale, verantwortliche Steuerungsinstanz, die alles regelt und richtet, denn dergleichen hat es in der Geschichte der Menschheit außerhalb von kleinen Gemeinschaften, in denen sich die Menschen kennen und einander vertrauen, noch nicht gegeben. Und obwohl wir zuletzt auf so vielen Ebenen die Erfahrung gemacht haben, dass die Welt durch die Globalisierung zusammenrückt und nationale Grenzen und die damit korrespondierenden Souveränitäten an Relevanz und Durchsetzungskraft verloren haben, erscheint uns ein Geld, das keine nationalen Grenzen kennt, nicht staatlich emittiert wird und das von der ganzen Welt gleichermaßen genutzt werden kann, als etwas Halbseidenes. Wirklich ist nur, was der Staat garantiert – so unser Bauchgefühl, das noch ganz im Bann Hegels steht, für den der Staat die Wirklichkeit der sittlichen Idee war. Und sollten wir schließlich unwahrscheinlicherweise, sozusagen aus reiner Neugier, all diese Ablehnungsintuitionen überwinden und direkt am Ufer des Rubikon stehen, im Begriff, ihn zu überschreiten, dann packt uns plötzlich genau wie Ray Dalio, den Gründer von Bridgewater, dem größten Hedgefonds der Welt, die panische Erkenntnis, dass Bitcoin schlichtweg zu gut ist, um nicht verboten zu werden, weil sich die Staaten nie und nimmer ihre monetäre Alleinherrschaft streitig machen lassen. »Ich glaube: Wenn der Bitcoin am Ende wirklich erfolgreich sein sollte, machen sie kurzen Prozess mit ihm«, sagte er im September 2021 gegenüber CNBC. Dalio hat im Übrigen in seinem Verhältnis zu Bitcoin viele Wandlungen durchschritten, und wenn nicht alles täuscht, hält er ihn mittlerweile für eine notwendige Ergänzung jedes sinnvoll diversifizierten Portfolios.

All die genannten Vorbehalte und Einwände sind nicht aus der Luft gegriffen (wobei es schwer vorstellbar ist, wie Staaten ein dezentrales Netzwerk erfolgreich unterdrücken können sollen), und es wäre absurd, sie in den Wind zu schlagen, doch trotzdem gilt: Je besser man Bitcoin versteht, desto weniger Gewicht haben die Einwände, desto mehr nehmen die Ängste und Zweifel ab. Der Anteil des eigenen Vermögens, den man in Bitcoin steckt, steigt erfahrungsgemäß in dem Maße, in dem man die einzelnen Puzzleteile, aus denen Bitcoin sich zusammensetzt, besser versteht, weil man die Risiken dann neu bewertet. Wissen kann Ungewissheit nicht auflösen, aber reduzieren. (Auf die andere Gefahr, sich einer Sache allzu sicher zu sein, werden wir später noch einmal zu sprechen kommen.)

Allerdings ist Bitcoin keineswegs einfach zu verstehen – und weil es ein dynamisches Netzwerk ist, das sich durch die unvorhersehbaren Handlungen aller Beteiligten evolutionär weiterentwickelt, gibt es auch keinen Punkt der finalen Durchdringung oder der letztgültigen Wahrheitserkenntnis. Und zugleich gibt es wenig, das zu verstehen sich so aufregend anfühlt. Gewiss, man trifft auch Bitcoiner, die das digitale

Geld super finden, weil sie damit große Gewinne erwirtschaftet haben, aber die wahren Anhänger brennen dafür, weil es in ihrem Kopf irgendwann einmal klick gemacht hat, weil sie dem Verständnis seiner Funktionsweise plötzlich einen großen Schritt nähergekommen sind. Und wenn es einmal klick gemacht hat, dann ist es zu spät: Dann will man Bitcoin besitzen, auch wenn die Kurse gerade in den Keller stürzen. Ob es sich bei dieser Haltung um einen Zustand der Hellsicht oder um einen der Unzurechnungsfähigkeit handelt, wird die Zukunft zeigen.

Jedenfalls ist dieses Buch ein Geschöpf des Bärenmarkts. Bärenmärkte nennen Börsianer Zeiten fallender Kurse. Wahre Bitcoiner lieben den Bärenmarkt, den man auch Kryptowinter nennt, denn er scheidet die Spreu vom Weizen: Solange man mit Bitcoin Rendite macht (*number goes up*!), ist es leicht, für ihn zu glühen; wer Bitcoin aber im Bärenmarkt die Treue hält, tut dies aus echter Überzeugung. Dann verschwinden die Wichtigtuer, Gschaftlhuber und Großsprecher von der Bühne, es kehrt jene konzentrierte Ruhe ein, in der die wahren Bitcoiner neue Geschäftsideen und Anwendungsfälle entwickeln. Die neuen Ideen, die den nächsten Bullenmarkt befeuern, entstehen in aller Regel im Bärenmarkt.

Sie, lieber Leser, können nach allem bisher Gesagten ungefähr rekonstruieren, wann ich meine ersten Satoshis (100 Millionen Satoshis sind ein Bitcoin) gekauft habe, wie damals der Kurs stand und wo er sich heute befindet. Also ahnen Sie, dass ich, während ich an diesem Buch schrieb, für die meiste Zeit mit meinem Investment unter Wasser war. Und ich bin selbst erstaunt, wie wenig mich das beim Schreiben verunsichert hat.

Dieses Buch verspricht Ihnen deshalb keine rauschenden Gewinne, sondern nur Gedankenblitze.

Die Schwierigkeit beim Begreifen von Bitcoin hat vor

allem damit zu tun, dass man weit auseinanderliegende Wissensdisziplinen miteinander verknüpfen, sie also gleichzeitig durchdringen muss: Kryptographie, Ökonomie, Geldtheorie, Wissen um verteilte Computernetzwerke und Spieltheorie. Die einzelnen Bereiche für sich sind schon nicht ganz ohne, aber erst wenn es einem gelingt, wie ein Jongleur alle Bälle auf einmal in der Luft zu halten, die Wissensdisziplinen folglich simultan zu denken, dann zeigt sich plötzlich das wunderbare Funktionieren dieser Maschine, bei der ein Teil geschmeidig surrend in den anderen greift.

Bücher sind ein lineares Medium: Sie können nur eins nach dem anderen sagen. Darum werden wir im Folgenden aus verschiedenen Richtungen Anlauf nehmen und am Anfang jeweils nur einen Ball in die Luft werfen, diesen dafür jedoch öfter wechseln und Ihnen, lieber Leser, Perspektivsprünge zumuten.

Aber es gibt nicht nur diese verschiedenen Wissensdisziplinen, die im Bitcoin-Design zusammenwirken, es gibt auch mindestens genauso viele gesellschaftliche Gruppen, die sich als Träger der Bitcoin-Bewegung identifizieren lassen, ihrerseits aber keineswegs auf die erwähnten Wissensdisziplinen als ihre Herkunftswelten zurückzuführen sind, obwohl sie tatsächlich jeweils durch einen bevorzugten Zugang zum Thema beschrieben werden können. Bitcoin ist als Technologie neutral, aber diese Technologie lässt sich ideologisch deuten – je nach der eigenen politischen Ausgangslage. So gibt es unter Bitcoinern rechte Libertäre, für die jeder Steuergroschen einem Freiheitsentzug durch die Staatsgewalt gleichkommt, linke Weltverbesserer, die unter dem Motto »Banking the Unbanked« den finanziell Unterprivilegierten, die über kein Bankkonto verfügen, via Bitcoin Zugang zu einem weltweiten Bezahlsystem verschaffen wollen, weltanschauungsfreie Portfolio-Manager, die nicht mehr an die Nachhaltigkeit amerikanischer Staatsanleihen glauben (von europäischen ganz zu schweigen), Anarchisten jenseits von Gut und Böse (zu anarchistisch, um überhaupt in eine spezifischere Kategorie zu passen – ich bin nicht Eurer Meinung, aber Ihr gefallt mir!), Anhänger der österreichischen Schule der Nationalökonomie, die das handelnde Subjekt in den Mittelpunkt rücken, statt wie die Mainstream-Volkswirtschaftslehre mathematische Modelle zu extrapolieren, Cypherpunks, die ihren ganzen Programmierverstand dafür einsetzen, um im digitalen Zeitalter ihre Privatsphäre und Anonymität vor den Nachstellungen der Staaten und Konzerne zu retten, Freiheitsfreunde, die es begrüßen, dass Bitcoin dem Staat den Totalzugriff aufs Geld entzieht, und so weiter. Und dann gibt es natürlich noch all jene, die glauben, dass Bitcoin funktionieren kann und wichtig sein wird, ohne dass sie sich deshalb in eines dieser monumentalen Überzeugungssysteme einkaufen wollen. Vermutlich sind sie mit Abstand die größte Gruppe – aber auch die stillste.

Ich will auch gar nicht bestreiten, dass es unter Bitcoinern deutlich mehr Klimaskeptiker, Impfgegner, Mainstream-Medienverächter und (*no kidding*!) Karnivoren gibt, als sie mir sonst in meiner privaten wie beruflichen Bubble zwischen Akademia und Journalismus zu begegnen pflegen.

Kurz: Es ist ganz schön viel Druck im Kessel, und manchmal fühle ich mich von dieser Überdosis Weltanschauung regelrecht erschlagen und frage mich, ob diese ganzen starken Überzeugungen meiner seelischen Gesundheit eigentlich zuträglich sind. Aber am Ende bin ich dann doch wieder fasziniert von der Kühnheit der Gedanken und der Neuheit der Argumentationslinien. Natürlich: Es gibt, wie in jeder Community, auch hier viele Phrasen, die gebetsmühlenartig wiederholt werden, doch verglichen mit der Normalwelt ist der Anteil freien Denkens, bei dem man wirklich ins Neue, ins Unbekannte vorstößt, meiner Einschätzung nach überproportional hoch. Um nur ein Beispiel zu nennen: Auf jeden

Klimaskeptiker kommt mindestens ein *georangepilleder* Umweltaktivist, der den ganzen Tag über nichts anderes als Energiewirtschaft nachdenkt und der auf den ersten Blick paradoxen Überzeugung ist, dass Bitcoin-Mining nicht eine Gefahr für das Klima, sondern eine große Chance für den effizienten Ausbau von erneuerbarer Energie darstellt, weil Bitcoin *stranded energy* nutzen kann und auf diese Weise grüne Energie überhaupt erst profitabel macht (dazu mehr im Kapitel »Ist Bitcoin eine Umweltsau?«).

Viele Menschen wissen immer ganz genau, was Wahrheit und was Fake ist, was Fakten und was Fiktion, was Wissenschaft und was Verschwörung, was ein Argument und was nur Geschwurbel, als gäbe es dafür einen einfach zu bedienenden Lackmustest. Ich bin da sehr viel skeptischer, ja, vermutlich bin ich gar ein pragmatischer Relativist. Ich finde es generell nicht so leicht, zwischen neu und verrückt, zwischen eigensinnig und abgedreht immer trennscharf zu unterscheiden – ein bisschen ins *Cringe* muss man sich halt vorwagen, wenn man nicht für den Rest des Lebens im eigenen Saft schmoren will.

Es ist also ein wirklich wildes Umfeld. Manchmal muss ich für mich rote Linien ziehen. Aber um Bravheit habe ich nicht gebeten, als ich den Kaninchenbau betrat.

Mit anderen Worten: Ohne Fremdeln geht es nicht. Davon erzählt das übernächste Kapitel.

Denn vorher möchte ich ein Zwischenkapitel einschieben, das eine erste, noch rein skizzenhafte Beschreibung dessen bieten soll, was Bitcoin ist, damit Sie, geschätzte Leserin, geschätzter Leser, endlich eine Antwort auf Ihre ungeduldige Frage bekommen: »Aber was, bitte, ist denn dieser Bitcoin nun – wo kommt er her, wo liegt er rum und warum, bitte, soll er etwas wert sein?«

Also kriegen Sie jetzt mal ein bisschen was zwischen die Zähne!

Ein erster Rundflug über Bitcoin-Land in ziemlicher Höhe (Erwarten Sie nicht, Details zu erkennen!)

Bitcoin ist ein digitales Geld, das als Netzwerk ohne zentrale Steuerungsinstanz funktioniert. Das Kassenbuch, der sogenannte Ledger, der festhält, wem welche Bitcoin gehören, liegt als verteiltes System auf vielen verschiedenen Computern. Jeder, der an diesem Netzwerk teilnehmen möchte, kann sich die gesamte Transaktionsgeschichte auf seinen Computer herunterladen, denn Bitcoin ist Open Source. Und wer das tut, ist dann ein sogenannter Node, ein Knotenpunkt des Netzwerks, der aktiv überprüft, ob die Transaktionen, die blockweise der Blockchain hinzugefügt werden, korrekt sind, ob das Kassenbuch stimmt.

Kryptografisch, also abgesichert durch Verschlüsselung, ist der Bitcoin unter anderem deshalb, weil sich die User durch digitale Unterschriften als rechtmäßige Inhaber ihrer Bitcoin ausweisen. Folglich kann mir keiner meine Bitcoin wegnehmen, der nicht meinen streng geheimen Zugangscode kennt.

Neue Blöcke werden dabei von den sogenannten Minern erstellt (von englisch *mine*, schürfen, so, wie Gold geschürft wird). Jeder kann Miner werden, man muss sich nur die dafür nötige Hardware anschaffen. Etwa alle zehn Minuten fassen Miner aus der ganzen Welt aktuell anstehende Transaktionen zu einem neuen Block zusammen, den sie der bisherigen Kette hinzufügen. Und weil jeder neue Block, metaphorisch gesprochen, in Form einer Art kryptografischer Quersumme alle vorherigen Blöcke mitaufnimmt, würde die Manipulation eines einzigen Blocks die gesamte Blockchain ungültig machen.

Die Miner schaffen Blöcke, indem sie einem spieltheoretischen Anreizsystem folgen, bei dem sie (sehr viel) Energie aufwenden müssen, um sich für die Schaffung des nächsten Blocks zu qualifizieren. Es ist eine Art Lotterie, an der man teilnimmt, indem man mit Rechnern Strom verbraucht. Die Miner sind bereit, diese Energiekosten auf sich zu nehmen, weil sie im Erfolgsfall, wenn sie also den nächsten Block erstellen dürfen, mit Bitcoin belohnt werden, so dass sich ihre Investition am Ende auszahlt.

Der Clou: Sollten sie sich als böswillige Akteure herausstellen und falsche Informationen in den Block aufnehmen, indem sie sich zum Beispiel Bitcoin gutschreiben, die sie gar nicht verdient haben, werden die Nodes, die alles überprüfen, einen solchen Block sofort ablehnen – und mit ihm den sogenannten Block Reward, also die Belohnung, sprich die Bitcoin, die sich erfolgreiche Miner gutschreiben dürfen. Der unehrliche Miner hätte kostspielige Energie verbraucht, ohne in den Genuss der Belohnung zu kommen.

Dieses ziemlich komplexe Verfahren hört auf den Namen *Proof of Work* und ist das Herzstück des Bitcoin-Netzwerks (wir werden es in späteren Kapiteln sehr viel ausführlicher erklären), weil es die Sicherheit des Systems auf dezentrale Weise garantiert.

Jetzt haben wir schon verstanden, wie neue Bitcoin in die Welt kommen: Indem die Miner für neue Blöcke mit Bitcoin entlohnt werden, welche sie (wenigstens zum Teil) verkaufen, um ihre Investitionskosten wieder einzuspielen. So kommen die Bitcoin unter die Leute.

Über diesen Mechanismus steuert Bitcoin zugleich seine Geldpolitik: Für jeden Block gibt es eine feste Menge an Bitcoin, die sich jedoch alle vier Jahre halbiert: Am Anfang, 2009, war der Block Reward 50 Bitcoin, heute, 2022, sind es nur noch 6,25. Die Menge aller je existierenden Bitcoin war von allem Anfang an in der Bitcoin-Software festgeschrieben: Es werden final 21 Millionen Bitcoin sein (faktisch etwas weniger, aber es hat sich eingebürgert, von 21 Millionen zu sprechen). Heute (Stand Sommer 2022) sind bereits über 19 Millionen in Umlauf. Die Geldmenge von Bitcoin, heißt das, wächst nur noch minimal, deshalb ist Bitcoin deflationär, oder genauer: disinflationär – eine Währung, bei der der Zuwachs der Geldmenge über die Zeit schrumpft, bis er schließlich bei null angekommen ist.

Als ein dezentrales, globales, nicht mehr an Staatsgrenzen gebundenes Geld ist Bitcoin ein Gegenspieler zu allen bestehenden Währungen dieser Welt: Kein Staat kann ihn kontrollieren, und seine Geldmenge ist nicht manipulierbar – anders als bei Euro, Dollar oder türkischer Lira, über deren Menge die Zentralbanken im Zusammenspiel mit den Geschäftsbanken entscheiden, was faktisch auf ein unendliches Geldmengenwachstum hinausläuft und damit auf eine reale Entwertung der Spareinlagen.

Bitcoin ist also unmanipulierbar. Ferner aber auch zensurresistent, denn es gibt keine Instanz, die Transaktionen für ungültig erklären könnte. Jeder, der über einen Internetzugang verfügt, kann an diesem Netzwerk teilnehmen, entweder »nur« in der Rolle des Users, der über eine Exchange Bitcoin kauft, oder in der Rolle eines Nodes, der sich die Bitcoin-Software herunterlädt, so zum aktiven Mitspieler und Kontrolleur der Transaktionshistorie wird und falsche Blöcke zurückweist, oder eben auch als Miner, der mit der entsprechenden Hardware an der *Proof-of-Work*-Lotterie teilnimmt. Keiner kann von einer dieser Rollen ausgeschlossen werden. Das Netzwerk ist vollkommen inklusiv: Diskriminierung ist schon aus technischen Gründen unmöglich, weil man nur über kryptografische Codes zum Teilnehmer wird – Wohnort, Staatsangehörigkeit, Hautfarbe, Geschlecht oder sonstige Unterscheidungsmerkmale können keine Rolle spielen, denn das Netzwerk ist pseudonym (warum es nicht anonym ist, erklären wir später).

Wer seine Bitcoin nicht anderen, zum Beispiel der Exchange, auf der er sie gekauft hat, in Verwahrung gibt (was gegen das Bitcoin-Ethos verstößt), der hat die volle Verfügungsgewalt über sie ohne jedes Gegenparteirisiko, indem er eine Art Passwort für sich erstellt, das allein den Zugang zu seinen Bitcoin reguliert.

Bitcoin sind ein knappes Gut, das nicht künstlich vermehrt werden kann: Ihre Herstellung kostet Energie (so wie es Energie kostet, Gold zu schürfen), und ihr Preis ergibt sich aus den Marktmechanismen von Angebot und Nachfrage. Je mehr Leute die Möglichkeiten, die Bitcoin bietet, attraktiv finden, desto mehr steigt die Nachfrage bei fixem Angebot und mit ihr der Preis. Je mehr Leute Bitcoin dagegen als ein leeres Versprechen empfinden und es für ein Ponzi-Schema halten, desto mehr wird der Preis sinken.

Apropos Ponzi-Schema, weil sich das alle fragen, die das erste Mal mit Bitcoin in Berührung kommen: Ist das Ganze nicht ein Ponzi-Schema oder Schneeballsystem? Nun, das ist es nicht. Rein technisch gesprochen bedient ein Ponzi-Schema die Gewinnausschüttungen an seine Investoren nicht aus produktiver Wertschöpfung, sondern aus den Einlagen neuer Investoren – was so lange gut geht, wie der Kundenkreis exponentiell wächst. Kommen keine neuen Kundengelder hinzu, kollabiert das ganze System. Der berühmteste Fall in jüngerer Zeit war der Finanzhochstapler Bernard Madoff. Bitcoin jedoch ist schon deshalb kein Ponzi-Schema, weil es gar keine Gewinnausschüttungen kennt. Demnach ist es in einem geradezu definitorischen Sinn *kein Ponzi*. Doch die meisten Leute, die so über Bitcoin sprechen, haben es auch so genau gar nicht gemeint, sie wollten bloß zum Ausdruck bringen, dass der Bitcoin-Preis nur so lange steigt, wie es einen noch Dümmeren gibt, der einem die eigenen Bitcoin für mehr Geld abkauft, als man selbst für sie bezahlt hat. Das ist die *Greater Fool Theory*. Und ja, richtig: Bitcoin ist ein Anwendungsfall dieser Theorie. Aber nicht nur Bitcoin. Auch Gold kennt keinen Cashflow, und sein Wert besteht seit mehreren tausend Jahren einzig darin, dass Leute ihm immer einen Wert zugeschrieben haben.

Ja, aber Bitcoin, wird dann gerne verzweifelt ausgerufen, hat doch gar keinen intrinsischen Wert! Gold kann man anfassen, es ist real und glänzt so schön!

Was aber ist der intrinsische Wert eines Datenbankeintrags?

Die Frage ist sehr berechtigt.

Zugegeben, Bitcoin glänzt nur in der Phantasie seiner Anhänger, doch wie Gold besteht sein Wert für seinen Besitzer in dem Vertrauen, ein funktionierender Wertspeicher zu sein. Wenn ich Zigaretten horte, weil ich davon ausgehe, dass nach dem nächsten Finanzcrash Zigaretten als Tauschmittel dienen werden, dann mag ich mich über diese Investition beruhigen, indem ich sage: Zumindest haben Zigaretten einen Wert in sich selbst: Wenn sie keiner als Tauschmittel will, dann rauche ich sie halt selbst! Aber wenn das der intrinsische Wert von Zigaretten ist, dann ist es nicht diese Eigenschaft, die Zigaretten immer wieder einmal eine Karriere als Tauschmittel verschafft hat, dafür sorgt viel eher die Eigenschaft ihrer Fungibilität und Teilbarkeit.

Auch unser modernes Papier- und Giralgeld hat keinen intrinsischen Wert, wir können es nicht wie zu Zeiten des klassischen Goldstandards eintauschen gegen Gold und schreiben ihm dennoch Wert zu, weil wir davon ausgehen, dass auch andere ihm Wert zuschreiben und sich damit bezahlen lassen für Güter, die wir brauchen. Bröckelt dieses

Vertrauen, verlieren Fiat-Währungen rasant an Wert. Anders als bei Bitcoin allerdings stehen hinter den Fiat-Währungen Staatsmächte (und ihre Polizei und ihre Rechtsordnungen), die ihre jeweilige Währung zum gesetzlichen Zahlungsmittel erklären, und folglich können wir allein mit ihr unsere Steuerschuld tilgen.

Hinter Bitcoin steht keine solche Schutzmacht, keine Polizei, kein Finanzamt. Aber ich halte das nicht für eine Schwäche, sondern für eine Stärke, denn es bedeutet, dass der einzige Grund, Bitcoin zu halten, die Überzeugung sein muss, dass es ein freiwilliges Geld ist, mit Eigenschaften, die zu schlagend und zu zweckmäßig sind, um nicht von immer mehr Menschen angenommen zu werden.

Gern wird gesagt, der intrinsische Wert des US-Dollars als Weltreservewährung seien die elf Flugzeugträger, über die die USA verfügen. Der Bitcoin hat keinerlei Einschüchterungsmacht, um Menschen zu seinem Gebrauch zu zwingen. Was er bewirkt, beruht alles auf Freiwilligkeit. Er ist eine Graswurzelbewegung. Er muss die Menschen überzeugen. Wenn er dies tut, ist er allerdings kaum zu stoppen, denn er ist ein dezentrales Netzwerk, das sich nicht durch staatliche Verbote, zumindest nicht weltweit, unterdrücken lässt. Das wäre so unrealistisch, wie den Gebrauch von Zigaretten als Tauschmittel auf dem Schwarzmarkt unterbinden zu wollen.

Und das ist demzufolge der einzige intrinsische Wert eines Datenbankeintrags: seine Unmanipulierbarkeit. Bitcoin ist ein buchhalterischer Quantensprung – nichts weniger als die sicherste Datenbank, die die Geschichte kennt.

Zur Unmanipulierbarkeit gehört sozusagen spiegelbildlich, dass jeder die Korrektheit aller Einträge jederzeit überprüfen kann.

Demgegenüber Gold: Einen erheblichen Teil seiner Geschichte (vor allem während des klassischen Goldstandards im 19. Jahrhundert) wurde es an wenigen Orten zentralisiert verwahrt (Fort Knox!), was eine Überprüfung (Auditing) ausgesprochen schwierig macht, weshalb man sich lieber darauf verlässt, dass all den Zertifikaten für eingelagertes Gold auch ein reales Gut entspricht. Wie viel Gold ich im Garten verbuddelt habe, das kann ich selbst überprüfen. Den wievielten Teil der Gesamtmenge an Gold, die es auf der Welt gibt, ich damit besitze, das kann ich nicht wirklich bestimmen. Vertrauen sei gut, sagte Lenin, Kontrolle besser – aber versuchen Sie mal, die London Bullion Market Association, die quartalsweise verkündet, wie viel Gold in den offiziellen Londoner Tresoren lagert, zu kontrollieren: viel Spaß!

Bitcoiner sagen: »Don't trust, verify!«, und das ist nicht nur eine wohlklingende Phrase, sondern eine Möglichkeit, die jedem offensteht: Jeder kann jederzeit überprüfen, ob das Kassenbuch korrekt ist. Und es ist immer klar, wie viele Bitcoin es gibt – und geben wird.

Vielleicht wird die Menschheit die Möglichkeit eines dezentralen Buchungssystems, das gegen Manipulation sicher ist, gering schätzen im Sinne von: »Das brauchen wir nicht, ich vertraue lieber unserem Bankensystem, die wissen schon, was sie tun!« Dann wird Bitcoins Kurs irgendwann in sich zusammenfallen, und meine Bitcoin werden weniger wert sein als Sand in der Wüste.

Wenn die Leute hingegen die Möglichkeit einer unmanipulierbaren, zensurresistenten Wertspeicherung als einleuchtend und nützlich empfinden, dann könnte es sein, dass Gold nur noch glänzt wie die Sonne in der Abenddämmerung.

Ich kenne die Zukunft nicht, aber ich halte es nicht für ganz unwahrscheinlich, dass die Menschheit von dieser neuen Technologie Gebrauch zu machen versteht. Alles andere sollte mich wundern.

Wo bin ich denn hier gelandet?

Wie konnte es passieren, dass ich bei Bitcoin gelandet bin? Welche Zufälle, welche Vorherbestimmungen haben da gewirkt? Welche Hürden waren zu überspringen, welche Vorlieben hilfreich?

Ich habe bereits angedeutet, dass ich als Technologieignorant für den Bitcoin eigentlich alles andere als prädestiniert war. Hingegen gibt es eine andere Seite meines Wesens, die mich für ihn empfänglich gemacht hat: Schon immer habe ich mich für Geld interessiert und besonders für die Börse, und als im Frühjahr 2020 die Pandemie über die Welt hereinbrach, tat ich, was so viele andere auch taten: Ich schaute, wenn ich mir etwas kochte, YouTube-Videos, und zwar vor allem aus jenem Bereich, den man auch Finanz-Porn nennt. Hin und wieder beschäftige ich mich gern mit Dingen, bei denen ich mir selbst komisch vorkomme, und dass man als Literaturkritiker stundenlang YouTube-Clips anschaut, deren Intros mit fragwürdiger Rockmusik unterlegt sind und die demütigenderweise von Werbebotschaften unterbrochen werden (*sind die wirklich an mich adressiert?*), in denen dem geneigten Zuschauer von Männern im Polohemd vor Swimmingpoolvillen ein monatlich fünfstelliges passives Einkommen in Aussicht gestellt wird, das war schon einigermaßen grotesk.

Aber das Groteske gefiel mir auch wieder, weil ich der Meinung bin, dass wir uns viele Erkenntnisse im Leben aus habitueller Abwehr entgehen lassen. Wenn jemand nicht denselben Stallgeruch hat wie wir (denselben Akzent, denselben Klamottenstil, dieselben Urlaubspräferenzen, denselben Medienkonsum, das Erasmus-Jahr an derselben Universität in Frankreich, dieselbe Vorliebe für Ottolenghi-Rezepte usw.), dann hat das, was er sagt, für uns erst mal einen geringeren Wert. Das liegt daran, dass es in Wahrheit ziemlich aufwendig ist, den Wert eines Arguments in der Sache zu überprüfen, weshalb wir uns der Bequemlichkeit halber an äußere Zeichen halten, um zu entscheiden, wie viel Glaubwürdigkeit wir einer Meinung zugestehen. Standardsituation: »Wie sieht der denn aus? Aus diesem Mund kann ja nichts Vernünftiges kommen!«

Deshalb bugsiere ich mich manchmal gern in kulturell fremde Biotope und bringe denen, die ich dort treffe, möglichst viel Vorschussvertrauen entgegen, um meine eingepreisten, längst zur Gewohnheit gewordenen Vorurteile wenigstens für kurze Zeit abzulegen und einen anderen Blick auf die Dinge zu bekommen, als man ihn in meinem Milieu (gegen das ich gar nichts habe, ich bin nur ein bisschen promisk) normalerweise zu haben pflegt.

Kein Mensch mit Selbstachtung möchte eine triviale Maschine sein. Was sind triviale Maschinen? Die bei gleichem Input verlässlich den gleichen Output liefern. Immer berechenbar, immer in den vorhersehbaren Bahnen der Kausalität und des Determinismus; und wenn wir ehrlich zu uns sind, wissen wir: Auf weiten Strecken unseres Lebens sind wir genau solche trivialen Maschinen, es kann gar nicht anders sein – ohne Rückgriff auf Routinen müssten wir jeden Morgen das Rad neu erfinden.

In meiner *Possy* jedenfalls gilt YouTube nicht gerade als Quell der Erkenntnis. Und exakt aus diesem Grund gefiel ich mir als YouTube-Schauer. Natürlich war auf diesen Finanz-Porn-Kanälen auch immer wieder von Bitcoin die Rede, aber schon das Wort klang in meinen bildungsbürgerlichen Ohren (auch das ein Fall von Klassismus) so ordinär, dass ich innerlich jedes Mal die Augen verdrehte, wenn es fiel. Damals hatte ich gerade die Finanzgurus Gerd Kommer und Andreas Beck und ihre Strategien des sogenannten passiven Investierens für mich entdeckt, da gab es jenseits des MSCI All Countries (also eines Indexes, der die Weltwirtschaft als Ganze abbildet) ohnehin nichts Satisfaktionsfähiges für mich.

Passives Investieren ist reichlich populär geworden, seit es durch ETFs auch Privatanlegern möglich ist, kostengünstig zu diversifizieren. Die Idee dahinter: Wie der historische Datenbestand der Kapitalmarktforschung zeigt, gelingt es auf Dauer niemandem, den Markt zu schlagen und eine Überrendite herauszuholen, indem man einzelne Unternehmen oder Branchen, von denen man meint, ihnen gehöre die Zukunft, herauspickt. Deshalb ist es sinnvoller, einfach ETFs zu kaufen, die den Index eines Gesamtmarkts abbilden; auf diese Weise wird man zwar keine Überrendite, kein sogenanntes Alpha (den Abstand zu einer Benchmark) erwirtschaften, aber auch keine Totalausfälle zu verkraften haben, sondern mehr oder weniger verlässlich auf die historischen Durchschnittsrenditen von sieben Prozent pro Jahr (vor Steuern!) kommen. Im unglücklichsten Falle, wenn man nämlich kurz vor einem Crash im Allzeithoch kauft, braucht man zwischen zehn und fünfzehn Jahre, um wieder aus dem roten Bereich herauszukommen.

Für mich war passives Investieren wie Buddhismus: eine Übung in epistemologischer Bescheidenheit. Man musste den Demutsmuskel trainieren. Musste lernen, dass man, obwohl man sich für klüger als viele andere hält, es eben doch nicht ist. Musste anerkennen: Ich weiß, ich meine zwar gerade, die Zukunft besser vorherzusehen als der Markt, aber das ist eine Selbsttäuschung, folglich versuche ich gar nicht erst, den Markt zu schlagen!

Nichts ist schwieriger, als den eigenen Welteinsichten zu misstrauen. Gerd Kommers exzellent geschriebene Bücher sind extrem materialreich, sie schütten eine Fülle historischer Daten der Kapitalmarktforschung über dem Leser aus, nur um ihn dahin zu bringen, seinem eigenen Größen-Ich als Besserwisser abzuschwören. Selbst die genialsten und für kurze Zeiträume entsprechend gefeierten Fondsmanager schaffen es eben immer nur für kurze Zeiträume, besser als der Markt zu sein, danach fallen sie schnell wieder hinter diesen zurück, so dass sich am Ende im besten Fall das statistische Gesetz der Regression zum Mittelwert erfüllt.

Für mich waren solche Demutsübungen unter Anleitung von Gerd Kommer und dem philosophisch noch inspirierenderen Mathematiker und Portfolio-Manager Andreas Beck zugleich Momente der Klarheit und Versorgung alter Wunden. Denn ich habe eine dunkle Investmentvergangenheit. 2010 hatte ich bei meiner Bank mein erstes Depot eingerichtet, um – wie es so gern gefordert wurde – ein wenig fürs Alter vorzusorgen. Ich habe zwar nichts geerbt, verdiene aber mehr, als ich ausgebe, und so bleibt am Ende des Monats immer etwas übrig und bietet sich als Sparrate an.

Es war die Zeit nach der Finanzkrise, und die Kapitalkosten für die Unternehmen waren extrem hoch, weil allen noch der Schrecken in den Gliedern steckte und keiner sein Geld umsonst hergeben wollte. Cash war King. Ich weiß noch, wie mir Freunde damals eine BMW-Unternehmensanleihe mit einem Zinscoupon von zehn Prozent empfahlen, aber ich fand das zu langweilig. Ich hatte ja nur wenig Geld, da würden mir, fand ich, graue Haare wachsen, bis sich mein Einsatz spürbar vermehrt haben würde. Heute weiß ich: Ich hatte den Zinseszins nicht verstanden, und vor allem war ich offensichtlich noch zu jung und ungeduldig, um längere Zeithorizonte in den Blick zu nehmen. Wie oft sollte ich mir später sagen: Hätte ich nur damals in ETFs investiert, es wäre das Renditejahrzehnt meines Lebens gewesen!

Stattdessen betrieb ich Stock-Picking. Ich las den ›Aktionär‹ und machte mir meine eigenen Gedanken über die Welt – immer ein großer Fehler! Reinste Hybris! Aber wie das bei der Hybris ist: Der Teufel füttert einen erst mal an. Das heißt, das erste Jahr lief sagenhaft gut. Ich kaufte mal dieses und mal jenes Unternehmen, in kürzester Zeit stiegen meine Positionen um 25 Prozent, dann verkaufte ich. Es war schon ein bisschen komisch, aber ich musste ehrlich zu mir sein: Ich war ganz offensichtlich ein Naturtalent.

Na ja, es war halt – aber das weiß ich erst im Rückblick – eine Zeit, in der alles stieg. Auch der größte Trottel konnte mit ein wenig Glück Gewinne machen. Erst wenn die Wasser fallen, um eine beliebte Redewendung von Warren Buffett zu zitieren, sieht man, wer nackt badet.

Amazon hatte ich für 130 Euro gekauft und bei 200 verkauft. Alles richtig gemacht!, lobte ich mich. Zwischenzeitlich ist die Aktie allerdings auf 3000 Euro gestiegen … Auch deutsche Small Caps wie Gigaset und Hypoport liefen rund. Allerdings hatte ich mich – mir ist das jetzt sehr peinlich, aber in Finanzdingen geht es nicht ohne Ehrlichkeit, auch wenn sie kompromittierend ist – in Finanztitel verbissen. Ich hielt mich ja für einen Meisterpsychologen. Die Kurse von Commerzbank und Deutscher Bank waren so niedrig, so schien mir, weil nach der Bankenkrise das gebrannte Kind das Feuer scheut. Ich hingegen sah mich als mutigen, optimistischen Investor, der jetzt erst recht wieder zur Herdplatte marschiert – und als geborener Contrarian von seiner Begabung zum antizyklischen Handeln ausgiebig Gebrauch zu machen gedachte. Um Sie noch ein bisschen mehr an meinem Selbstwahnbild teilhaben zu lassen: Ich hielt doch tatsächlich meinen Trotz für eine Quelle der asymmetrischen Überrendite!

Ich muss das Elend nicht im Einzelnen ausbuchstabieren. Ich hatte Deutsche-Bank-Aktien bei 47 Euro gekauft, bei 33 nachgekauft (man muss zu seiner Investment-These stehen und auch mal Gegenwind aushalten!), und als ich Eigenkapital für den Kauf einer Immobilie benötigte, darf ich im Rückblick von Glück reden, dass ich im Jahr 2016 zu 15 Euro verkaufen musste. Notiert die Aktie heute bei 9 Euro? Leck mich am Arsch.

Die Börse ist eben ein untrügliches Medium der Selbsterkenntnis. (Sie verstehen jetzt gewiss besser, warum ich betone, dass dieses Buch Ihnen den intellektuellen Reiz von Bitcoin erläutern, aber kein Investmentratgeber sein möchte.)

Kurz: Ich war längst weichgekocht und reif fürs passive Investieren. Ich entschied mich für den MSCI All Countries von X-Tracker, freute mich, wie einfach die Geldanlage sein kann, und legte auf meinem Laptop zur ewigen Mahnung eine Word-Datei an, in die ich schrieb: »Ich, Ijoma Mangold, gelobe, diesen ETF zehn Jahre lang nicht anzurühren, komme, was wolle.«

Dann kam die Pandemie, und ich verpasste keinen Online-Auftritt meiner beiden Heroen Gerd Kommer und Andreas Beck. Allerdings war im weiten YouTube-Kosmos nun wie gesagt auch immer öfter von Bitcoin die Rede. Und Bitcoin ist zweifellos das Gegenteil von passivem Investieren. Wer Bitcoin kauft, hat eine sehr steile These zur Zukunft des Geldes und geht damit eine extrem asymmetrische Wette ein: Es ist die Asymmetrie, die gleichermaßen für die enorme Upside wie die schwindelerregende Downside verantwortlich zeichnet. Wie wenn Sie beim Roulette nicht auf Farbe, sondern auf die 21 setzen. (Die meisten Bitcoiner werden an dieser Stelle widersprechen und darauf hinweisen, dass ihre Bitcoin-Sparpläne auch nichts anderes als passives Investieren sind, bei dem man jeden Monat, völlig unabhängig von der Kursentwicklung, mit einer bestimmten Fiat-Summe Satoshis erwirbt bis in alle Ewigkeit. Stimmt schon, aber auch dann lässt sich sagen: Zumindest der Wechsel aus dem Fiat- ins Bitcoinsystem ist ein sehr aktiver Schritt …)

Und doch, persönlich waren mir die Leute, die auf YouTube Bitcoin predigten, so fremd, dass da nichts andockte. Bis mir irgendwann auffiel, dass dabei oft von digitaler Knappheit die Rede war – und dieses Stichwort brachte nun eine bestimmte philosophische Saite in mir zum Klingen. Wie konnte man im Internet, diesem Medium der Redundanz, künstlich Knappheit erzeugen?

Das wollte ich genauer verstehen. Und schon war ich vom Weg der Tugend und der Passivität abgekommen … Ich entdeckte ein ganzes Reich von Podcasts und YouTube-Kanälen und Bitcoin-Twitter, und all das war eine völlig neue Welt, die in ihren zum Teil exzentrischen Positionen vielfach geradezu abstoßend auf mich wirkte, und doch stellte ich fest: Wenn ich meine sozialästhetischen Vorurteile zur Seite schob, waren diese jungen Leute mit Informatik- oder Ökonomiehintergrund, wenn man ihnen nur etwas länger zuhörte, unzweifelhaft ausgesprochen intelligente Köpfe. Vielleicht waren sie etwas zu missionarisch unterwegs, aber sie waren smart, sie waren neugierig, sie wollten etwas wissen und hatten sich offenbar mit lauter höchst anspruchsvollen Themen von der Kryptografie bis zum Markt für Staatsanleihen intensiv beschäftigt. Eine Jugendbewegung (sie schienen mir alle jünger als ich), bei der man sich, um dazuzugehören, erst einmal eine halbe Bibliothek Wissen draufpacken musste, war zumindest ein bemerkenswertes Phänomen.

Und hatte man sich daran gewöhnt, dass die Leute kulturell anders sozialisiert waren als man selbst, was natürlich nichts über ihren IQ aussagt, dann fasste man umgekehrt erst recht Vertrauen in ihre Expertise, denn nun war man sich ja sicher, dass es nicht die menschlich-soziale Nähe war, die einem Vertrauen einflößte, sondern die schiere Fachkompetenz.

Wichtige Lektion: Du weißt nie vorher, von welchen Leuten du etwas Neues lernst!

Und dann passierte noch etwas Überraschendes: Nachdem ich, mittlerweile hatte ich richtig Blut geleckt, in meiner Zeitung, der ›ZEIT‹, einen langen Feuilletonartikel zum Bitcoin geschrieben hatte, der in der Bitcoin-Community insgesamt als fair empfunden wurde, bekam ich unglaublich viel überschwängliches Feedback. Die Bitcoin-Bros waren Leiden gewöhnt. Über Jahre waren ihnen aus den Mainstreammedien nur Hohn, Verachtung und Ignoranz entgegengeschlagen, weshalb sich die Herzen bei meinen von Sympathie getragenen Worten sogleich weit öffneten; ich wurde in den Bitcoin-Podcast 21 eingeladen und sehr freundlich behandelt, es knüpften sich erste Kontakte. Diese Menschen, die mir mit ihrem Vokabular, ihrem Enthusiasmus und ihrem Sendungsbewusstsein eben noch so unheimlich gewesen waren, brachten mir nun allergrößte Zuneigung entgegen!

Besonders hilfreich in der Annäherung an den real existierenden Bitcoiner aus Fleisch und Blut war Tassilo gewesen. Er hatte sich über Twitter bei mir mit einigen wohlüberlegten Anmerkungen gemeldet. Irgendwann beschlossen wir zu telefonieren, um den Austausch zu vertiefen. Auf Twitter hatte ich ihn beobachtet, wie er zu jeder Tages- und Nachtzeit krumme Argumente oder Falschmeldungen zu Bitcoin und zum Geldsystem unerbittlich zurechtrückte. Er konnte sich in Twitter-Diskussionen verbeißen wie ein Kampfhund. Als wir dann das erste Mal telefonierten, war ich von der Sanftheit seiner Stimme überrascht, von seinem Ethos, sich zu keinen starken Meinungen hinreißen zu lassen, es sei denn, er hatte sie für sich mehrfach durchdacht, und von der absoluten gedanklichen Transparenz, mit der er mir auch die schwierigsten Teilgebiete des Bitcoins erklären konnte, nicht ohne die Grenzen seines eigenen Wissens dabei immer kenntlich zu machen.

Weil Bitcoiner einiges auf Privatsphäre geben, hatte Tassilo sich nicht leicht damit getan, mir seinen wohlklingenden Vornamen mitzuteilen (obwohl ich ja schon seine Handynummer hatte) – sonst kannte ich nur sein Twitter-Handle, natürlich ohne authentisches Foto, aber mittlerweile hatte ich herausgefunden, dass er Anfang dreißig war, Architektur studiert hatte, sich eigentlich immer als Linker begriffen, aber irgendwann erkannt hatte, dass die Kaputtheit unseres Geldsystems nur durch ein nicht zu manipulierendes Geld zu kurieren war.

Gleichzeitig beschäftigte mich zu Hause die Herausforderung, meinen Mitteilungsdrang gegenüber meiner Freundin einigermaßen im Griff zu behalten. Ich konnte ihr unmöglich stundenlang mit meinen neuesten Erregungen aus dem Reich von Satoshi Nakamoto in den Ohren liegen, andererseits aber auch nicht einfach unterdrücken, was mich so sehr in Anspruch nahm. Meine Freundin ist Psychotherapeutin, also pflegte ich meine Bitcoin-Monologe selbstkritisch damit einzuleiten, es könne durchaus sein, dass ich gerade auf dem Weg in den Wahn sei; selbst könne ich das leider nur schwer abschätzen, sie als Psychotherapeutin aber möge es bitte sofort sagen, wenn sie Anzeichen geistiger oder seelischer Verwirrung bei mir diagnostiziere.

Auch schämte ich mich ein wenig, dass es in ihren Augen so aussehen könnte, als würde ich nur noch über Geld reden. Damals kursierte in der Öffentlichkeit ja noch immer das Bild vom Bitcoiner als einem Menschen, der es auf einen Lamborghini abgesehen hat und allen Kryptokritikern auf Twitter in die DM schreibt: »HFSP!« *Have fun staying poor*! Toxizität im Bitcoin-Space war in jener Zeit noch ein großes Thema. Mit einem Wort, meine Freundin sollte keinesfalls den Eindruck gewinnen, ich hätte so einen Mitteilungsdrang, weil ich es kaum mehr erwarten konnte, bis ich sie mit meinem neuen Lamborghini abholen würde. Nein, es ging, wie in diesem Buch, um das in-tel-lek-tu-el-le ABENTEUER!

Als ich ihr jedenfalls erzählte, dass ich Tassilo in der Stadt in einem Café auf eine Tasse Tee treffen würde, schmunzelte sie nur auf abwartende Art. Als wäre sie selber gespannt, genauere Nachrichten von meinem neuen Umgang zu erhalten.

Kurz darauf traf ich Tassilo dann tatsächlich, und er sagte mir, dass er zwar an der Universität noch Architektur unterrichte, aber gern sein Hobby, das Töpfern, zu seinem Beruf machen würde. Das reichte. Triumphierend radelte ich zurück zu meiner Freundin und verkündete: »Er ist Töpfer!«

Ich war moralisch salviert.

»Die Zeit ist erfüllt!«
Bitcoin als Religionsgemeinschaft

Nichts hat mich so misstrauisch gegen den Bitcoin gemacht wie die Rasanz, mit der ich von ihm überzeugt war. Diese Erfahrung ist vermutlich unter Bitcoinern nichts ganz Ungewöhnliches, und sie hat etwas Unheimliches. Ich finde: Man muss sich zu diesem Umstand verhalten, muss ihn sich erklären und muss sich dabei manchmal geradezu zurückpfeifen. Hat mir jemand *magic mushrooms* ins Essen gemischt? Ist die orange Pille in Wahrheit ein halluzinogener Zauberpilz?

Für manchen mag die Angelegenheit klar sein: Bitcoin ist so genial, dass man gar nicht anders kann, als blitzartig von seiner Wahrheit erleuchtet zu werden, ich dagegen gehöre generell eher ins Lager der Relativisten, der Verteidiger des Graubereichs, die sich schwertun mit der Vorstellung einer Wahrheit, die so glasklar und zwingend ist, dass es nur eines wachen Geistes bedarf, um alles konsequent zu durchdenken und am Ende die Richtigkeit sämtlicher Angaben per Unterschrift zu bestätigen: »Alles durchdacht – funktioniert! – nichts wird mehr so sein wie vorher!«

Ich will mir den Zweifel als Grundhaltung bewahren, ohne mir deshalb die Offenheit für Neues zu verstellen. Skepsis und Feuer müssen irgendwie verbunden werden, von Einzelfall zu Einzelfall.

Deshalb trieb mich in den ersten Monaten meiner Bitcoin-Beschäftigung die Sorge um, ich könnte plötzlich wie ein Erleuchteter klingen. In den unendlich vielen Bitcoin-Podcasts, die tatsächlich die Orte sind, an denen die gesellschaftspolitischen Folgen der neuen Technologie wie in einem Gedankenlabor weitergedreht werden, wurde gefühlt jede Woche ein neuer Anwendungsfall für Bitcoin entdeckt, der die Zukunft mit an Sicherheit grenzender Wahrscheinlichkeit zum Besseren wenden würde. Manchmal klang es, als würden wie beim älteren Brueghel Brathähnchen durch die Lüfte fliegen und die Lämmer bei den Wölfen liegen, wenn sich der Bitcoin-Standard erst einmal durchgesetzt hätte. Die Zukunftsformel lautete: *Hyperbitcoinization*. Dahinter steht eine einfache Grundüberlegung: Wenn es stimmt, dass die Leute hartes Geld weichem vorziehen, und wenn es weiter stimmt, dass hartes Geld knappes Geld ist, dann ist Bitcoin mit seiner Beschränkung auf 21 Millionen Coins per definitionem das härteste Geld der Welt und wird schlussendlich weltweit in Gebrauch sein (so wie in stark inflationären Ländern jeder versucht, an Dollar zu kommen), so dass unsere wirtschaftlichen wie sozialen Handlungen irgendwann in jedem Fall der Anreizlogik dieses neuen, deflationären Geldes folgen werden. Wir werden in Bitcoin rechnen. Werden nicht mehr in andere Währungen umrechnen. Ein Bitcoin ist ein Bitcoin: Das ist der Augenblick der *Hyperbitcoinization*. Und das wäre dann nicht nur der Moment, wo der Wert allen Geldes in Bitcoin schießen würde (ein Bitcoin wäre dann mehrere Millionen US-Dollar wert), sondern es wäre darüber hinaus der Moment eines politökonomischen Neustarts, der alles, von unserem Sparverhalten über unsere Konsumgewohnheiten bis zu unserer Zukunftszuversicht, verwandeln würde. »Siehe, ich mache alles neu«, wie es in der Offenbarung des Johannes heißt. In diesem Moment wäre Bitcoin nicht einfach nur eine coole neue Sache neben anderen, in die man unter Diversifikationsaspekten einen überschaubaren Teil seines Vermögens investiert, sondern würde aufgrund seiner Überlegenheit sämtliche anderen Geldformen ersetzen.

Tatsächlich neigt das Nachdenken über Bitcoin zu dieser Alles-oder-nichts-Logik: Entweder steckt ein Wurm in der Sache, dann wird der Bitcoin platzen wie eine Seifenblase; sollte es jedoch keinen Fehler, keinen Bug geben, gibt es denknotwendig auch keinen Stopppunkt für seinen Erfolg, und er wird wie ein schwarzes Loch das gesamte bisherige Finanzsystem in sich aufsaugen. Aus dieser Sicht ist der Bitcoin binär: Entweder er siegt auf ganzer Linie oder er geht unter.

Als liberaler Skeptiker neige ich traditionell eher zu der Einschätzung, dass sich beim theoretischen Durchdenken einer Sache die Illusion einer binären Alles-oder-nichts-Logik schnell einstellt, während bei ihrer praktischen Umsetzung die Dinge aufgrund der irreduzibel dynamischen Komplexität der Wirklichkeit immer anders kommen, als man denkt.

Zugegeben, diese Aussage ist einigermaßen banal, aber vielleicht hat sie sich gerade deshalb so oft bewährt …

Die Art hingegen, wie viele Bitcoiner der *Hyperbitcoinization* entgegenfieberten, hatte zwischenzeitlich (befeuert von der Euphorie steigender Kurse) zweifellos Züge einer eschatologischen Naherwartung.

Mit diesem Begriff pflegt man in der Religionsgeschichte die Stimmung in den Gemeinden des Frühchristentums zu kennzeichnen, die Jesus' Versprechen, das Himmelreich sei nah, zum Nennwert genommen hatten und nun stündlich mit dem Weltenende rechneten: »Die Zeit ist erfüllt!« Weil das Weltenende aber ein ums andere Mal nicht kommen wollte, mussten sie immer neue Hilfskonstruktionen ersinnen, die die Verzögerung der Parusie, also die Verzögerung der Wiederkehr des Herrn, seine liederliche Verspätung, theologisch irgendwie erklären konnten. Interessanterweise ganz ähnlich den Marxisten in der zweiten Hälfte des 20. Jahrhunderts, die den zuletzt nicht mehr zu bestreitenden erbarmungswürdigen Zustand des real existierenden Sozialismus damit entschuldigten, dass Russland von Anfang an der falsche Ort für die proletarische Revolution gewesen sei, denn Marx habe stets davon gesprochen, dass zuerst die Länder des Spätkapitalismus für die Revolution reif seien, und zu denen zählte das zaristisch-feudale Russland ja gerade nicht.

Wie sieht die Welt der *Hyperbitcoinization* also für Bitcoiner aus?

Erst einmal gibt es den Weltuntergang, in diesem Fall den totalen Finanzmarktcrash. Schon am Tag danach beginnt die *Hyperbitcoinization*, indem alle Menschen ihre Werte in Bitcoin speichern und auch Zentralbanken (falls es sie noch gibt) Bitcoin-Reserven halten, der globale Rohstoffhandel in Bitcoin abgewickelt wird und die Banken ihre Existenzberechtigung verlieren, weil jeder über eine selbst verwaltete Bitcoin-Adresse verfügt und niemand mehr vom Swift- oder irgendeinem anderen Zahlungssystem ausgeschlossen werden kann. Von jetzt an können keine Kredite für Aktienrückkäufe mehr aufgenommen werden, sondern nur noch für substantiell neue unternehmerische Ideen. Geld hat wieder einen Preis, weshalb auch die Produktion für sinnlosen Konsum, der nur der schieren Aufrechterhaltung von Wirtschaftswachstum dient, eingestellt wird. So wird ein Zeitalter des *degrowth* eingeläutet ... Statt Schrott zu konsumieren, entdecken die Menschen das Sparen wieder und gewinnen damit eine langfristige Perspektive auf ihre Lebensplanung. Es gibt Hoffnung, Sinn und Zukunftsplanung, die Leute finden raus aus dem Hamsterrad, zumal ihr Erspartes an Kaufkraft gewinnt, weil die deflationäre Wirkung von Technologie endlich auch im Geldbeutel ankommt, und zugleich setzen sich die erneuerbaren Energien weltweit durch, haben sie wegen des Bitcoin-Mining jetzt doch einen verlässlichen Abnehmer ihres erzeugten Stroms, auch wenn die Stadt, die sie eigentlich versorgen, schläft, während der Wind durch die Prärie pfeift. Einstige Drittweltländer wie El Salvador entkommen der Dollar-Falle und erweisen sich dank Vulkanenergie als neue Zentren des Bitcoin-Mining, worauf sich die technologische Weltelite an ihren pazifischen Gestaden niederlässt, wo in wunderschöner, humaner Architektur neue, freie Bitcoin-Citys entstehen mit eigener Jurisdiktion und Steuerfreiheit für Kryptogewinne …

Kurz: In Bitcoin steckt viel utopische Energie, die zwischen technologischer und sozialer Phantasie wechselt.

Ich weiß: Es gibt Menschen, die kriegen Tränen in die Augen, wenn sie das Wort Utopie hören. Als wäre es etwas Kostbares, das Salz in der Suppe, das in unserer visionslos-pragmatischen Zeit leider vom Speisezettel verschwunden ist, weil die sedierende Wirkung des Neoliberalismus uns zu utopielosen Selbstoptimierern gemacht hat, die sich eher das Ende der Welt vorstellen können als das Ende des Kapitalismus. Man könnte mich nachts um drei aus dem Schlaf wecken, und ich könnte diese Arien runtersingen. Vor allem viele Melancholie-Linke sind gut darin, das Wort Utopie wie einen großen Blues-Seufzer auszusprechen.

Mir geht das nicht so. Im Gegenteil, wenn ich bei anderen utopische Verzückungen wittere, mache ich in der Regel die Schotten dicht. Unter Utopisten stelle ich mir Menschen vor, die mit melodramatischem Gebaren feststellen, dass aus einer gut gemeinten Utopie leider eine schreckliche Wirklichkeit geworden ist, um dann hinzuzufügen: Aber am humanen Kern der Utopie muss man festhalten! Dass man nur das Beste gewollt und ein hehres Ideal das Handeln geleitet habe, rechtfertigt für mich gar nichts. Lieber als Menschen, die im Namen des Guten Schreckliches tun, ist mir das Umgekehrte: wenn Menschen aus selbstischen Gründen gesellschaftlich Produktives schaffen. Man nennt das im Übrigen Kapitalismus. Unsichtbare Hand.

Als ich in den Bitcoin-Sog geriet, war ich überrascht, dass etwas, dessen Fehlen sonst Linke beklagten, hier in einem ganz anderen politisch-gesellschaftlichen Milieu, unter Tech- und Freiheitsfreunden, eine Renaissance erlebte. Diese Leute waren zwar mehrheitlich entschlossene Kapitalisten, aber sie konnten sich offensichtlich ein Ende unseres Zentralbank-Kapitalismus vorstellen. Ein bemerkenswertes Phänomen, aber keineswegs eines, das mir den Zugang zur Bitcoin-Welt erleichterte, zumal es auch hier, wie in jeder politischen Erneuerungsbewegung, überhitzte Gewissheiten gab. In jeder Saison war es eine andere Wahrheit, deren Halbwertszeit immer kürzer wurde. Einmal war Elon Musk der Erlöser …! Dann redeten alle nur noch über einen Menschen namens »PlanB« und dessen Stock-to-Flow-Modell, das angeblich zeigen sollte, dass Bitcoin Ende 2021 bei 100 000 Dollar stehen würde! (Das hatte die Leute so behext, dass sie noch kurz vor Weihnachten 2021 an ihrem Kursziel festhielten, obwohl ein Bitcoin zu diesem Zeitpunkt, wie jeder sehen konnte, bloß 45 000 Dollar kostete.) Oder die These, wonach noch kein Kursabsturz unter das All-Time-High des vorangegangenen Zyklus gefallen sei … Ständig wurde Zukunft extrapoliert und Gewissheit herbeiintellektualisiert. Ich musste an studentische Marxismuskreise denken, die auf alles eine direkt aus dem ›Kapital‹ abgeleitete Antwort hatten; damals gab es in diesen Kreisen ja überhaupt kein unerklärbares Weltphänomen mehr. Ihre Geschichtsphilosophie konnte nicht nur Vergangenes vollständig analysieren, sondern genauso Zukünftiges voraussagen. Und alle – die Klügsten wie die Bravsten – beteten sie dieselben Sätze nach, die, wenn man sie das erste Mal hörte, einen noch beeindruckten (denn gedankenfrei war das alles ja keineswegs), bei ihrer fünfzigsten Wiederholung aber nach dem klangen, was sie in Wahrheit waren: Phrasen.

Wo immer Bitcoin also eine Utopie ist, die auf sämtliche

Fragen eine Antwort hat, glaube ich nicht daran. Hingegen glaube ich durchaus, dass man die Programmierung unserer Geldordnung verbessern kann. Und dass die Menschheit auf dem Weg der Freiheit und der Selbstbestimmung voranschreitet. Und wenn eine neue Technologie auftaucht, die alte Freiheitsräume plötzlich erweitert, dann ist es, denke ich, kein Wunder, dass sie auf vielen Ebenen hochtransformativ wirkt.

Zumal ich – ich bin ja ein lernendes System – feststellen musste, dass sich nicht wenig von dem, was mir zunächst wie utopischer Überschwang erschienen war, tatsächlich als relativ konkrete Praxis erwies. Oder anders gesagt: als eine handfeste Technologie, die Dinge kann, die bisher nicht möglich waren.

Allerdings, um zu diesem Punkt zu gelangen, musste ich den Bitcoin-Evangelisten einen Vertrauensvorschuss geben. Ich musste mich auf ihre Argumente und ihr Denken einlassen, obwohl ich vieles erst einmal überzogen fand, weil ich zu diesem Zeitpunkt Bitcoin noch entschieden zu wenig verstanden hatte. Ich würde sagen: Ohne Vertrauensvorschuss geht es nicht – nicht beim Bitcoin und nicht bei anderen Dingen. Bei Bitcoin ist es nur besonders komisch, denn ein zentraler Glaubenssatz der Community lautet schließlich: »Don't trust, verify!« Damit ist gemeint, dass Bitcoin das transparenteste Geld aller Zeiten ist. Jeder kann jederzeit jede einzelne Transaktion auf der Blockchain seit 2009 einsehen und überprüfen. Aber Bitcoin – auch daran muss man manchmal erinnern – ist nicht das Leben, und im Leben ist nun einmal ein Vertrauensvorschuss vonnöten.

Auch in Momenten heftigen Zweifelns aber schien mir eines immer eindeutig: In diesem Space war unglaublich viel Intelligenz, und zwar sehr unterschiedlich ausgerichtete Intelligenz am Werk. Das war es auch, was mich an meinem eigenen Bitcoin-Investment nie irre werden ließ, egal welche

Kursschwankungen gerade wieder einmal auszuhalten waren: Der Bitcoin brachte eine solche Anzahl kluger Geister aus allen Teilen der Welt und allen Disziplinen der Wissensgesellschaft zusammen, dass er als kollektives lernendes System eine Form von Schwarmintelligenz darstellte, wie sie mir sonst noch nirgendwo begegnet war. Eine Sache, für die sich so viele superschlaue Köpfe täglich mit Begeisterung engagieren, um sie besser zu durchdringen, um sie weiterzuentwickeln, konnte kein Betrug sein, sie wäre sonst gewissermaßen ein Ponzi für Hochbegabte.

Und ich spürte, wie ich selbst Teil dieses lernenden Systems wurde: Wie ein trockener Schwamm sog ich alles auf, was ich täglich stundenlang an Podcasts auf den Ohren hatte – und auch dieses Buch ist nur eine Art schriftliche Zusammenfassung dieses kollektiven Lernprozesses und verdankt ihm alles. (Danke, Bitcoin-Community!)

Schon bald empfand ich das leicht Sektenhafte als eigentlich ganz angenehme Eigenschaft meiner neuen geistigen Heimat und ertrug deren utopischen Elan als guter Pluralist mit nur leisem Murren. Außerdem: Ist es nicht alles andere als eine Utopie, vielmehr die naheliegendste Idee überhaupt, dass man in einer Welt, deren Wertschöpfung zunehmend im Internet stattfindet, nach einer Lösung für ein digitales Geld sucht? Ja, was denn sonst!

Und tatsächlich ist die Idee zu einem solchen digitalen Geld in einer Umgebung entstanden, wo zwar kühne Vorstellungen von der Zukunft kursierten, die jedoch keineswegs aus Utopikern bestand, sondern aus Programmierern und Entwicklern: den Cypherpunks. Sie waren überzeugt, dass sie mit ihrem Wissen um Kryptographie und Computerwissenschaft die Welt ganz konkret umprogrammieren konnten, und zwar mit einem genau beschreibbaren Ziel: dass die digitale Epoche nicht zur Überwachungsdystopie werden darf.

TEIL II

BITCOIN UND SEIN TECHNOLOGISCHES DESIGN

Die Cypherpunk-Bewegung

Dass das Internet ein Problem mit der Transferierung von Werten, also von Geld hat, ist klugen Köpfen schon früh aufgefallen. Wenn man die Entstehungsgeschichte des Bitcoin zurückverfolgt, landet man bei der Cypherpunk-Bewegung, genialischen Programmierern und politischen Philosophen, die zu einem Zeitpunkt, an dem ich noch nicht einmal eine E-Mail-Adresse hatte (also in den späten achtziger Jahren), bereits vieles von dem, was kommen würde, erstaunlich präzise vorhersagten. Absolut gewiss, dass das Internet aus der akademischen Nutzung unter Forschungsinstituten in die zivile Welt ausgreifen und diese vollständig umkrempeln würde, waren die Cypherpunks Utopisten und Dystopisten zugleich und sahen im Netz einen Raum der Freiheit, der aber auch die Gefahr der totalen Überwachung mit sich bringen würde. All die Themen um Big Data und die Frage, wem Daten gehören und welche Spuren man im Netz hinterlässt, hatten die Cypherpunks bereits damals auf dem Schirm. Weil sie aber keine Kulturpessimisten waren, die im technischen Fortschritt in erster Linie eine Quelle der Entfremdung sehen und mit gepflegter Melancholie die Verluste betrauern, sondern an die Bestimmung des Menschen glaubten, sich durch Technologie neu zu erfinden, versuchten sie nicht, das Internet zu verhindern, sondern es so zu entwickeln, dass es in der Lage sein würde, sich gegen jede zentrale Überwachung zu immunisieren. Sie waren konstruktive Libertäre. Sie arbeiteten an Lösungen, die der Überwachung des Netzes durch Staaten und Konzerne einen Riegel vorschieben könnten. Wenn künftig alles, was unser Leben ausmacht, so sagten sie, im Internet stattfindet, dann brauchen wir Mittel und Wege, um dort unsere Privatsphäre zu verteidigen. Und der Schlüssel dafür war die Kryptografie.

Cypher ist das englische Wort für Chiffre. Die Cypherpunks arbeiteten an der Chiffrierung, der Verschlüsselung des Datenverkehrs. Sie waren hochgradig sensibel, was den Schutz der Privatsphäre betraf. Vielleicht hatte das damit zu tun, dass die Kryptographie selbst bis in die siebziger Jahre ein ausschließlich militärtechnologisches Unterfangen war; nun galt es, die neuen Möglichkeiten der asymmetrischen Kryptographie auch für den zivilen Gebrauch nutzbar zu machen. Wir werden später noch genauer auf asymmetrische Kryptografie eingehen, im Kern aber ist es ein Verfahren, das mit einem öffentlichen und einem privaten Schlüssel arbeitet; wenn ich der Besitzer des Schlüsselpaars bin, kann ich meinen öffentlichen Schlüssel eben öffentlich machen, jeder kann mir eine damit chiffrierte Nachricht zukommen lassen, die jedoch nur ich als Besitzer des privaten Schlüssels decodieren kann. Asymmetrische Kryptografie ermöglicht es auch, sich durch digitale Signaturen zu authentifizieren – das wird dann wichtig sein, wenn es darum geht, sich als Besitzer seiner Bitcoin gegenüber dem Netzwerk zu legitimieren.

Im Rückblick kommen mir, zumindest aus meiner deutschen Perspektive, die Cypherpunks wie Antizykliker vor. Ich bin Jahrgang 1971. Ich erinnere mich noch an den Widerstand, den die Volkszählung 1987 in Deutschland hervorgerufen hat. Damals war für viele offenbar noch eine Idee vom Staat als Leviathan bestimmend, dessen Zudringlichkeit es abzuwehren galt, danach aber war das Thema vom Tisch. Die Mauer fiel, der KGB schien abzudanken, auch der westdeutsche Staat wurde von niemandem mehr als Schweinesystem bezeichnet, kurz: In den neunziger Jahren gab es wahrlich dringendere Probleme, als sich um die Überwachung durch einen allmächtigen Staat zu sorgen. Insgesamt erschienen Staaten damals als eher harmlose Gebilde, ineffizient, machtlos vor dem wahren Herrn der Welt, dem Kapital, und insofern alles andere als gefährlich. Schon gar nicht war der Staat jener Big Brother, vor dem George Orwell gewarnt hatte. Hätte ich in den neunziger Jahren schon von den Cypherpunks gehört, ich hätte sie vermutlich für unkurierbare Paranoiker gehalten.

1993 kam dann das ›Cypherpunk's Manifesto‹ des Mathematikers Eric Hughes heraus. Neben der Redefreiheit sei es der Schutz der Privatsphäre, schrieb Hughes dort, der für eine offene Gesellschaft im digitalen Zeitalter entscheidend sei: Jeder müsse selbst darüber entscheiden dürfen, welche persönlichen Daten er mit anderen teilen möchte, und bei einer Transaktion zwischen zwei Parteien dürfe die eine nur so viel Informationen über die andere haben, wie für diese spezifische Transaktion notwendig sei. Gleich am Anfang des Manifests bringt Hughes ein Bargeld-Beispiel: Wenn man an einem Kiosk ein Magazin kauft, zahlt man mit Bargeld, ohne seine Identität oder auch nur seinen Namen preisgeben zu müssen. Diese Freiheitsdimension der analogen Welt gelte es für die digitale Sphäre zu retten: »Wir Cypherpunks haben uns dem Bau anonymer Systeme verschrieben. Wir verteidigen unsere Privatsphäre mit Kryptographie. Mit anonymen Mailsendesystemen, mit digitalen Signaturen und elektronischem Geld.«

Deshalb lautete ein zentraler Satz: »Cypherpunks write code.« Cypherpunks schreiben Code. Das heißt, sie verteidigen die Privatsphäre, indem sie kryptografische Software entwickeln, die es unmöglich macht, den Datenverkehr nachzuvollziehen. Und noch etwas ist impliziert: Code ist

Information; Information ist jederzeit kopierbar und potentiell allen zugänglich. Information ist unter Umständen eine scharfe Waffe, weil es sehr schwer ist, sie zu begrenzen oder einzudämmen. Als Open-Source-Software (also eine Software, die nicht geistiges Eigentum einer Firma ist, sondern deren Quelltext allen zugänglich ist und es folglich auch Dritten erlaubt, mit ihm zu arbeiten wie zum Beispiel bei Linux) ist die Information deshalb ganz bei sich selbst. Cypherpunks sind überzeugt, dass Open-Source-Software nicht zu unterdrücken ist – wie Wasser findet sie immer ihren Weg. Das macht die Stärke der Kryptobewegung aus. Für Regierungen ist es nahezu unmöglich, die Verbreitung von Open-Source-Software zu unterbinden, wie die sogenannten Crypto Wars in den USA der neunziger Jahre gezeigt haben, als die Regierung erfolglos versuchte, die private Verschlüsselung von Daten zu verhindern. Sie wollte gewissermaßen ein Staatsmonopol auf Kryptografie durchsetzen. Doch Proliferationsverbote mögen bei Uran funktionieren, nicht dagegen bei kryptografischem Code, der ja nichts anderes als kopierbare Information ist.

Allgemein kann man sagen: Cypherpunks verfügen über ein ausgesprochen realistisches Machtverständnis. Sie wissen, wo die Stärke der Technologie, die sie weiterentwickeln, liegt. Und sie wissen, wie man diese Technologie so bereitstellen kann, dass zentrale Staatsapparate oder Konzerne auf längere Sicht den Kürzeren ziehen.

Anfangs, in den neunziger Jahren, tauschten Cypherpunks sich über eine später berühmt gewordene Mailingliste aus, auf der nicht nur Julian Assange zu finden war, sondern auch einige der Namen, die in der Geschichte von Bitcoin eine herausragende Rolle spielen sollten.

Aus diesen und anderen Bemühungen ging unter anderem das Tor-Netzwerk hervor, das Verbindungsdaten beim Surfen und E-Mailen anonymisiert und über das 2022 zum

Beispiel Twitter auch in Russland weiterhin zugänglich war (genauso allerdings, das ist für viele die finstere Seite der Kryptographie, das Darknet).

Den Cypherpunks jedoch war noch etwas klar, und sie hielten es für entscheidend: Wenn das Leben sich ins Netz verlagert, aber fast jede soziale Interaktion zwischen Menschen auch Kaufakte einschließt, also Geldzahlungen, dann benötigt man ein digitales Geld, für dessen Gebrauch man nicht erst die Erlaubnis einer Behörde einholen muss. Sie steckten viel Witz und Verstand in die Lösung des Problems, wie ein solches digitales Geld ohne zentralen Intermediär möglich sein könnte, bissen sich aber letztlich die Zähne daran aus.

Die unbefleckte Empfängnis

Seit wann gibt es Bitcoin?

Der erste Bitcoin wurde im Januar 2009 geschürft, auf dem Höhepunkt der Finanzkrise. Das ist kein Zufall. Bitcoin verspricht ein besseres Geld, folglich erblickte die digitale Währung in dem Moment das Licht der Welt, in dem sich die Zerrüttung des alten Geldsystems vor aller Augen auftat. Nicht nur die Banken an der Wallstreet hatten sich verspekuliert und waren Risiken eingegangen, die sie nicht tragen konnten. Weil diese Banken aber für das Funktionieren des weltweiten Finanzsystems unersetzlich, weil sie, wie es dann immer hieß, *systemrelevant* waren, wurden sie von den Staaten gerettet. Sie waren *too big to fail.*

Dieser Vorgang hat viele verbittert. Dieselben Leute, die sonst die unternehmerische Eigenverantwortung priesen und ihre üppigen Boni und die reichen Erträge ihrer Institute mit erbrachter Leistung und eingegangenen Risiken rechtfertigten, wälzten nun die Kosten ihrer fehlgeschlagenen Wetten auf die Allgemeinheit ab. Es war sogar noch schlimmer: In Wahrheit waren sie das hohe Risiko, das ihnen bis dahin erkleckliche Renditen eingebracht hatte, nur deshalb eingegangen, weil sie genau wussten, dass sie *too big to fail* waren und also im Notfall gerettet werden würden.

So etwas nennt man auch *moral hazard*: wenn die Anreize in einem System so gesetzt sind, dass sich leichtsinniges Verhalten für die Akteure lohnt. Wer seinen Leihwagen ohne

Eigenbeteiligung vollkaskoversichert hat, schaut, wenn er rückwärts einparkt, vielleicht einmal weniger in den Rückspiegel; wer weiß, dass die Kosten des eigenen Verhaltens von jemand anderem getragen werden, geht höhere Risiken ein. Und die Versicherer der Finanzmärkte waren – und das nicht erst seit der Finanzkrise – die Zentralbanken und damit die öffentliche Hand.

So erwies sich ein Gassenhauer linker Systemkritik – nämlich dass im Kapitalismus die Gewinne privatisiert, Verluste hingegen sozialisiert werden – während der Finanzkrise tatsächlich als eine realistische Beschreibung des weltweiten Geschehens. Die Zentralbanken als Kreditgeber letzter Hand fluteten das System mit Liquidität, um das Vertrauen der Banken untereinander wiederherzustellen: Weil kein Institut der Zahlungsfähigkeit des anderen mehr über den Weg traute, hatten sie aufgehört, sich gegenseitig Geld zu leihen, und damit das Bankensystem in eine Art Todesstarre versetzt. Lehman Brothers hatte man noch in den Konkurs rauschen lassen. Die Folgen für das weltweite Finanzsystem waren dabei jedoch so gewaltig gewesen, dass man fortan niemandem mehr zumuten wollte, die Lektion auf die harte Tour zu lernen.

Das führte unter anderem zu einer neuen Verteilung der Kräfte zwischen Politik und Kapital. Fünfzehn Jahre lang hatte es eine Dominanz des Kapitals gegenüber der Politik gegeben, jetzt verschob sich die Handlungsmacht durch die Rettungspolitik (erst der Banken, dann der EU-Staaten) wieder in Richtung staatlicher Institutionen. Die Politik schnürte Rettungspakete und legte Konjunkturprogramme auf, als wäre sie der Master of the Universe – schließlich liebt es jede Organisation, wenn ihr Zuständigkeitsbereich wächst, namentlich wenn sie den Finanzbedarf ihres neuen Aktionsradius mit Geld decken kann, für das sie nicht selber aufkommen muss. Und damals waren die Zentralbanken, als

Scharniere zwischen der Politik und den Kapitalmärkten, sozusagen die Agenten, durch die diese Renaissance politischer Handlungsmacht konkret umgesetzt, das heißt finanziert wurde. In der Folge weichte die Trennung zwischen Finanz- und Geldpolitik immer weiter auf, und spätestens seit Corona kauften die Zentralbanken die Anleihen ihrer Regierungen in großem Stil auf. (Die EZB hält vierzig Prozent aller Staatsanleihen ihrer Mitgliedsländer![*]) Dass das traditionell etatistische Frankreich im Zuge dieser Machtrochade inzwischen seit Jahren eine deutsche Kommissionspräsidentin in Brüssel erträgt, solange nur im Gegenzug eine Französin auf dem Chefsessel der EZB in Frankfurt sitzt, ist Ausdruck dieses Gezeitenwechsels; seither leben wir, um den Titel eines ausgezeichneten Buches von Joscha Wullweber zu zitieren, im Zeitalter des Zentralbankkapitalismus. Wullweber schreibt: »Das heutige globale Finanzsystem und der heutige Kapitalismus westlicher Industriestaaten können ohne die permanenten, hochgradig unkonventionellen und umfangreichen Interventionen der Notenbanken nicht mehr funktionieren. Stellten diese ihre Maßnahmen ein, würden das Bankensystem, das globale Finanzsystem und Wirtschaftssysteme weltweit kollabieren.«[**]

Aber vielleicht trifft der Ausdruck Zentralbanksozialismus die Sache noch besser? Jedenfalls hat die EZB nicht lange gezögert und sich nach der Eurorettung gleich noch einen neuen Aufgabenbereich unter den Nagel gerissen: die Klimarettung. Dass sie über einer solchen Herkulesaufgabe ihr eigentliches Mandat, für Preisstabilität zu sorgen, aus den Augen verlor – will man es ihr vorwerfen? Sie hat ja so viel anderes zu tun.

* Stand Juni 2022 laut NZZ: https://www.nzz.ch/wirtschaft/ezb-duration-ld.1687054

** Joscha Wullweber, Zentralbankkapitalismus, Berlin 2021

Wie auch immer, die Gegenbewegung zu jener Großtendenz stellt, wie der geschichtliche Zusammenhang zeigt, der Bitcoin dar. Als gelte es, der staatsinterventionistischen Wende im letzten Moment noch einen Riegel vorzuschieben, veröffentlicht in diesem finanzgeschichtlich einzigartigen Moment, genauer: am 31. Oktober 2008, eine Person, die sich Satoshi Nakamoto nennt, das sogenannte White Paper, worin er oder sie die Idee eines Peer-to-Peer-Zahlungssystems skizziert, um selbiges dann zwei Monate später in die Tat umzusetzen.

Was meint *Peer-to-Peer*? Peers nannten sich in England jene Teile des Hochadels, die sich untereinander und in Bezug auf den König als prinzipiell ebenbürtig oder gleichrangig betrachteten; auch der König war, so gesehen, nur ein Primus inter Pares, ein Erster unter Gleichen. In den Computerwissenschaften sind Peers selbstständige Endpunkte oder *Knoten,* Nodes eben, eines Netzwerkes, die miteinander gleichrangig kommunizieren können – im Unterschied etwa zur asymmetrischen Client-Server-Kommunikation, in der ein Kunde die Dienste eines Servers in Anspruch nimmt, sich dadurch aber immer auch dessen Regelwerk zu unterwerfen hat. Entsprechend sind Peer-to-Peer-Netzwerke dezentral organisiert. Sie müssen, heißt das, nicht auf einen zentralen Provider zugreifen. Ein Beispiel: Das Verschicken von E-Mails ist in diesem Sinne Peer-to-Peer. Es ist ein offenes Protokoll, an dem jeder partizipieren kann. Der Facebook-Messenger dagegen ist nicht Peer-to-Peer, sondern ein Nachrichtendienst auf einer zentralisierten Plattform, die durch Facebook organisiert wird, weshalb dann auch das Unternehmen entscheiden kann, wer auf seiner Plattform zugelassen ist und wer nicht.

Ein Peer-to-Peer-Zahlungssystem wäre demnach eines, das keine zentrale Autorität mehr braucht, die den Zahlungsverkehr organisiert und kontrolliert. So wie wir uns E-Mails senden, könnten wir uns Geldbeträge schicken. Das hatte es bis dahin noch nicht gegeben. Natürlich konnte man auch 2008 schon »im Netz« bezahlen oder online einem Freund den Anteil am gemeinsamen Abendessen überweisen, den man ihm schuldete, aber in Wahrheit kommunizierte man da im Rahmen einer Client-Server-Beziehung mit einer zentralen Vermittlungsinstanz, nämlich der Bank oder dem Kreditkarteninstitut oder PayPal, die alle Zahlungsakte prüfte, durchführte und in ihrer für Außenstehende unzugänglichen Datenbank verwaltete (und für sich eine Gebühr einbehielt). *Kill the middleman*: Genau diese dritte Partei und ihre faktische Durchsetzungsmacht sollte durch ein Peer-to-Peer-Zahlungssystem überflüssig gemacht werden.

Man ahnt sofort, wogegen ein solches Instrument gerichtet ist: In dem Moment, in dem die Komplizenschaft zwischen Zentral- und Geschäftsbanken unabweisbar wurde, bringt Satoshi Nakamoto das Konzept eines Zahlungssystems in die Welt, das die Machtprivilegien von Zentralinstanzen grundsätzlich abschafft. Man musste das alte Geldsystem gar nicht mehr kritisieren, man konnte es schlicht durch ein neues ersetzen. Besser kann man einen Fehdehandschuh nicht platzieren.

Und tatsächlich hat Satoshi Nakamoto in den ersten Block der Bitcoin-Blockchain, den sogenannten *Genesis-Block* vom 3. Januar 2009, als eine Art historische Referenz die Schlagzeile der englischen ›Times‹ vom selben Tag hineinkopiert: »Chancellor on brink of second bailout for banks«. Der Schatzkanzler sei kurz davor, das zweite Rettungspaket für die Banken zu schnüren, so titelte die britische Zeitung. Nakamoto hat seine Schöpfung also politökonomisch zielsicher fixiert – er wollte durchaus genau verstanden werden. In seinem Peer-to-Peer-Zahlungssystem hat er von Anfang an mehr gesehen als nur ein praktisches Internet-Gimmick – und mit dem Verweis auf den Banken-Bailout die Systemfrage gestellt. Denn offensichtlich war er überzeugt, dass er mit Bitcoin ein Stemmeisen geschmiedet hatte, das die Kraft haben würde, die traditionelle Bankenwelt aus den Angeln zu heben.

Aber wer ist Satoshi Nakamoto? Wir wissen es nicht. Weder wissen wir, ob es sich um eine Frau oder einen Mann handelt, noch ob es überhaupt eine Einzelperson ist oder ob sich hinter dem Pseudonym nicht vielleicht ein Kollektiv verbirgt. Wir wissen nur: Zwei Jahre lang, in einer Zeit, als sich nur einige wenige Computercracks für Bitcoin interessierten, hat dieser Satoshi Nakamoto von 2009 an etwa eine Million Bitcoin gemined und sein neues Zahlungssystem, seine Stärken, Schwächen und Verbesserungsmöglichkeiten, auf der von ihm angemeldeten Domaine *Bitcoin.org* und im Bitcoin-Forum mit anderen Softwareentwicklern und Gleichgesinnten diskutiert – denen gegenüber er seine wahre Identität, obwohl sie für dieselben Ziele kämpften, ebenfalls nicht lüftete. Was dennoch niemanden verwundert haben dürfte, denn schließlich sind Pseudonyme in der Cypherpunk-Bewegung Ehrensache.

Und je geheimnisvoller Nakamotos Existenz, desto größer der Anreiz, alle seine Spuren als bewusst gesetzte Zeichen zu deuten. Zum Beispiel gab er oder sie an, am 5. April 1976 geboren zu sein. Der 5. April 1933 indes ist just der Tag, an dem Roosevelt ein Dekret zum Goldverbot unterzeichnet hat, das erst 1975 wieder aufgehoben wurde. Sah er auf seine Erfindung irgendwann auch ein staatliches Verbot zukommen, so wie es Gold immer wieder passiert ist?

Das White Paper wiederum publizierte Nakamoto am 31. Oktober 2008. Zufall? Am 31. Oktober 1511 hatte Martin Luther die 95 Thesen an das Kirchentor zu Wittenberg genagelt, mit denen er die Macht Roms, der Zentrale der katholischen Welt, herausforderte.

Das Mysterium um seine Person heizt die Deutungsphantasie an und natürlich auch die investigativen Ambitionen. Zu leicht hatte es sich das Magazin ›Newsweek‹ gemacht, als es im März 2014 verkündete, den Gründer des Netzwerks gefunden zu haben: Es sei ein älterer Herr gleichen Namens mit japanischen Wurzeln, der als Mathematiker und Ingenieur in Kalifornien lebe. Dieser Nakamoto, sofort von der Pressemeute belagert, reagierte wütend auf die »Enthüllung« und erklärte, er sei nur ein mittelmäßiger Mathematiker, deshalb seit zehn Jahren auch arbeitslos, und verklagte das Magazin, weil die Falschmeldung es für ihn nun umso schwieriger mache, wieder eine Anstellung zu finden.

Insgesamt gibt es aus den frühen Bitcoin-Tagen einige geniale Programmierer, die sich teilweise auch mit Nakamoto per Mail oder im Bitcoin-Forum *BitcoinTalk.com* ausgetauscht haben und als Kandidaten grundsätzlich in Frage kommen (sie hätten dann zur Verschleierung ihrer Identität allerdings mit sich selbst korrespondieren müssen), doch alle ehrenvoll Verdächtigten haben den Titel, Bitcoin erfunden zu haben, bisher zurückgewiesen.

Umgekehrt gibt es den australischen Unternehmer Craig Steven Wright, der unbedingt Satoshi Nakamoto sein möchte. Für die Bitcoin-Gemeinde freilich, die Nakamoto wie einen Heiligen verehrt, weil er auf persönlichen Ruhm für die größere Sache verzichtet hat, wäre es eine herbe Enttäuschung, wenn ein extrem extrovertierter, testosterongesteuerter Angeber und Großmax wie Wright hinter Satoshi Nakamoto stecken sollte! Und tatsächlich spricht sehr viel dagegen, dass es ausgerechnet einem außengesteuerten Profilneurotiker möglich gewesen sein sollte, sich für seine Jahrhunderterfindung in einen extrem sachbezogenen, uneitlen und öffentlichkeitsscheuen Programmiernerd zu verwandeln, der auch in seinen E-Mail-Korrespondenzen nie persönlich oder auftrumpfend wird. Oder sollte das Wunschdenken sein: Muss der Erfinder des Bitcoin ein reines Herz haben, damit seine

Erfindung unbesudelt bleibt von allen schlechten Charaktereigenschaften?

Nun, die Indizien, die anfangs für Wright sprachen, haben sich inzwischen größtenteils als *fake* erwiesen, so dass Wright heute in der Community als Hochstapler gilt, dem es im Jahr 2016 allerdings gelungen ist, einigen der besten Kenner der Bitcoin-Software eine gefälschte Signatur unterzujubeln und sogar bei Gavin Andresen, dem ehemaligen Chefentwickler von Bitcoin, der 2010 in regelmäßigem Austausch mit Satoshi stand, den Eindruck zu hinterlassen, der Mann zu sein, mit dem er einst korrespondiert hatte. Jedenfalls passt es nur zu gut zu unseren Erwartungen, dass um den Anfang dieser technologischen Singularität ein mysteriöses Dunkel herrscht, das zu allerlei Spekulationen Anlass gibt. Bitcoin, so scheint es, ist noch immer nicht ganz von dieser Welt.

Wenn wir aber auch sonst nichts über Nakamoto wissen, eines ist sicher (und ich kann es als Literaturkritiker nur unterstreichen!): Er/sie schrieb einen eleganten Stil. Von schnörkelloser Klarheit und dem Pathos der Durchsichtigkeit. So transparent wie der Bitcoin-Code, der als Open Source ja auch jedem zugänglich ist. Und erfreulicherweise hat Nakamoto erstaunlich viel Text hinterlassen (schön zusammengefasst von Phil Champagne in ›The Book of Satoshi‹): In gewisser Weise ist das Mysterium also Wort geworden. Linguisten haben sich seither über jedes seiner Worte gebeugt, um das Rätsel seiner Identität zu lüften, und kamen zu dem Schluss, er müsse ein englischsprachiger Muttersprachler entweder aus dem Vereinigten Königreich oder aus Australien sein. Na, da weiß man ja schon mal, wo man mit der Suche beginnen kann.

Und noch etwas wissen wir über ihn: dass er verschwunden ist. Das Verschwinden einer Person ist natürlich besonders nebelhaft, wenn bereits ihre Existenz nicht mehr als eine

Hypothese war. Kann jemand verschwinden, den es vielleicht nie gab?

Zwei Jahre lang hat sich jedenfalls eine sprach- und programmierfähige Person unter dem Namen Satoshi Nakamoto mit den ersten Unterstützern des Netzwerks elektronisch ausgetauscht, mit Leuten, die den Code prüften und die Blöcke schürften. Dann war es zunehmend zu Spannungen gekommen, weil manchen Nakamotos Autorität in Bezug auf Grundsatzfragen zum Bitcoin-Code nicht recht zum Charakter eines dezentralen Netzwerkes zu passen schien; es gab Unmut, und im Sommer 2010 wurde gar die sarkastische Frage aufgeworfen, ob man sich Nakamoto wie einem *benevolent dictator* beugen und ihn als *dear leader* ansprechen müsse.

Eine konkrete Meinungsverschiedenheit erhöhte die Anspannung noch. Ende 2010 war die Enthüllungsplattform WikiLeaks von den gängigen Zahlungssystemen wie PayPal und Mastercard abgeschnitten worden, und es konnten keine Spenden mehr zu WikiLeaks fließen. Ein Fall von finanzieller Zensur. Nun kam die Idee auf, den Bitcoin als alternativen und unzensierbaren Zahlungsweg ins Spiel zu bringen – war er nicht genau für solche Fälle staatlicher Repression erschaffen worden? Überraschenderweise war Nakamoto dagegen. Aus seiner Sicht war das Netzwerk noch zu jung und zu angreifbar, um die grelle Aufmerksamkeit verkraften zu können, die es sofort auf sich ziehen würde, wenn es mit WikiLeaks in Verbindung gebracht würde. Dazu muss man wissen: Die Sicherheit der Blockchain, auf der das Netzwerk gegründet ist, entspricht der Summe der schon erbrachten Rechenleistung und also der Energie, die in das Netzwerk geflossen ist; um die Blockchain zu hacken, müsste ein Angreifer mehr Energie aufbringen als das restliche Netzwerk zusammen. Damals aber waren die Miner, die für die Sicherheit des Netzwerks sorgen, nur eine kleine Gruppe, die erforderliche Energie darum noch verhältnismäßig gering. Das heißt, der Bitcoin des Jahres 2010 war um Welten fragiler, als es der heutige ist. Seinerzeit wäre es noch vorstellbar gewesen, dass zum Beispiel ein Staat mit einem Fingerschnippen ausreichend Rechenleistung konzentriert, um die Mehrheit im Netzwerk zu erringen – eine sogenannte 51-Prozent-Attacke. Im schlimmsten Fall wäre aus einem Anarchotraum eine Staatsgeißel geworden.

Denn: Der größte Feind der Cypherpunks war und ist die Kontroll- und Überwachungsmacht der Staaten und ihrer Geheimdienste. Noch flog Bitcoin unter dem Radar öffentlicher Aufmerksamkeit, ein zu nerdiges Spielzeug, um das Misstrauen von Staaten auf sich zu ziehen. Diese strategisch günstige Situation – so lange nicht ernstgenommen zu werden, bis man unangreifbar sein würde – sah Nakamoto durch die WikiLeaks-Komplizenschaft gefährdet. Aber es war schon zu spät: Das Computermagazin ›PC World‹ hatte die Idee bereits propagiert. Satoshi schrieb: »In einem anderen Kontext hätten wir uns freuen können über so viel Aufmerksamkeit. Doch WikiLeaks ist ins Wespennest getreten, und jetzt fliegt der Schwarm direkt auf uns zu.«

Seine Befürchtungen sollten nicht eintreten. Trotzdem zog er sich zurück, nicht still und heimlich, sondern mit Ansage: Das Projekt müsse in Zukunft ohne ihn auskommen, er wolle sich anderen Dingen zuwenden, Bitcoin sei in guten Händen, er vertraue Gavin Andresen, mit dem er in den vergangenen Monaten an der Entwicklung der Software in enger Abstimmung gearbeitet habe. Ein bisschen war es wie der Petrus-Moment: Auf diesen Felsen werde ich meine Kirche bauen. Nur, wie viel Bindungskraft hat eine solche apostolische Ernennung? Gibt es in einem dezentralen Netzwerk überhaupt irgendwelche Schlüssel zum Himmelreich, die weitergegeben werden können?

Nicht wenig spricht dafür, dass Satoshi Nakamoto ziemlich genau wusste, dass Bitcoin als weltweites Netzwerk für ein unhierarchisches Geld nur dann existenzfähig sein würde, wenn es frei von jeder realen oder auch bloß befürchteten Einflussnahme durch seinen Gründer bliebe. Damit das Spiel sich rein nach der ihm eigenen dezentralen Logik entfalten konnte, musste er sich selbst als Figur herausnehmen. Und es kann sein, dass er schon länger auf eine Gelegenheit gewartet hatte, diesen entscheidenden Schritt endlich zu vollziehen.

Immerhin, in den zwei Jahren zuvor hatte Satoshi knapp eine Million Bitcoin geschürft. Damals kaum etwas wert, würden sie ihren Besitzer heute zu einem der reichsten Menschen der Welt machen. Und weil Bitcoin ein offenes Netzwerk ist, bei dem alle Transaktionen von jedem, der möchte, jederzeit überprüft und nachverfolgt werden können, wissen wir, dass von den Bitcoin, die mutmaßlich von Satoshi geschürft wurden, bis auf den heutigen Tag nie auch nur ein einzelner Coin bewegt worden ist. Hier hat jemand eine neue Sache zur Welt gebracht und sich danach als Schöpfer invisibilisiert – wie alle guten Eltern, die wissen, dass ihr Kind irgendwann auf eigenen Füßen stehen muss. Offensichtlich war Satoshi mehr von dem neuen Geldsystem insgesamt fasziniert als von konkretem Geld, sonst hätte er in den folgenden vierzehn Jahren wenigstens einen Teil seiner Bitcoin in Dollar umgetauscht. Stattdessen ruhen sie auf der Blockchain wie der Grabschmuck der Pharaonen in den Pyramiden – nur dass kein Grabräuber ihrer je habhaft werden kann, weil niemand, nur Satoshi, über die kryptografischen Schlüssel zu diesen Coins verfügt.

Bitcoiner sprechen daher auch – und ich finde, dieses Pathos darf man ihnen durchgehen lassen – von der unbefleckten Empfängnis von Bitcoin. Anders als bei vielen anderen Innovationen gibt es hier keinen Erfinder, der von seiner Erfindung selbst am meisten profitiert. Ganz wie in der christlichen Theologie Gottes Schöpfung dadurch abgeschlossen wurde, dass Gott die Menschen in die Freiheit entließ (ab sofort mussten sie selbst zwischen Gut und Böse unterscheiden) und sich aus der Schöpfung zurückzog, so ist Bitcoin auch deshalb ein so unkorrumpierbares Freiheitssystem, weil sein Schöpfer dort nicht mehr die Fäden zieht – und sei es nur, indem er seine Autorität nutzt, um durch Meinungsäußerungen und Ratschläge die weitere Entwicklung des Netzwerkes zu beeinflussen. Das Bitcoin-Netzwerk ist dezentral, das und nichts anderes ist seine Haupteigenschaft. Mit einer Gründerfigur, die weiterhin aktiv interveniert, wäre dieses Maß an Dezentralität nicht möglich gewesen.

Seither wurden Tausende neuer Kryptowährungen geschaffen, und alle haben Nakamotos Blockchain-Technologie zum Vorbild gehabt. Aber anders als der Bitcoin sind sie alle nicht frei von der finanzkritischen Erbsünde und haben einen Gründer, der bei einem sogenannten ICO, einem *Initial Coin Offering* (was in der Kryptowelt das Pendant zu einem Börsengang am Aktienmarkt darstellt), die neu geschaffenen Coins an die interessierte Öffentlichkeit verkauft, natürlich nicht ohne einen erheblichen Teil der Gesamtmenge sich selber vorzubehalten, was ihn, falls der Coin Erfolg hat, nicht nur reich macht, sondern auch einflussreich bei sämtlichen künftigen Entscheidungen.

Eine »unbefleckte Empfängnis« hingegen konnte es historisch bloß einmal geben: Nur der Bitcoin konnte in den ersten Jahren wachsen, ohne das Interesse oder Misstrauen von Politikern und Spekulanten auf sich zu ziehen. Dass kaum jemand in Amt und Würden ihn am Anfang ernstnahm, war das Beste, was dem neuen Geld passieren konnte – ein unbezahlbarer *safe space,* ein schützender Brutkasten dank Ignoranz.

Ein letztes Mal noch haben wir ein mutmaßliches Lebenszeichen von Satoshi Nakamoto erhalten, eine, wenn man so will, zarte Geste. Nachdem, wie berichtet, ›Newsweek‹ 2014 jenen unglückseligen arbeitslosen Ingenieur Dorian Satoshi Nakamoto aus Kalifornien als Erfinder von Bitcoin identifiziert zu haben meinte, meldete sich der Benutzername Satoshi Nakamoto auf einer Forumsseite, auf der ebendieser Benutzername einst, 2009, sein neues Peer-to-Peer-Geld vorgestellt hatte, zurück mit den Worten: »I am not Dorian Nakamoto.«

Um dann wirklich für immer zu schweigen.

Code is law

Was Satoshi Nakamoto 2008 in seinem White Paper als Peer-to-Peer-Zahlungssystem vorschlug, war genau die Lösung, nach der die Cypherpunks gesucht hatten, aber zugleich war es mehr. Es war nicht nur ein neues, unzensierbares Geld, sondern auch eine neue Geldpolitik – falls man das eine überhaupt ohne das andere haben kann. Es reagierte auf Auswüchse des Finanzsystems, über die sich die Cypherpunks in den frühen neunziger Jahren noch keineswegs die Köpfe zerbrochen hatten; es wollte nicht nur auf ein anonymes digitales Geld hinaus, sondern auch auf eines, das berechenbar für seine Nutzer war, weil es durch keine Institution, und sei sie noch so mächtig, in seiner Menge und damit in seinem Wert manipuliert werden konnte.

Statt sich der Weisheit der Ratschlüsse der Zentralbanker auszuliefern, bot Nakamoto ein System an, in welchem alle, die mitmachen wollten, nach den gleichen Regeln spielen würden. In diesem System würde es keine Geldpolitik mehr geben, die zu Gunsten der einen oder zum Nachteil der anderen Gruppe ausfallen konnte. An die Stelle der parteiischen Geldpolitik sollte absolute Regelhaftigkeit treten: *Code is law*. Das heißt: Ein digitales Programm, ein unveränderlicher Code würde die Geldmenge steuern.

Die für Politik und Zentralbanken ständig gegebene Versuchung, auf wirtschaftspolitische Probleme mit dem Drucken von immer mehr Geld zu reagieren und die Schmerzen des Patienten auf diese Weise gewissermaßen nur zu betäuben, statt die Ursachen seiner Maladität zu kurieren, dieser verführerische Ausweg aller halbherzigen Politik würde unter einem Software-Regime folglich entfallen. So ähnlich war es schon einmal gewesen, nämlich zu Zeiten des klassischen Goldstandards (das heißt von etwa 1871 bis 1914 – der Goldstandard wird ausführlicher im Kapitel »Geboren 1971« erläutert werden), bei dem die Länder nicht mehr Geld in Umlauf bringen durften, als sie an Goldreserven besaßen. John Maynard Keynes sprach deshalb auch von den »goldenen Fesseln« des Goldstandards*; und genau diese Fesseln waren es, die man 1971, als Richard Nixon die Konvertierbarkeit des Dollar in Gold widerrief, endgültig abstreifte: Die Fiat-Welt entstand. Bitcoin hingegen arbeitet nicht mit goldenen, sondern mit mathematischen Fesseln, und die Mathematik ist mindestens so unerbittlich wie das rare Edelmetall selten. In beiden Fällen geht es um reale Limitationen, die man nicht unterlaufen kann: Beim Gold sind diese geologisch garantiert (es liegt nicht auf der Erde herum, sondern muss unter hohen Kosten aus dem Erdreich geholt werden), beim Bitcoin kryptografisch, weil es Zeit und Energie kostet, den nächsten Block zu finden und damit neue Bitcoin zu schürfen.

Kritisch könnte man einwenden: Wollen wir überhaupt Limitationen? Wollen wir eine Entmächtigung des Menschen durch Mathematik? Nun, es wird niemand gezwungen, am Spiel teilzunehmen. Wen die Regeln allerdings überzeugen, der kann sich darauf verlassen, dass sie sich nicht ändern, schließlich sind sie in Code gegossen. Und die Bitcoin-Software ist von Nakamoto so programmiert worden, dass mit jedem neuen Block, das heißt weltweit de facto ungefähr alle zehn Minuten, eine bestimmte Menge an Bitcoin an die Miner ausgeschüttet wird; am Anfang (wir haben es

* Zitiert nach Daniel D. Eckert, Alles Gold der Welt, München 2013, S. 17

schon gesagt) waren das pro Block fünfzig Bitcoin. In der spieltheoretischen Annahme, dass bei steigendem Bitcoin-Preis auch eine geringere Anzahl an Bitcoin als Anreiz fürs Mining ausreichen würde, entwarf Nakamoto einen Emissionsplan, bei dem die Zahl der ausgeschütteten Bitcoin sich alle vier Jahre halbierte: die sogenannten *Halvings*. Die großen Wertsteigerungssprünge des Bitcoins folgen meist diesem vierjährigen Halving-Zyklus, weshalb man bei einem Bitcoin-Investment die Seelenstärke haben sollte, mindestens vier Jahre durchzuhalten. Die entscheidende Tatsache nämlich bleibt: Es kommen immer weniger neue Bitcoin auf den Markt. Bei gleichbleibender Nachfrage müsste diese Angebotsverknappung zu einer Preissteigerung führen.

Nun noch einmal genauer: 2022 bestand der Block Reward aus 6,25 Bitcoin. Das nächste Halving wird 2024 kommen. Jedes Halving macht den Bitcoin disinflationärer, bis schließlich irgendwann um das Jahr 2140 herum der letzte Bitcoin geschürft sein wird. Dann gibt es 21 Millionen Bitcoin, und wie viel einer davon wert sein wird, wissen wir so wenig, wie wir wissen, was er Weihnachten in einem Jahr wert sein wird. Aber eines wissen wir mit nahezu absoluter Gewissheit: Es werden nie mehr als 21 Millionen Bitcoin existieren – es sei denn, die Mehrheit des Netzwerks entscheidet sich überraschenderweise, diese Haupteigenschaft von Bitcoin aufzugeben und den Code umzuschreiben. Weil die Stärke von Bitcoin aber gerade sein Knappheitsversprechen ist, würden die Akteure damit ganz offenkundig gegen ihre Interessen handeln, weswegen eine Änderung des Codes ziemlich unwahrscheinlich bleibt.

Anders gesagt: Wenn ich einen Bitcoin erstehe, wird mir immer der 21-millionste Teil am Bitcoin-Netzwerk gehören, während mein Anteil an der Gesamtmenge beim Dollar oder Euro in völlig unberechenbarer Weise schwankt. Und weil das so ist, will man das Fiat-Geld auch so schnell wie möglich loswerden und zum Beispiel in Betongold verwandeln, also in Immobilien, da das Bauen von Häusern anders als Gelddrucken echte Ressourcen verbraucht und sich Immobilien nicht per Mausklick vermehren lassen.

Im Moment liegt die Inflationsrate des Bitcoins etwa in derselben Höhe wie die von Gold, nämlich bei 1,8 Prozent. So wurden 2020 3030 Tonnen Gold gefördert, die einem Bestand von 201 300 Tonnen jemals geförderten Goldes gegenüberstehen. Vor dem letzten Halving lag die Inflationsrate von Bitcoin noch bei 3,65 Prozent, und wenn vom Frühsommer 2024 an nur noch 3,125 Bitcoin pro neuem Block ausgeschüttet werden, wird die Inflationsrate noch weiter sinken. Zum Vergleich: Die stabilsten Fiat-Währungen wie der Dollar haben im historischen Mittel eine Inflationsrate von acht Prozent. (Damit ist nicht die Teuerung gemeint, die der Warenkorb, der CPI-Index, misst, sondern die Ausweitung der Geldmenge.)

H. G. Wells, der englische Science-Fiction-Pionier, rühmte den Goldstandard einmal für seine »wunderbar dumme Ehrlichkeit« (»magnificent stupid honesty«), und wenn man es so sieht, muss man sagen: Der Open-Source-Code von Bitcoin kann, was »Dummheit«, also Klarheit und Einfachheit betrifft, damit durchaus mithalten, und was die Ehrlichkeit angeht, übertrifft er den Goldstandard sogar noch, denn in Wahrheit weiß wie gesagt niemand, wie viel Gold in den Tresoren lagert, da es ausgesprochen schwierig ist, sogenannte Auditings glaubwürdig, das heißt überprüfbar, umzusetzen. Kein Mensch weiß, wie viel Gold es auf der Welt gibt. Kein Mensch kann sagen, wie das Verhältnis von Papier-Gold (wenn Sie ein Gold-Zertifikat kaufen, von dem der Emittent behauptet, es sei durch Gold hinterlegt) zu echtem Gold ausschaut.

Bis es zu einem Gold-Run kommt und alle ihre Barren plötzlich wieder haben wollen.

Eben das war ja Satoshi Nakamotos Fehdehandschuh: Schaut her, Zentralbanken, hier kommt ein Geld, auf das sich alle verlassen können und das auch nicht vermehrt werden kann, um Finanzinstitute zu retten, die sich verzockt haben! Denn Staaten können Banken nur deswegen retten, weil das dafür gebrauchte Geld, metaphorisch gesprochen, aus der Druckerpresse kommt und sie absolut nichts kostet (außer, langfristig, die Abwertung ihrer Währung). Könnte man Banken nur durch Zeit und Energie und nicht durch Fiat-Geld retten, wären ihnen die Hände gebunden.

In dem Satz *Code is law*, so schlicht er klingt, liegt daher eine echte Provokation. Würde ein Staat sein Geldsystem auf einen Bitcoin-Standard bauen, würde er sich um seine geldpolitische Gestaltungsfreiheit bringen: wie Odysseus, der sich an den Mast seines Schiffes binden lässt, um den Sirenenrufen nicht zu erliegen. Dass Bitcoin immer wieder auch als bedrohlich angesehen wird, hat genau damit zu tun: Durch Bitcoin wandert die Macht ins Regelwerk, weg von der menschlichen Willkür. Und ich verstehe jeden, den das nervös macht. Ob man diese Entwicklung gutheißt oder als Gefahr einschätzt, hängt darum naturgemäß davon ab, ob man die staatlichen Interventionen im Geldsystem für segensreich oder für fatal hält. In der Fiat-Welt setzt man darauf, dass durch Interventionen und *great moderation* und *forward guidance* und *softish landing* und *anti-fragmentation tools* (oder wie immer die Zauberfloskeln der Zentralbanker lauten) Ungeheuerliches an Wirtschaftslenkung zum Segen der Menschheit möglich ist, im Bitcoin-Standard hingegen ist man überzeugt, dass Geld vor allem ein unveränderlicher Wertmaßstab sein sollte, auf den sich alle Wirtschaftssubjekte verlassen können.

Meiner unmaßgeblichen Meinung nach können Fiat-Währungen selbstverständlich funktionieren: Ein gesundes Geld ist auch ohne Golddeckung möglich – zumindest theoretisch. Praktisch bleibt es jedoch extrem unwahrscheinlich, weil es von der Politik, mithin von uns Menschen die Disziplin verlangt, keinesfalls den Weg des geringsten Widerstands zu gehen: Und der ist das Gelddrucken. Von einem Politiker, der die Wahl zwischen schmerzhafter Ausgabenkürzung und schleichender Geldentwertung hat, würde man fast schon Übermenschliches verlangen, wenn man ihn auf eine Entscheidung für den akuten Schmerz und nicht für Betäubung durch frisches Geld und Problemverschleppung festlegen wollte.

Der Euro ist bloß das aktuellste Beispiel; wie viel Schweiß wurde vor seiner Einführung nicht in das Bemühen gesteckt, durch ein glasklar formuliertes Regelwerk, genannt: Maastrichter Vertrag, eine Staatsfinanzierung durch die Notenbanken zu verhindern! Es hat nichts gebracht. Der Maastrichter Vertrag war das Papier nicht wert, auf dem er gedruckt worden ist. Er war eben Papier und nicht Code. In den neunziger Jahren hat man versucht, die Kritiker des Euro als ewiggestrige Nationalisten zu verunglimpfen, doch in Wahrheit kannten sie sich einfach nur besser mit der Geldgeschichte und ihren wiederkehrenden Verhaltensmustern aus.

Von Hobbes, dem alten anthropologischen Pessimisten, stammt der grimmige Satz: »Auctoritas, non veritas facit legem« – Macht, nicht Wahrheit macht das Gesetz. Der Bitcoin-Essayist Erik Cason schlägt vor, im Bitcoin-Protokoll die Umkehrung dieser alten Hobbes-Einsicht zu erkennen: weil keine Macht den Code, die Wahrheit des Netzwerks, ändern könne. »Vires in numeris« heißt das im Bitcoin-Kontext gerne: Die Stärke liegt in den Zahlen. Bitcoin ist durch die Härte der Mathematik, die anders als der Maastrichter Vertrag keine mehrdeutigen Interpretationen kennt, gesichert. Warum das eine attraktive Utopie sein kann, leuchtet ein, das Faktum selbst bleibt gleichwohl ein zweischneidiges Schwert – aber so ist es bekanntlich mit beinahe allen Dingen: Am Ende muss man abwägen, ob man in mathematischen Fesseln eine Einschränkung der politischen Bewegungsfreiheit oder eine Verankerung in der Wirklichkeit erkennt.

2010 schrieb Satoshi Nakamoto im Austausch mit Gavin Andresen im Forum *BitcoinTalk.com*: »Das Wesen von Bitcoin ist derart, dass sein Grunddesign mit der Veröffentlichung von Version 0.1 sozusagen in Stein gemeißelt worden ist.«*

Es ist gleichwohl nur Software. Jeder kann sie verändern, kann eine neue Version erstellen, wie bei einem Upgrade – es ist allerdings spieltheoretisch extrem unwahrscheinlich, dass die anderen Netzwerk-Akteure sich die neue Version herunterladen. Sollte dies trotzdem geschehen, käme es zu einer sogenannten *fork*: Das Netzwerk würde sich teilen, es gäbe den überlieferten Bitcoin und einen neuen Altcoin, für den man sich dann einen anderen Namen einfallen lassen müsste. Und von dem abzuwarten bliebe, welchen Preis der Markt für ihn zu zahlen bereit wäre.

* »The nature of Bitcoin is such that once version 0.1 was released, the core design was set in stone for the rest of its lifetime.«

Dezentralität

In seinen frühen wilden Zeiten, heißt es zu Recht, war das Internet dezentral. Was meint das? Dass es keine zentrale Steuerungsinstanz gab, nur unendlich viele zu einem Netzwerk verbundene Knoten, die durch eine gemeinsame, lizenzfreie Protokollsprache (TCP/IP) Informationen untereinander austauschen konnten, und dass, wenn ein Knotenpunkt ausfiel, die Stabilität des Netzwerks im Ganzen davon nicht erschüttert wurde. An dieser dezentralen Basis hat sich bis heute nichts geändert, bloß dass sich auf diese erste Ebene stark zentralisierte Anwendungen gelegt haben. Wenn wir E-Mails verschicken, sind wir noch immer sehr nah an der ursprünglichen Dezentralität, und zumindest theoretisch könnte jeder, entsprechende technische Fertigkeiten vorausgesetzt, einen eigenen Mailserver aufsetzen und über diesen mit allen anderen Mailservern des offenen Netzwerks kommunizieren. Dass die meisten dennoch auf große Provider zurückgreifen (und damit Privatheit preisgeben), hat mit Bequemlichkeit zu tun. Dezentralität ist immer mühevoll, Zentralität macht die Dinge leichter handhabbar, aber wir liefern uns damit eben auch der zentralen Instanz aus, die im Falle von E-Mails zum Beispiel unsere ganze Kommunikation mitlesen kann.

Wenn wir heute im Internet zugange sind, sind wir in den meisten Fällen gar nicht mehr auf diesem dezentralen Netzwerk unterwegs, sondern auf zentralen Plattformen wie

Facebook, Twitter, eBay oder Airbnb. Diese schaffen Benutzeroberflächen, auf denen wir uns schnell und einfach orientieren können, und sorgen über Netzwerkeffekte dafür, dass wir dort die größtmögliche Zahl anderer Menschen treffen, die sich für dieselbe Sache wie wir interessieren. Und plötzlich schreibt keiner mehr E-Mails, sondern jeder kommuniziert über WhatsApp und bewegt sich damit in einem geschlossenen Ökosystem, das von Mark Zuckerberg kontrolliert wird. Und weil Netzwerke dem *Winner-takes-it-all*-Prinzip folgen, kommt es zu Monopolbildungen.

So ist das Freiheitsversprechen, das ursprünglich mit dem Internet verbunden worden ist, durch zunehmende Zentralisierung aufgefressen, ja geradezu in sein Gegenteil verkehrt worden. Die großen Plattformen haben ein Geschäftsmodell herbeigeführt, so simpel und staunenswert, dass man sich nur die Augen reiben kann: Kostenlos stellen die Nutzer die Inhalte zur Verfügung, die den Wert des Netzwerks steigern, aber die Gewinne aus der Bewirtschaftung dieser Inhalte und des von ihnen erzeugten *traffic* kassieren die Plattformen fast ganz allein.

Zentralisierte Systeme darf man sich wie Pyramiden vorstellen, bei denen alle Fäden in der Spitze zusammenlaufen. Wer dort oben sitzt, hat die Durchgriffsrechte. Das mag in vielerlei Hinsicht effizient sein (so wie ja auch in Demokratien Menschen immer wieder mal davon träumen, es möge nun endlich »durchregiert« werden), hat aber einen gewaltigen Nachteil: Zentrale Systeme haben einen *single point of failure*, das heißt, wenn man die zentrale Steuerungsinstanz ausschaltet, ist das ganze System lahmgelegt, wenn ich dem System also den Kopf abschlage, erschlaffen sogleich alle übrigen Glieder. Nehmen wir PayPal: Das Unternehmen hat einen CEO und eine ladungsfähige Firmenanschrift; wenn eine Regierung beschließen sollte, aus welchen Gründen auch immer, dass PayPal ihr ein Dorn im Auge ist, könnten ihre Exekutoren bei dieser Adresse vorfahren, den CEO verhaften und das ganze System schließen. Bitcoin dagegen hat keine Adresse, noch nicht mal eine Telefonnummer, schon gar keinen CEO. Es gibt überhaupt keinen einzelnen Teil des Ganzen, der ein sinnvoller Angriffspunkt sein könnte, wenn man das System daran hindern wollte, alle zehn Minuten einen neuen Block zu generieren. Man müsste sämtliche Computer weltweit identifizieren, auf denen ein *Node* liegt (das sind mutmaßlich über 10 000, doch nicht einmal das kann man verlässlich sagen, eben weil es keinen zentralen Datenspeicher gibt, bei dem alle Bitcoiner registriert wären), um das neue Geld aus der Welt zu schaffen.

Volle Dezentralität ist dementsprechend, wenn man so will, der *unique selling point* von Bitcoin. In der Dezentralität liegt seine evolutionäre Überlebenschance. Denn dass der Kampf gegen ein Peer-to-Peer-Netzwerk aussichtslos ist, ließ sich um die Jahrtausendwende in Echtzeit verfolgen, als das dezentrale Filesharing von Video- und Musik-Content die Musikindustrie um ihre Existenzgrundlage brachte. Diese mochte auf ihre Urheberrechte pochen, aber die staatliche Exekutive konnte immer nur einzelne Server ausschalten, nie das ganze Netzwerk, auf dem die Files verteilt lagen. Sie konnte Napster mit seinem zentralen Server in den Schwitzkasten nehmen, aber nicht das Filesharing als solches. Diversifikation über viele Server reduziert das Risiko; es war wie bei der mythologischen Hydra, dem Schlangenungeheuer mit seinen unzähligen Köpfen: Schlug man ihr einen Kopf ab, wuchsen zwei neue nach.

Im Grunde handelt es sich um eine klassische Guerillataktik. Reguläre Armeen sind darauf angewiesen, dass sich der Gegner einem (zentralen) »Treffen«, wie man früher die Bataillen nannte, stellt. Entschließt sich dieser hingegen, wie es die Spanier gegen Napoleon taten, dezentral und mit irregulären Partisanen zu operieren, so kann er sich bei faktischer Waffenunterlegenheit die Asymmetrie zunutze machen, dass eine überlegene Armee nur andere Armeen schlagen, aber nicht hinter jeder Hecke nach Insurgenten Ausschau halten kann, um sich diese einzeln vorzuknöpfen. Dezentralität ist Resilienz. Der Staat könnte Google abschalten, aber nicht hinter jedem Wohnzimmervorhang nachschauen, ob da ein Bitcoin-*Node* betrieben wird – er müsste sich mit anderen Staaten koordinieren, um ein halbwegs funktionierendes, weltweites Internetverbot durchzusetzen.

Auch für Hacker ist ein zentraler Server viel attraktiver als ein verteiltes Netzwerk, denn wenn man den zentralen Server hackt, hat man auf einen Schlag alle Informationen, an die man kommen wollte. Ein zentraler Server lockt die Hacker an wie ein Honigtopf die Bären. Darum ist schon so manche zentral organisierte Kryptobörse gehackt worden, das Bitcoin-Netzwerk selbst noch nie.

Dezentralität ist folglich nicht einfach nur ethisch wertvoller als hierarchische Zentralität, sie ist auch praktisch effizienter. Dass das Gute und das Effiziente zusammenfallen, gibt es in dieser Welt bekanntlich nicht allzu oft: Für das Bauprinzip von Bitcoin ist aber genau das typisch. In all seinen Design-Entscheidungen setzt es auf die Schaffung eines klugen Anreiz-Systems, um sich nicht auf das Wohlwollen und die Güte der Menschen verlassen zu müssen.

Daneben gibt es jedoch noch einen anderen Aspekt: Resilienz gehört zu den defensiven Stärken von Dezentralität, sie hat aber auch eine offensive Seite: Sie kann einfach mehr Intelligenz integrieren. Das Open-Source-Konzept, das die Cypherpunks immer hochhielten, spielt da eine entscheidende Rolle. Schon Satoshi griff auf frühere Entwicklungen zurück, zum Beispiel von Adam Back, dessen Hashcash jenes *Proof-of-Work*-Konzept enthielt, das dann für Bitcoin entscheidend wurde. Bitcoin selbst entwickelt sich als Open-Source-Software fort, weil jeder kluge Kopf auf dieser Welt, wenn er will, etwas zu seiner Verbesserung beitragen kann: Ist der Vorschlag gut, wird das Netzwerk ihn adaptieren. Ein solches Verfahren zur Erzeugung von Innovation ist jeder Entwicklungsabteilung eines Großkonzerns überlegen. Der evolutionäre Selektionserfolg ist immer eine Funktion der Bandbreite der Variationen, und die ist bei Open-Source-Konzepten maximal groß.

Wir fassen zusammen: Zentralität schließt zu viel potentielle Kognitionsleistung aus, Dezentralität zapft den Weltgeist an!

Digitale Knappheit

Den Bitcoin gibt es seit Januar 2009, seit mittlerweile also 14 Jahren. So gesehen bin ich mit meinem Engagement ein ziemlicher Nachzügler. Aber das ist relativ. Man schätzt die Zahl der Menschen, die Bitcoin besitzen, auf etwas über hundert Millionen. Mit Blick auf die übrigen sieben Milliarden Menschen, die den Bitcoin noch für ein verrücktes Internetgeld für Nerds halten, bin ich schon fast Avantgarde.

Zum ersten Mal bewusst von Bitcoin gehört habe ich 2017. M., ein Kollege, mit dem ich mich immer gern zum Lunch treffe, weil er sich stets für so überraschend viele und überraschend unterschiedliche Dinge interessiert und in alle Himmelsrichtungen in die Welt hineinschaut, erzählte mir, während wir unsere Suppe löffelten, von Kryptowährungen. Seine Augen leuchteten. Er konnte gar nicht aufhören. Von Bitcoin war die Rede, aber auch von Ripple, Litecoin und Ethereum. Ich hatte die Namen noch nie gehört und verstand kein Wort, aber mir war klar: Wenn M. etwas ernstnimmt, dann lohnt es, sich damit zu befassen. Ich weiß auch noch, dass ich ihn fragte, wie man Bitcoin kaufen könne. Seine Antwort hatte mich entmutigt: Geld an irgendeine Exchange im Netz zu überweisen, erschien mir damals ein bisschen zu verwegen. Könnte das nicht meine Bank für mich regeln? M. schüttelte den Kopf. Zum Glück hatte ich damals ohnehin kein Erspartes, folglich gab es auch keinen Handlungsbedarf.

Heute weiß ich, dass dieses Gespräch kurz vor dem Kryptowinter stattfand, als im Dezember 2017 die Kurse einbrachen, Bitcoin von 20 000 auf 4000 Dollar fiel und über zwei Jahre aus dem Tal der Tränen nicht mehr herauskam. Auch M. wurde damals rasiert. Nachdem er mehr als achtzig Prozent Buchverluste erlitten hatte, verkaufte er. Dass er seither bei unseren gemeinsamen Mittagessen über ganz andere Themen sprach (eine völlig normale Strategie der Schmerzvermeidung), war mir nicht weiter aufgefallen. Ich hatte die Kryptowährungen derweil schon wieder komplett vergessen.

Es geschah dann, wie gesagt, erst während der Pandemie, dass ich dem Bitcoin wiederbegegnete. Und diesmal funkte es. Es war der Begriff, ich erwähnte es bereits, der digitalen Knappheit, der mich in seinen Bann schlug. Als ich ihn zum ersten Mal hörte, wusste ich: Das möchte ich schon aus philosophischer Neugier besser verstehen!

Der Gedanke, dass man Knappheit digital erzeugen kann, ist erst einmal kontraintuitiv: Bei Knappheit denken wir an die physische Realität, in der manche Güter knapper sind als andere – und bei den besonders knappen wünscht man sich dann immer wie im Märchen vom Dukatenesel, es möge irgendeine alchemistische Formel geben, die dieses knappe Gut vervielfältigt (einen geheimen Notendrucker im Keller, so dass niemand von der wundersamen Geldvermehrung etwas mitbekommt).

Beim Bitcoin ist es umgekehrt: Bei ihm ist es gerade die Knappheit (nicht die Fülle), die künstlich hergestellt, digital programmiert worden ist. Die ganze Anstrengung des Netzwerks ist auf diese Aufgabe gerichtet: nämlich Knappheit abzusichern und zu garantieren, dass niemand wider das Protokoll, das die finale Geldmenge auf 21 Millionen Bitcoin festschreibt, verstößt – und dass niemand mehr Bitcoin ausgeben kann als jene, die er tatsächlich und nachweisbar besitzt.

Bargeld kann man nur einmal ausgeben, weil es ein physischer Gegenstand ist – eine Münze, ein Schein oder auch ein Nugget Gold. Wenn ich einem Barkeeper eine 10-Euro-Note reiche, dann hat er den Schein und ich nicht mehr. Entweder er oder ich – ein Drittes gibt es nicht. Nur einer kann ein physisches Objekt besitzen. Unmöglich kann ich denselben Euroschein erst dem Barkeeper in die Hand drücken und danach damit noch den Zigarettenautomaten füttern.

Im Netz hingegen werden keine physischen Einheiten transferiert, sondern nur Informationen ausgetauscht. Anders als physische Gegenstände sind Informationen beliebig vervielfältigbar. Und Vervielfältigung ist das Beste, was einer Information passieren kann, denn sie verliert durch die Verbreitung nicht an Wert. Das Internet hat das Wissen entgrenzt, ohne dadurch seinen Wert zu mindern; deswegen ist es gar nicht so leicht, sich digitale Knappheit vorzustellen – ist doch die erste Eigenschaft, die wir mit dem Internet verbinden, Redundanz, Überfluss, unendliche Reproduzierbarkeit. Vom Internet gibt es immer mehr, als uns guttut und wir verarbeiten können. Das Internet ist eine Kopiermaschine; wenn ich Ihnen ein Urlaubsfoto per E-Mail schicke, dann haben Sie eine Kopie dieses Fotos erhalten, und ich habe es weiterhin. In den dreißiger Jahren des vergangenen Jahrhunderts beschrieb der Kulturphilosoph Walter Benjamin den Verlust der Aura des Kunstwerks im Zeitalter seiner technischen Reproduzierbarkeit, wobei er wahrscheinlich vor allem an Schallplatten und Fotografien dachte, die dabei seien, die Unikatserfahrung des Kunstwerks zu verdrängen. Totale Reproduzierbarkeit hat aber erst mit dem Siegeszug des Internets in den letzten beiden Dekaden eingesetzt. Bei durch Bots verbreiteten Angeboten zur Penisverlängerung ist die kostenfreie Kopierpower des Netzes misslich, in Bezug auf die Zugänglichkeit von Wissen hingegen ein Segen. Denn Wissen verliert durch Vervielfältigung nicht nur seinen Wert nicht, Verbreitung steigert diesen sogar. Und wenn Wissen Macht ist, dann verteilt seine weltweite Verfügbarkeit auch die Machtressourcen gleichmäßiger. Wer sich Wissen aneignet, nimmt es niemandem weg – anders als eben bei physischen Objekten. Heute können sich Ideen durch das Netz viel schneller verbreiten als noch vor dreißig Jahren, weshalb sich alle Veränderungsprozesse inzwischen so enorm beschleunigt haben.

Dass garantierte Knappheit einen höheren Wert darstellen kann als die Lizenz zur anstrengungsfreien Reproduktion, spielt evidenterweise vor allem dort eine Rolle, wo es um Wertaufbewahrung geht, also klassischerweise beim Geld. Kopierbarkeit ist demnach nicht nur bei Bots ein Problem, sondern auch bei Werten, und wenn ich Ihnen statt meiner Urlaubsfotos hundert Euro schicke, die ich Ihnen schulde, dann müssen diese hundert Euro, die nun Ihnen gutgeschrieben werden, mir fehlen, sonst hätte ich die Geldmenge insgesamt unredlich vermehrt (und mich auf Kosten aller anderen bereichert). Anders ausgedrückt: Das Internet hat ein Problem mit der Transferierung von Werten, weil es nur kopieren kann.

Wir werden dem Gedanken der Knappheit in diesem Buch immer wieder begegnen, aber zunächst geht es hier um etwas anderes: um das sogenannte Double-Spend-Problem. Wie verhindere ich bei einem Bezahlsystem im Netz, dass jemand sein Geld zweimal ausgibt? In der Welt des Bargelds stellt sich dieses Problem aus den genannten Gründen nicht; man kann sich Geld dort zwar gewaltsam aneignen, aber man kann es nicht verdoppeln (es sei denn, man druckt Falschgeld). Kein Mensch vermag denselben 100-Euro-Schein zweimal auszugeben, ohne die Gesetze der Physik magisch zu überlisten.

Weil es im Netz aber eben keine physischen Objekte, sondern nur jederzeit kopierbare Informationen gibt, ist *Double*

Spend hier ein Problem. Und die einzige Möglichkeit zu überprüfen, wer was an wen gezahlt hat, ist ein Register oder Kassenbuch, das genau festhält, wann A Geld an B geschickt hat. Bleibt die Frage: Wer verwaltet dieses Register? Der es verwaltet, verfügt über Macht. Wenn A das Register führen darf, könnte er B die hundert Euro gutschreiben, ohne sie aus seiner eigenen Bilanz herauszunehmen; nicht nur B, sondern auch alle anderen Teilnehmer an diesem Geldsystem müssten A vertrauen. Es liegt auf der Hand, dass ein Geldsystem, das auf dem Vertrauen in die Redlichkeit eines seiner Mitspieler fußt, keine gute Idee ist.

Wie also lässt sich im Netz bezahlen, ohne dass das Double-Spend-Problem entsteht? Nun, bis zu Satoshi Nakamotos White Paper lautete die Antwort: indem man einer dritten Partei vertraut, deren Aufgabe darin besteht, für A und B und alle weiteren Mitspieler den Zahlungsverkehr abzuwickeln und darüber Buch zu führen, wer wem was schuldet. Eine sogenannte *trusted third party*, die drei Nachteile mit sich bringt. Erstens: Diese dritte Partei verdient an jeder Transaktion (zum Beispiel kassieren Kreditkartenunternehmen jeweils zwei Prozent der Transaktionssumme). Zweitens: Wir gehen ein Gegenparteirisiko ein, denn wenn die Bank insolvent wird, verschwindet auch unser Erspartes – es sei denn, der Staat springt uns durch die Einlagensicherung zur Seite. Und drittens: Wir haben auf diese Weise ein zentrales System und damit eine Machtinstanz geschaffen, die jederzeit darüber entscheiden kann, wer zu dem Zahlungssystem zugelassen und wer davon ausgeschlossen wird.

Im White Paper von 2008 spricht Satoshi Nakamoto von einem »Peer-to-Peer Electronic Cash System«. Und die wichtigste Innovation, mit der er aufwartete, war eine Lösung des Double-Spend-Problems, ohne dass er dabei auf eine dritte Partei zurückgreifen musste, die das Kassenbuch führt.

In den folgenden drei Kapiteln werden wir uns genauer anschauen, wie ihm das gelungen ist. Seien Sie gewarnt: Es ist nicht ganz einfach …

Zwei Formen von Geld

Führen wir uns zunächst eine Unterscheidung aus der Geschichte des Geldes genauer vor Augen, die wir im vorherigen Kapitel schon berührt haben: Ein Geldsystem kann entweder mit physischen Einheiten, auch *Token* genannt, arbeiten oder als eine Art Bilanzierungsmaschine funktionieren, mithin als ein Kassenbuch, auf Englisch: *ledger*. Beide Typen weisen bestimmte, wenn man so will: unveräußerliche Eigenschaften auf.*

Wenn Sie im Theater Ihren Mantel abgeben, bekommen Sie eine Garderobenmarke in die Hand gedrückt, das ist ein Token, und wer immer ihn besitzt, kann den Mantel einlösen, er muss sich nicht weiter mit seinem Personalausweis als rechtmäßiger Eigentümer ausweisen. Oder jemand führt Buch darüber, wem was gehört. Diesem Prinzip folgt das Grundbuchamt. Es ist, um einen Begriff des Medienphilosophen Friedrich Kittler zu verwenden, ein Aufschreibesystem, das einen Zustand der Welt festhält, in zeichenhafter Repräsentation der Eigentumsverhältnisse. Und wie bei jedem Repräsentationsverhältnis besteht die Gefahr, dass es zu einer Abweichung zwischen Zeichen und Bezeichnetem kommt –

* Ich folge in meiner Argumentation hier dem sehr gedankenreichen Aufsatz von Gigi: »Bitcoin ist Zeit«, dessen Lektüre (https://www.blocktrainer.de/uebersetzungen/bitcoin-ist-zeit/) ich jedem ans Herz lege, der Bitcoins *Proof of Work* genauer verstehen will.

Karte ist nie gleich Gebiet. Im Fall des Grundbuchs müssen wir der Institution vertrauen, die das Grundbuch führt.

Unser heutiges Geldsystem kombiniert beide Verfahren: Es gibt Token in Form von Geldmünzen und Scheinen, und es gibt von den Banken verwaltete Kontobücher, in denen diese die Besitzstände ihrer Kunden notieren (Buchgeld).

Historisch sind von jeher beide Möglichkeiten realisiert worden: Man hat fixiert, wer wem was schuldet und wem etwas gehört, und zwar seit der Jungsteinzeit und dem Beginn der Schriftlichkeit in Mesopotamien; dort, im Zweistromland, entstand im 4. Jahrtausend vor unserer Zeitrechnung die sumerische Keilschrift, und man hat sie nicht benutzt, um Liebesbriefe oder Romane zu verfassen (obwohl die Sumerer das Schamdreieck als Zeichen für die Frau einsetzten), sondern um Listen zu führen, die den Besitzstand des Königs festhielten. Etwas unromantisch, aber die Wahrheit: Am Beginn der Schrift steht nicht Microsoft Word, sondern Excel. Beamte ritzten in Lehmtafeln, wem was gehörte oder wer wem etwas schuldete. Dass es schriftkundige Beamte waren, die die Tontafeln verwalteten, ist erneut ein Hinweis auf das Vertrauensproblem: Eine Liste ist immer nur so gut wie das Vertrauen, das wir dem entgegenbringen, der sie führt. Beamten wird eine hohe Loyalität zu ihrem Dienstherrn unterstellt, und so hofft man, dass ihre sicheren Pensionsanwartschaften sie behäbig und schwer korrumpierbar machen. (Möge es so sein …) In jedem Fall jedoch entsteht auf diese Weise Herrschaftswissen, und wenn richtig ist, was man in den USA zu sagen pflegt, nämlich *possession is nine-tenths of the law*, dann versteht man sofort, warum Bestandslisten wie die genannten den Kern aller Rechtsverhältnisse ausmachen. Oder, wie die Rechtswissenschaftlerin Katharina Pistor kritisch sagen würde: Der *Code des Kapitals* sind die Rechtsverhältnisse, das Privatrecht und die Eigentumsordnung sind nicht voneinander zu trennen.

Die Alternative zu Tontafeln, die von Beamten verwaltet werden, sind die erwähnten Token, also dingliche Objekte verschiedener Art. Das erste Geld, das Gesellschaften nutzten, um nicht mehr nur Ware gegen Ware tauschen zu müssen, war sogenanntes Naturalgeld, auch Warengeld genannt, und oft übernahm Vieh diese Funktion oder Felle oder Kaurischnecken. Als Bezahlung nahm man etwa ein Rind entgegen, nicht weil man es essen wollte, sondern weil man wusste, dass es sozusagen liquide, maximal absetzbar war, da man gegen dieses Rind jederzeit jede andere Ware, derer man bedürftig war, eintauschen konnte. Allerdings war ein Rind einigermaßen viel wert und eignete sich mangels Teilbarkeit (denn dann war es tot, und als Geld funktionierte nur das lebendige Tier) nicht für kleinere Transaktionen. Salz und Weizen waren ihm durch Teilbarkeit folglich weit überlegen.

Rinder, Salz oder Kaurischnecken waren physische Token: Wenn man sie besaß, war ein Tauschhandel jederzeit ohne Vermittlung durch eine dritte Partei möglich und Bilanzbetrug kein Thema.

Allerdings stand es nicht gut um die Haltbarkeit dieser Währungen. Zwar sollen auch alte, abgemagerte Rinder kurz vor dem Exitus interessanterweise denselben Wert gehabt haben wie vitale Jungbullen, doch irgendwann starben sie nun mal. Was nicht so ideal ist, wenn man ein Vermögen über Generationen weitergeben möchte; da sind dann Materialien von hoher Durabilität deutlich besser geeignet, Wert zu speichern, und so begann die Erfolgsgeschichte der Edelmetalle. Namentlich Gold war chemisch extrem stabil. Außerdem war es als Stoff sehr dicht, was den praktischen Vorteil hatte, dass man auch größere Mengen davon auf kleinstem Raum transportieren konnte. Und vor allem: Es war knapp.

Die Lyder in Kleinasien, der heutigen Türkei, waren dann die Ersten, die im 7. Jahrhundert vor Christus Gold- und Silbermünzen prägten und damit das schufen, was wir uns seither unter einem Geldstück vorstellen. Das ersparte das Abwiegen des Edelmetalls und beschleunigte so die Umlaufgeschwindigkeit und mit ihr den Handel. Schon in der Antike begannen Herrscher, ihr Antlitz auf Münzen zu prägen, bildpolitisch ein kluger Schachzug, denn dank hoher Umlaufgeschwindigkeit war die Reichweite für diese Form von PR groß. Und zugleich gab der Herrscher damit vor, den Gold- oder Silbergehalt der Münze zu garantieren – ist doch die Münzverschlechterung so alt wie die Erfindung des Münzgelds selbst. Über ein gesetzliches Zahlungsmittel zu verfügen, das hieß in dieser Verschränkung von Geld und Macht deshalb schon immer, dass Untertanen gehalten waren, ihr Geld genau so wertvoll zu finden, wie ihr Herrscher es ihnen nahelegte. Dennoch war, verglichen mit heutigen Zeiten, die Verschränkung von Staat und Geld noch eine sehr oberflächliche: Egal welches Herrscherantlitz die Münze schmückte, sie ließ sich schließlich jederzeit einschmelzen, auf ihren realen Feingehalt reduzieren und ummünzen.

Gute Goldmünzen wie der florentinische Florin, dessen Feingehalt kaum variierte, erfreuten sich jahrhundertelang höchster Beliebtheit über weite Handelsrouten hinweg. Gold als Geld oder, generell, *commodity money*, Rohstoffgeld, ist transnational.

Doch ob Rinder oder Goldmünzen – beides sind Umsetzungen des Tokenprinzips. Wenn es gelingt, einen physischen Token als Gegenwert für eine Ware und als Recheneinheit zu etablieren (dreißig Säcke Weizen entsprechen einem Rind), muss man sich nicht mehr auf Listen verlassen und auf die, die sie führen, dann kann der Tausch über ein Wertäquivalent abgewickelt werden – vorausgesetzt natürlich, der Geschäftspartner akzeptiert den Token als werthaltig.

Lebt das Prinzip Liste davon, dass der, der sie führt, nicht betrügt, setzt das Prinzip Token voraus, dass die Gemeinschaft derer, die in Tauschgeschäften miteinander stehen, an den Wert dieser Token glauben. Und da als wertvoll nur Dinge erachtet werden können, die sich nicht unendlich vermehren lassen, lebt das Prinzip Token von Knappheit. Knappheit aber ist immer eine Funktion von Arbeit und Mühe. Wenn ich Tischler in einer Region bin, in der Holz selten und Sand im Überfluss vorhanden ist, und habe mit hohem Zeitaufwand einen Stuhl hergestellt, dann möchte ich ein Äquivalent für diese Mühe; bezahlt mich mein Kunde aber mit Sandkörnern, erhalte ich einen Nichtwert, denn es hat ihn nichts gekostet, an Sand zu kommen. (So wenig wie es heutzutage die Zentralbanken etwas kostet, Fiat-Geld zu drucken, das aus diesem Grund auch Mouseclick-Money genannt wird.) Das ist bei Gold völlig anders, und deshalb erfüllt es seine Wertspeicherfunktion seit Jahrtausenden so tadellos. Denn es kostet nun einmal Mühe und Zeit, es zu schürfen. Wenn ich als Tischler für den Stuhl eine Goldmünze entgegennehme, ist die Existenz der Münze selbst der sichtbare Beweis für den Zeitaufwand, den es gekostet hat, die entsprechende Menge an Gold zu schürfen.

Mithin gilt für alles, was als Wertspeicher benutzt wird, ganz generell: Die Neuproduktion muss limitiert sein, damit der Wert nicht verwässert wird. Man nennt das auch das Stock-to-Flow-Verhältnis: Entscheidend ist, dass dem vorhandenen Bestand (Stock) eines monetären Guts nur eine geringe Neuproduktion gegenübersteht. Als die Spanier im 16. Jahrhundert in Südamerika gewaltige Gold- und Silbervorkommnisse entdeckten und nach Europa verschifften, war die Begeisterung erst einmal groß: Ein Quell neuen Wohlstands schien erschlossen, unverhofft waren die Menschen reicher geworden. Doch schon bald zerfiel vor allem der Silberpreis eklatant, anders ausgedrückt: Die Preise stiegen. Und wenn die Preise steigen, dann wissen alle Politiker der Welt von jeher, Stichwort Übergewinnsteuer, wer dafür verantwortlich zu machen ist: die Gier der Spekulanten! Dabei war einfach eine gestiegene Geldmenge auf ein unverändertes Warenangebot gestoßen. Wir nennen es Inflation.

Ein anderes Beispiel: Lange Zeit nutzten viele Gesellschaften Westafrikas Perlen als Zahlungsmittel, die für sie schwer herzustellen waren. Als die ersten portugiesischen Händler Westafrika als auszubeutendes Territorium entdeckten, begriffen sie rasch, dass sie über einen technologischen Vorteil verfügten: Ohne großen Aufwand konnten sie künstliche Perlen produzieren, die von ihren afrikanischen Handelspartnern als Zahlungsmittel akzeptiert wurden. Der Neuzugang erhöhte sich rapide gegenüber dem Bestand, und innerhalb kürzester Zeit brach das Perlengeldsystem in Westafrika zusammen.

Auch heute können wir den Wert der Fiat-Währungen an ihrem Stock-to-Flow-Verhältnis messen: Die wenigen vergleichsweise harten Währungen der Welt wie der US-Dollar, der Yen, das britische Pfund, der Schweizer Franken oder der Euro haben im historischen Mittel eine jährliche Neuemission von etwa acht Prozent. Zum Vergleich: Das Stock-to-Flow-Verhältnis von Gold liegt bei 1,5 Prozent.

Sie sehen: Gerade waren wir noch bei den Sumerern und Lydern, und trotzdem haben wir schon an dieser Stelle alle Dilemmata vor Augen, mit denen die Menschheit geschichtlich konfrontiert sein sollte bei ihrer Suche nach einem soliden Geld.

Apropos solide: Solidus nannte der römisch-byzantinische Kaiser Konstantin, derselbe, der im frühen 4. Jahrhundert das Christentum zur Staatsreligion erhoben hat, nach einer durchgreifenden Münzreform seine neue Goldstandardmünze. Sie löste den Aureus ab, dessen Feingehalt über die Jahrhunderte so stark abgenommen hatte, dass ihn keiner mehr haben wollte (und schon gar nicht die römischen

Legionäre). Der Feingehalt des Solidus hingegen betrug 4,5 Gramm Gold, und die Münze war in Europa bis zum Untergang von Konstantinopel 1453 in Gebrauch.

Das Problem sämtlicher Münzen durchs ganze Mittelalter hindurch war die Differenz zwischen Material- und Nominalwert, denn der Münzherr, in der Regel der Fürst, wollte an der Münzprägung verdienen. Wenn er Silber im Wert von 100 Pfennigen erwarb, schlug er daraus 105 Pfennige. Die Differenz war sein Gewinn, der sogenannte Schlagschatz. Er konnte ihn erhöhen, indem er den Münzfuß erhöhte, also die Menge an Münzen vergrößerte, die aus einer gegebenen Gewichtseinheit an Edelmetall zu schlagen war. Bei modernen Zentralbanken sprechen wir statt von Schlagschatz von Seigniorage.

Im Mittelalter kursierten von allen Münzen folglich ziemlich schnell verschieden werthaltige Ausprägungen, wofür ein allgemeiner Trend zur Münzverschlechterung verantwortlich war. Während der Fürst seine Steuern noch in Münzen mit höherem Feingehalt bezahlt bekam, hatten die neu geschlagenen Geldstücke, mit denen er seinerseits seine Rechnungen bezahlte, bereits einen niedrigeren Feingehalt, man könnte das eine frühe Form der kalten Progression nennen. Das wiederum führte zu einem Effekt, den man später als das Greshamsche Gesetz bezeichnete: dass nämlich weiches Geld das harte im Umlauf verdrängt, weil die Leute Letzteres bunkern, während sie Ersteres so schnell wie möglich wieder loswerden wollen.

Aber wir schweifen ab.

Zu einer aufschlussreichen Verknüpfung beider Prinzipien, Kassenbuch und Token, kam es, als die Menschen in der frühen Neuzeit begannen, ihren Goldbesitz aus Sicherheitsgründen dem Goldschmied anzuvertrauen, der berufsbedingt über hohe Sicherheitsstandards, also gute Tresore, verfügte. So wurden Goldschmiede zu Verwahrern von

Gold, zu einer Vorform der Banken; demjenigen, dessen Einlage sie entgegengenommen hatten, händigten sie eine Quittung aus, die diesem seinen Besitzanspruch bestätigte. Nun passierte zweierlei: Zum einen stellten die Leute fest, dass sie im Tauschhandel untereinander einfach mit diesen Quittungen bezahlen konnten, statt mühselig und unter hohen Sicherheitsrisiken physisches Gold hin und her zu bewegen, und zum anderen realisierten die Goldschmiede, dass immer nur ein Bruchteil der Kunden ihre Zertifikate gegen echtes Gold einzutauschen pflegte. So kamen sie auf die Idee, sie könnten mehr Zertifikate ausgeben, als sie tatsächlich an Gold besaßen.* Es entstand die frühe Form eines Teilreservesystems, wie es noch heute unser Bankwesen bestimmt, bei dem die Banken nur einen Bruchteil ihrer Verbindlichkeiten als sogenannte Mindestreserve vorrätig halten müssen. Was so lange gut geht, bis es zu einem *bank run* kommt. Wenn alle Bankkunden aus Panik gleichzeitig ihre Einlagen zurückfordern, steht die Bank nackt da. Dann kann nur noch die Zentralbank als Kreditgeber letzter Hand einspringen.

Kehren wir mit diesem kursorischen geldgeschichtlichen Wissen zurück zum Bitcoin.

Bitcoin ist ein elektronisches Buchhaltungssystem. Da es in der Welt der digitalen Informationsverarbeitung keine physischen Entitäten gibt, sondern nur Bits, die kopiert werden können, scheidet das Prinzip Token für den Bitcoin aus; die Vermögensstände müssen in ein Register, ein Kontenbuch eingetragen werden. An sich nichts leichter als das: Man legt einfach eine Datenbank an, eine Exceltabelle, wie es

* Greenbaum und Thakor schreiben im Standardwerk ›Contemporary Financial Intermediation‹, London, Oxford, Boston, New York, San Diego 2007, S. 95: »The naughty possibility of printing extra warehouse receipts changed the world. This discovery was the banking equivalent of the Newtonian Revolution, every bit as important to banking as gravity was to physics.«

schon die sumerischen Beamten getan haben. Aber genau diesen Schritt wollen wir ja nicht, wir wollen ein dezentrales System, das ohne die Autorität einer dritten Partei auskommt. Darin nämlich lag in der Kohlenstoffwelt der Vorzug von Bargeld: Man konnte Geschäfte abwickeln, ohne eine dritte Partei hinzuziehen zu müssen. Anonym. Dem Eisverkäufer, der meine Münze entgegennimmt, ist mein Personenstand egal. Der Handwerker, dem ich für seine Schwarzarbeit zwei 50-Euro-Scheine zustecke, ist sogar in besonderem Maße daran interessiert, dass der Bezahlakt nicht mit seiner Person in Verbindung gebracht werden kann und auf keiner Rechnung auftaucht. Bitcoin kann auch als ein Versuch gesehen werden, bestimmte Eigenschaften des Bargelds in die digitale Welt zu retten, obwohl es dort keine physischen Token geben kann, und aus ebendiesem Grund hat Satoshi Nakamoto seine Erfindung im White Paper auch ein »Peer-to-Peer Electronic *Cash* System« genannt.

Ich bin meine eigene Bank

Ist ein dezentrales Kassenbuch in einem verteilten Computernetzwerk aber überhaupt denkbar?

Zwei Probleme tauchen auf. Wer registriert die Konten der Akteure, und wer kontrolliert, dass niemand mehr Geld ausgibt, als er besitzt? Die Beantwortung dieser beiden Fragen umfasst im Wesentlichen das, was das technologische Design von Bitcoin ausmacht. Wenden wir uns der ersten Frage zu.

Natürlich brauchen Sie zunächst einmal ein Konto, auf dem Sie Zahlungen empfangen können, und ein Passwort, das Sie legitimiert (und nur Sie), von diesem Konto aus Zahlungen zu veranlassen. In der alten Welt weist die Bank, bei der Sie ein Konto eröffnen wollen, Ihnen eine Kontonummer zu, nimmt Ihre Daten auf und stellt sicher, dass es dabei zu keiner Doppelvergabe kommt. Da sie die Datenbank führt, hat sie den Überblick. Sie schickt Ihnen eine PIN-Nummer, mit der Sie Zugang zu Ihrem Konto am Geldautomaten erhalten – und wenn Sie die PIN vergessen, kein Problem: denn in diesem System hält die Bank alle Fäden in der Hand, sie braucht Ihre Identität nur zu überprüfen, und schon stellt sie Ihnen eine neue PIN-Nummer zu.

Wenn es aber keine zentrale Agentur mehr gibt, bei der man sich registrieren lassen kann, wenn man folglich sein Konto selber einrichten muss, wie stellt man sicher, dass es zu keiner Doppelvergabe kommt?

Die Lösung, die das Bitcoin-Design für dieses Problem vorsieht, überrascht und erstaunt (und verunsichert) mich immer wieder: Es arbeitet mit Wahrscheinlichkeiten. Jeder Netzwerkteilnehmer erzeugt sich durch einen Zufallsgenerator eine Art Kontonummer, den sogenannten *private key*, das ist eine astronomisch hohe Zahl – eine mit 78 Stellen (also 2^{256}). Man stelle sich eine Lostrommel mit 115792089237 3161954235709850086879078532699846656405640394575840 07913129639936 Losen vor, aus der man eine Gewinnnummer zieht. Kurz: Es ist zwar logisch nicht ausgeschlossen, aber praktisch extrem unwahrscheinlich, dass es zu einer zufälligen Doppelvergabe kommt.

Und trotzdem, ist »extrem unwahrscheinlich« nicht doch noch immer deutlich mehr Risiko, als ich es mir für die Sicherheit meines Ersparten wünsche? Besonders als Geisteswissenschaftler, dessen Vorstellungsgabe auf dem Gebiet von Zahlen und Wahrscheinlichkeiten der Musikalität einer Schlange gleicht? Anfänglich habe ich deshalb mit diesem Umstand gehadert. Ja, schön und gut: unwahrscheinlich, aber was, wenn es *against all odds* ausgerechnet mich Pechvogel erwischt?

Dabei konnte ich mir als Mensch mit philosophischen Neigungen interessanterweise das Unendliche besser vorstellen als eine sehr hohe Zahl wie 2^{256}. Unter uns: Eine Zahl mit 78 Stellen fand ich eigentlich gar nicht so groß; erst als man mir zur Verdeutlichung sagte, dass das 250 Millionen Mal so viel ist, wie unsere Milchstraße Atome hat, beruhigte ich mich.

Doch zurück zu unserem praktischen Problem: Niemand überprüft also, ob diese durch Zufallsgenerator erzeugte Zahl im Netzwerk bereits existiert, sondern man geht davon aus, dass dies aus Wahrscheinlichkeitsgründen nicht der Fall ist. Und da wir an dieser Stelle krass vereinfacht haben, müssen wir jetzt etwas komplizierter werden, es hilft nichts. Um in der Analogie von Kontonummer und Passwort zu bleiben: Tatsächlich ist das, was erzeugt wird, eher ein geheimes Passwort. Und Bitcoin arbeitet ja mit asymmetrischer Kryptographie, auch Zwei-Schlüssel-Kryptographie genannt. Hier wird es jetzt sehr haarig, aber Sie werden Bitcoin nie angemessen würdigen können, wenn Sie nicht zumindest eine vage Vorstellung von seinem technologischen Design gewinnen.

Sie müssen wissen: In der klassischen Kryptografie bedurfte es bloß eines Schlüssels, um eine Botschaft zu ver- und zu entschlüsseln. Das Problem: Der Empfänger musste den gleichen Schlüssel wie der Sender besitzen. Daraus ergab sich das Problem der sicheren Übertragung des Schlüssels.

In der asymmetrischen oder Zwei-Schlüssel-Kryptografie hingegen arbeitet man mit einem aufeinander bezogenen Schlüsselpaar, dem *private* und dem *public key*, also dem privaten und dem öffentlichen Schlüssel. Mit dem öffentlichen Schlüssel des Empfängers verschlüsselt der Sender eine Nachricht, die allein der Empfänger mit seinem privaten Schlüssel entschlüsseln kann. So muss zwischen Sender und Empfänger im Gegensatz zur klassischen Kryptografie kein geheimer Schlüssel mehr ausgetauscht werden.

Asymmetrische Kryptografie lässt sich allerdings auch für ein anderes Ziel nutzbar machen: für digitale Signaturen. Wenn ich eine Nachricht mit meinem privaten Schlüssel verschlüssele (ich weiß, dieses Kapitel ist ein wenig ü-lastig), kann jeder mithilfe des öffentlichen Schlüssels überprüfen, dass die Nachricht auch wirklich vom rechtmäßigen Besitzer des privaten Schlüssels kommt.

Von diesen sogenannten digitalen Signaturen, einem Pendant zur Unterschrift in der Kohlenstoffwelt, macht Bitcoin reichlich Gebrauch, indem alle Teilnehmer des Netzwerks mit Hilfe des *public key* überprüfen, ob die ins Netzwerk hinausgesendete Transaktion (bitte drei Bitcoin von Konto A nach Konto B verschieben) auch de facto vom Halter des *private key* und rechtmäßigen Besitzer der Bitcoin von Konto A signiert worden ist. Nur dann ist sie reif für einen Eintrag ins Kassenbuch.

Noch einmal, zur Wiederholung: Mit meinem privaten Schlüssel, den nur ich kenne, signiere ich meine Transaktion, während alle anderen Teilnehmer des Netzwerks mit dem öffentlich bekannten Schlüssel überprüfen können, ob ich es war, von dem die digitale Unterschrift stammt. Die einzige Funktion des öffentlichen Schlüssels ist mithin die Überprüfung des Absenders, die Authentifizierung seiner digitalen Unterschrift. Und weil der öffentliche Schlüssel über eine sogenannte mathematische Einwegfunktion vom privaten Schlüssel abgeleitet wurde, gibt es keinen mathematischen Rechenweg, um vom öffentlichen zurück zum privaten Schlüssel zu kommen. Mein *private key* ist sicher, es sei denn, ich plappere ihn aus …

Bestimmt haben Sie schon von den sogenannten *Wallets* gehört, auf denen man angeblich seine Bitcoin verwahrt, aber das ist lediglich eine irreführende Metapher. (Viele Metaphern zur Veranschaulichung von Bitcoin sind irreführend, was jedoch nicht heißt, dass sie nicht trotzdem hilfreich sind: Benutzen wir sie wie Wittgensteins Leiter, von der der Wiener Philosoph ja auch sagte, man solle sie wegwerfen, nachdem man auf ihr hinaufgestiegen sei …) Was das Wallet tatsächlich tut: Es verwaltet meine Schlüssel, meine *private* und *public keys*. Die Bitcoin selber sind ja keine klingelnden Groschen in einer Geldbörse, sondern informationelle Eintragungen in einer verteilten Datenbank. Bitcoin besitzt, wer über sie verfügen darf; als rechtmäßiger Eigentümer weist man sich durch seinen *private key* aus. Alles hängt also an diesen Schlüsseln.

In Wahrheit ist es leider wieder einmal noch komplizierter, weil von einem *master private key* mehrere *private keys* abgeleitet werden, von diesen die *public keys* und die öffentlichen Adressen, doch das müssen wir nicht im Detail nachvollziehen, um die dahinterliegende Logik zu verstehen. Wallets jedenfalls übersetzen den ganzen Prozess in eine angenehme, bedienungsfreundliche App, welche die Schlüssel verwaltet, die Transaktionen ausführt und den Besitzer über seinen Kontostand informiert. Es gibt sie als sogenannte Hot Wallets, das sind Apps auf einem Smartphone oder einem Desktop – was aber das Risiko mit sich führt, dass das Wallet gehackt werden kann, wenn es jemandem gelingt, in Ihr Computersystem einzudringen. Das sicherere Speichermedium ist deshalb ein sogenanntes Cold Wallet, ein kleines Gerät, das wie ein USB-Stick aussieht, aber tatsächlich ein kleiner Computer ist, der offline die entscheidenden Schlüsselinformationen verwaltet und Transaktionen signiert.

Alle kryptografischen Codes zu Ihrem Bitcoin-Konto sind im Cold Wallet gespeichert. Sie haben ein ganz normales Passwort gewählt, je nach Gerätetyp zum Beispiel eine vierstellige PIN, damit nur Sie Zugriff auf das Wallet haben. Da Ihre Bitcoin aber nicht verschwinden dürfen, nur weil Sie Ihre PIN zu oft falsch eingegeben oder Ihr Wallet verloren haben oder weil es kaputt gegangen ist, müssen die entscheidenden Informationen wiederherstellbar sein. Und das sind sie über die sogenannte *Seed Phrase*.

Das Wallet nämlich hat per Zufallsgenerator einen sogenannten *Seed* erzeugt, ein Samenkorn, aus dem alle weiteren Ableitungen (alle Schlüssel und Adressen) wie die Äste eines Baums hervorgehen. Diesen Seed, eine hexadezimale Ziffernfolge, übersetzt Ihr Wallet wahlweise in 12 oder 24 Wörter. Es tut dies praktisch als Lesehilfe, weil 12 beziehungsweise 24 englische Wörter für uns Menschen leichter les- und erkennbar sind als nicht semantische Ziffern und Buchstaben. Man nennt sie deshalb auch mnemonische Sätze – von Altgriechisch *mnēmē*, Gedächtnis.

Statt einer langen Datenkette bekommen Sie also 12 beziehungsweise 24 anschauliche, knackige, grundelementare englische Wörter aus einer Liste von insgesamt 2048 Wörtern. Und diese 12 Wörter, die *Seed Phrase*, sind das wahre Sesam-öffne-dich Ihrer neuen Bitcoin-Existenz! Diese 12 Wörter müssen Sie hüten wie Ihren Augapfel! Keiner darf an die *Seed Phrase* kommen, sonst könnte er sich jederzeit an Ihren Bitcoin vergreifen, denn mit der *Seed Phrase* können Sie Ihr Wallet jederzeit vollständig wiederherstellen. Man kann die Wörter auf Papier schreiben und in einem Bankfach einschließen, man kann sie in Metallplatten stanzen und diese im Garten vergraben, man kann sie sich, falls man aus einem Unrechtsstaat fliehen muss, auch einprägen, dann kann einem die Bitcoin beim Grenzübertritt niemand abnehmen.

Und weil diese Seed-Technik einen allgemeinen Standard darstellt, ist man nicht von einem spezifischen Wallet-Hersteller abhängig, der ja irgendwann einmal pleitegehen und seine Produktion einstellen könnte.

Für mich als Literaturkritiker ist die *Seed Phrase* natürlich eine Projektionsfläche, weil ich sofort nach Deutungen suche, welche Geschichte meine 12 Wörter mir eigentlich erzählen wollen … Eine derart persönliche Zauberformel für meine eisernen Reserven muss doch eine Botschaft enthalten! Aber natürlich sind die Wörter frei von jeder Semantik, sie werden nur als Stellvertreter für Ziffern genutzt.

Es war ein bisschen kompliziert, die Schritte zu erklären, die mich an diesen Punkt geführt haben, aber dafür kann ich nun sagen: Ich bin meine eigene Bank. Ich habe ein Konto eröffnet, ohne jemanden um Erlaubnis gefragt zu haben. Niemand hat mir mein Netzwerkkonto »zugestanden«. Ich habe mich nirgends ausgewiesen, nicht meinen Personalausweis vorgelegt und nicht meine ladungsfähige Anschrift hinterlegt – und ich muss niemandem Negativzinsen für meine

Rücklagen zahlen. Das ist die Freiheit der kryptografisch gesicherten Dezentralität.

Aber auch Bitcoin entgeht der Dialektik irdischer Verhältnisse nicht. Mit dieser Freiheit kommt nämlich auch eine Bürde daher: Eigenverantwortung. Allein ich selbst bin dafür verantwortlich, meine Schlüssel zu verwahren. Gebe ich meinen privaten Schlüssel aus Versehen an jemand anderen weiter, kann der über meine Bitcoin verfügen, und einmal weg heißt bei Bitcoin: weg für immer, Transaktionen sind irreversibel.

Warum irreversibel? Eben weil es keine Instanz gibt, die über allem schwebt und die sich im Beschwerdefall ihrer Spezialkompetenz, des Masterpassworts, bedienen und eine Transaktion rückgängig machen könnte. Auch wenn Sie Ihren *private key* verlieren, gibt es niemanden, keine väterliche Autorität, an die Sie sich wenden könnten, um eine neue PIN zu bekommen; Ihre Bitcoin würden für immer bewegungslos in der Blockchain verharren, ein buchstäbliches Sinnbild der Ewigkeit. Sie könnten sie sich auf der Blockchain anschauen, Ihren Freunden erzählen, dass die eigentlich Ihnen gehören, Sie könnten sich jeden Morgen nach dem Aufwachen davon überzeugen, dass sie noch da sind, aber Sie würden sie nie wieder bewegen können.

Es gibt berühmte Geschichten, die diese Irreversibilität illustrieren – am bekanntesten ist die des britischen Informatikers James Howells, der zu den Bitcoin-Minern der ersten Stunde gehörte. Ihm müssen etwa 7500 Bitcoin gehören, die in den frühen Jahren so gut wie nichts wert waren, weshalb er mit der Festplatte, auf der er seine Schlüssel abgelegt hatte, nicht sonderlich sorgsam umging: Irgendwann landete sie auf dem Müll. Der Bitcoin-Kurs musste erst über Jahre steigen und steigen, bis sich Howells an seinen Schatz erinnerte – und feststellen musste, dass er den entsprechenden Datenträger nicht mehr besaß. Seither startet er immer neue

Versuche, die von ihm ins Auge gefasste Mülldeponie nach allen Regeln der Kunst nach seiner verlorenen Festplatte durchsuchen zu lassen – bisher ohne Erfolg. Sein unerreichbares Vermögen war zwischenzeitlich gut 500 Millionen Dollar wert. James Howells dürfte zu den Menschen zählen, die durch fallende Bitcoin-Kurse Seelenfrieden finden.

Bei Bitcoin habe ich mitunter metaphysische Gänsehautmomente: Die Vorstellung solcher Irreversibilität gehört dazu. Es ist die Irreversibilität der physischen Welt, die ins Bitcoin-Netzwerk eingebaut ist. Bitcoin ist wie das echte Leben: Weg ist weg. Im Gegenzug sehe ich im selben Moment natürlich auch, worin die Vorzüge des »alten Systems« liegen: Dieses versucht, die Dinge möglichst lange reversibel zu halten, indem da ein Mensch mit Macht sitzt, der sie, wenn etwas schiefgelaufen ist, wieder zurechtrückt.

Das Problem des Double Spend

Kommen wir zur zweiten Herausforderung, mit der ein dezentrales Zahlungssystem konfrontiert ist, und damit zum Hauptproblem von Satoshi Nakamoto.

Wenn keine zentral verwaltete Datenbank den Vermögensstand und die Zirkulation der Bitcoin abbildet, dann brauchen wir ein verteiltes System, bei dem jeder Knoten des Netzwerks eine Kopie des Kassenbuchs hält. Eigentlich eine bestechende und naheliegende Idee: Jede Transaktion, durch das Signieren mit dem *private key* beglaubigt, wird gewissermaßen ins Netzwerk hereingerufen und als Information von Knoten zu Knoten, von Node zu Node in Windeseile weitergereicht, so dass jeder Mitspieler des Netzwerks alle neuen Transaktionen und die entsprechenden Kontostände notieren kann. Das geht natürlich nur so lange gut, wie sämtliche Kopien des Kontobuchs auf den unterschiedlichen Festplatten identisch sind. Wir brauchen eine einheitliche Transaktionshistorie, eine verbindliche Geschichte.

Was aber passiert, wenn ein bösartiger Mitspieler C einen Bitcoin zweimal ausgibt? Erst an Mitspieler A, unmittelbar danach an Mitspieler B? Informationen brauchen Zeit, um sich im Netzwerk auszubreiten, deshalb lässt sich schlecht sagen, welche Transaktion die erste war, um dann die zweite als betrügerisch zu verwerfen; die eine Hälfte der Nodes würde Cs Bitcoin A gutschreiben, die andere B. Nun tritt gar ein neuer Mitspieler D dem Netzwerk bei, er bittet benachbarte Nodes um eine Kopie des Kassenbuchs, doch leider Gottes kursieren bereits zwei unterschiedliche Versionen. An welche soll er sich halten?

Erinnern wir uns noch einmal: In der physischen Welt des Bargelds ist ein Double Spend ausgeschlossen: Entweder hat B die Münze oder A. Man kann sich der Münze unrechtmäßig, also durch den Einsatz von Gewalt, bemächtigt haben, das ist bedauerlich, aber es gibt keinen Zweifel an den Besitzverhältnissen, entweder man hat die Münze oder man hat sie nicht. *Tertium non datur.* In der digitalen Welt dagegen gibt es keine einmaligen Token, es gibt nur Informationen, Bits; wenn ein Mitspieler mehr Bitcoin ausgibt, als er tatsächlich besitzt, kommt es zu unterschiedlichen, voneinander abweichenden Kassenbüchern, und augenblicklich gibt es über die Wahrheit keinen Konsens mehr. Und weil wir uns in einem dezentralen System befinden, gibt es auch keine Schiedsinstanz, die den Konflikt beilegen könnte, indem sie die betrügerischen Kassenbücher storniert.

Wie könnte eine solche Schiedsinstanz auch aussehen? Es müsste jemand sein, dem alle vertrauen. Satoshi Nakamoto wollte jedoch ein Zahlungssystem, das unter Leuten funktioniert, und zwar im Weltmaßstab, die sich nicht kennen und schon gar nicht vertrauen. Deshalb nennt man in der Zuspitzung dieses Gedankens Bitcoin auch *money for enemies*, Geld für Feinde.

Was für Lösungen sind vorstellbar? Man könnte im Netzwerk demokratisch darüber abstimmen lassen, welches die korrekte Version des Kassenbuchs ist. Aber im Internet lassen sich keine glaubwürdigen Abstimmungsprozesse durchführen, schließlich könnten bösartige Akteure jederzeit eine Bot-Armee erzeugen, um eine scheinbare Mehrheit zu simulieren. Alle sozialen Netzwerke kennen das Problem der unauthentifizierten Identitäten, und in einem dezentralen Netzwerk führt die Authentifizierung von Identitäten noch viel weniger zu einer Lösung, weil es dafür (Sie merken, die Melodien wiederholen sich, sowie Sie sich einmal ins Thema eingegroovt haben) einer Instanz bedürfte, die diese prüfen könnte und damit auch über die verführerische Macht verfügte, unerwünschte Mitspieler auszuschließen.

Wie also hat Satoshi Nakamoto das Problem gelöst? Wie hat er sichergestellt, dass alle Kassenbücher dieselbe Bilanz ausweisen, mithin synchronisiert sind? Es braucht eben doch jemanden, der die neuen Transaktionen verbindlich einträgt, jemanden allerdings, dem wir, weil wir ja unseren Grundsätzen weiter folgen wollen, nicht zu vertrauen haben, und die Alternative zum Vertrauensvorschuss ist: ein Anreizsystem. Der Anreiz, korrekt zu handeln, muss größer sein als der Gewinn, den man sich von betrügerischen Aktionen verspricht.

Und hier kommt nun endlich die Blockchain ins Spiel. Bisher hatten wir, wo es um die Blockchain ging, metaphorisch vom »Kontobuch« gesprochen. In der konkreten Umsetzung ist das Kontobuch von Bitcoin indes eine Blockchain, was komplizierter klingt, als es ist. Die Blockchain ist, wie ihr Name erahnen lässt, eine Kette von nacheinandergeschalteten Blöcken; jeder einzelne Block entspricht einer Seite in einer Bilanz mit einer bestimmten Anzahl darauf verzeichneter Transaktionen. Dabei sind die Blöcke untereinander durchnummeriert, genauer: kryptografisch so miteinander verschaltet, dass sämtliche folgenden Blöcke ungültig würden, sollte ein Eintrag in einem früheren Block nachträglich verändert werden. Und das heißt: Seit Januar 2009 haben wir eine ununterbrochene Kette von Blöcken, in der die Gesamtheit der Transaktionen, die jemals im Bitcoin-Netzwerk vorgenommen worden sind, allgemein einsehbar vorliegt.

Wer aber zeichnet für die neuen Blöcke verantwortlich?

Hier kommt jetzt der eigentliche Clou.

Es sind, wie in unserem »Rundflug« bereits angedeutet,

die Miner, auf Deutsch die »Schürfer«, die die Transaktionen zu neuen Blöcken zusammenfassen und sie der Blockchain hinzufügen und so die Transaktionshistorie herstellen. Und die Transaktionshistorie ist, wenn man so will, identisch mit der »Wahrheit« des Bitcoin-Systems. Deswegen ist dies in dem phantastischen Bau, der Bitcoin ist, die verwundbarste Stelle: Hier muss Konsens hergestellt und der Versuchung zum Betrug ein Riegel vorgeschoben werden.

Wer aber könnte versucht sein zu betrügen oder zu zensieren (also bestimmte Transaktionen nicht zu berücksichtigen)?

Sicherlich diejenigen, die Blöcke auch erstellen, also die Miner. Weil Bitcoin jedoch ohne Appelle an solidarisches Verhalten auskommen möchte, schafft es eine Wettbewerbssituation und ein System aus Zuckerbrot und Peitsche. Die Miner konkurrieren miteinander um das Recht, den nächsten Block bilden zu dürfen. Wie tun sie das? Qua Kryptografie: Um einen neuen Block zu schaffen, müssen sie ein Zahlenrätsel lösen, auf dessen richtiges Ergebnis man nur durch Raten kommen kann. Dabei spielen Hash-Funktionen eine wichtige Rolle: Eine Hash-Funktion verwandelt jeden beliebigen Input an Daten in einen einzigartigen, jedoch stets gleich langen Output. Wird der Input nur minimal verändert, kommt ein völlig anderes Ergebnis heraus, aber derselbe Input führt immer zum selben Output. Wenn ich als Input eingebe: »Mir brummt der Kopf«, erhalte ich als Output: 5ad2625997dc7227cd754792babcc2f0daac0bc07973d1377 1c7b048f0c73048. Gebe ich hingegen einen nur leicht veränderten Input ein, zum Beispiel: »Mir summt der Kopf«, erhalte ich ein völlig anderes Ergebnis, nämlich: 2dcd8b6ff34 d854e884ba07107774efc692d1d0fdee615368c3a6573252b1f58.

Die von Bitcoin für diese Prozesse verwendete Hash-Funktion, der SHA256, ist eine Einwegfunktion, das heißt, niemand kann mathematisch vom Ergebnis auf die Eingabe zurückrechnen, man kann nur raten, welcher Input zu genau diesem Output führt – *good luck*! Und egal, wie lang die Eingabe ist, immer verwandelt der SHA256 diese in eine genau 64 Stellen lange hexadezimale Zeichenfolge.

Nun noch einmal genauer. Wie geht das Ganze vor sich?

Der Miner schickt einen Datensatz, der sich im Wesentlichen aus den anstehenden Transaktionen, der Nummerierung der Blöcke und einer Zufallszahl, der sogenannten *Nonce* (was für *number only used once* steht), zusammensetzt, durch die Hash-Funktion SHA256, und zwar so lange, bis der Output gewisse alphanumerische Anforderungen erfüllt. Wir haben schon an meinen zwei Beispielen gesehen, dass es sich um ein hexadezimales System handelt, an jeder der stets 64 Stellen langen Zeichenfolge können die Zahlen 0 bis 9 auftauchen und die Buchstaben a bis f. Das heißt, pro Stelle gibt es 16 verschiedene Möglichkeiten. Das Bitcoin-Protokoll verlangt nun zum Beispiel, dass ein gültiger Hash mit vier sogenannten führenden Nullen beginnen muss. Der Miner nimmt also seinen Datensatz (aus den anstehenden Transaktionen, dem Hash-Wert des vorangegangenen Blocks usw.) plus der Nonce und variiert diese so lang, bis als Output eine Zeichenfolge kommt, die mit vier Nullen beginnt. Das geht mal schneller, mal langsamer, schließlich ist es reine Glückssache, aber nach den Gesetzen der Wahrscheinlichkeit braucht dieser Prozess im Durchschnitt zehn Minuten. Hat der Miner bei seinem ersten Versuch beispielsweise 1671 als Nonce gewählt und ist damit gescheitert, wählt er für den nächsten Anlauf eine andere Zahl, bis er zu einem Output kommt, der den Anforderungen des Algorithmus genügt.

Zu einem gültigen Output kann er nur durch Raten kommen, eben weil man bei einer Einwegfunktion nicht rückwärts rechnen kann. Umgekehrt können aber alle anderen Teilnehmer des Netzwerks sofort überprüfen, dass der konkrete Datensatz plus der Nonce, die der Miner gewählt hat, zu einem gültigen Hash geführt hat. Dieser elegante Vorgang wird gerne mit einem Puzzle verglichen: Es gehört viel Geduld und Spucke dazu, ein umfangreiches Puzzle aus 3000 Teilchen Stück für Stück zusammenzusetzen, ist es allerdings einmal vollständig, genügt ein kurzer Blick auf die durch die Prärie reitenden Pferde, um sich zu überzeugen, dass alles stimmt.

Die Idee dahinter: Dieses Raten einer Nonce, die zu einem gültigen Hash führt, auch *brute force* oder Holzhammermethode genannt, kann professionell nur von einem Computer durchgeführt werden, verbraucht folglich Energie – und genau das ist Ziel und Absicht, keineswegs widerwillig in Kauf genommener Kollateralschaden des *Proof of Work* genannten Verfahrens. Denn die verbrauchte Energie ist der sogenannte Arbeitsbeweis: Indem der Miner dem Netzwerk einen gültigen Hash präsentiert, erbringt er den Beweis, dass er Energie verbraucht und sich das, was er präsentiert (den neuen Block), mithin etwas hat kosten lassen.

Warum sollte jemand indes Miner werden wollen, wenn er Energie und also Geld aufbringen muss, nur um sich für den nächsten Block zu qualifizieren?

Weil es im Erfolgsfalle eine Belohnung, den Block Reward, gibt: Bitcoin werden ausgeworfen an den, der einen neuen Block geschaffen hat.

Mit der Ausschüttung der Bitcoin an die Miner kommen diese überhaupt erst ins System. So sind zwei Fliegen mit einer Klappe geschlagen: Im selben Akt, in welchem der erfolgreiche Miner durch neue Münzen belohnt wird, wird die Geldemittierung des ganzen Systems sichergestellt. Der Miner kann seine Coins an andere interessierte Marktteilnehmer verkaufen, um so die Ausgaben, die ihm beim Ratewettkampf entstanden sind (Investitionen in Hardware und Energiekosten), zu decken und im besten Fall, bei guten Kursen und hoher Effizienz, zusätzlich einen Gewinn einzustreichen.

Und sofort werden die Transaktionen, die er in seinem Block zusammengefasst hat, von anderen Knoten des Netzwerks überprüft: ob sie zur bisherigen Transaktionsgeschichte passen und alles mit rechten Dingen zugegangen ist. Würde der Miner zum Beispiel sich selbst in seinem Block mehr Bitcoin gutschreiben als die, auf welche er ein Anrecht hat, würden sämtliche Nodes ob der Inkonsistenz Alarm schlagen und den Block des unaufrichtigen Miners ablehnen. Er würde nicht Teil der Transaktionshistorie werden, der Miner seiner Belohnung verlustig gehen. Dergestalt stellt Bitcoin sicher, dass die Miner einen Anreiz haben, korrekt zu handeln.

Warum aber ein derartiger Aufwand mit sinnlos verbratener Energie, um kryptografische Rätsel zu lösen?

Noch einmal: Es soll ein dezentrales System sein, das heißt, prinzipiell ist jeder berufen, als Miner am Aufbau der Blockchain mitzuwirken. Wenn aber mehrere Akteure in den Wettbewerb um den nächsten Block eintreten, ist es wichtig, dass jedem digitalen Akteur eine authentische Identität entspricht – sonst würden Bitcoin irgendwann nur noch von Putins Troll-Armee geschürft werden, und wir hätten das Problem, das wir oben bereits skizziert haben: Im Internet können Sie so viele Bots erschaffen, wie Sie lustig sind. Wenn aber zehn ehrliche Miner mit einem unehrlichen konkurrieren, der zehn Bots ins Rennen um den nächsten Block geschickt hat, wird das Spiel verzerrt.

Wie kann man derlei beim Bitcoin-Mining verhindern?

Indem man es kostspielig macht, an dem Ratespiel teilzunehmen. Und die einzige endogene knappe Ressource in der digitalen Sphäre ist die Energie, die Computer verbrauchen, wenn sie Rechenleistung erbringen. Deshalb knüpft das Bitcoin-Netzwerk das Recht, den nächsten Block zu schürfen, an *Proof of Work*. Theoretisch könnten Sie an dem Spiel auch ohne Computer teilnehmen und einfach selbst raten, bis Sie auf die richtige Ziffernkombination kommen, allerdings sind Computer bei diesem Sport deutlich schneller, während Ihre Lebenszeit endlich ist – Sie hätten keine Chance.

Und das Praktische: Die Kosten sind nicht etwas, das extern zu berechnen wäre, sondern endogener Teil der digitalen Sphäre. Das System macht sich den Umstand zunutze, dass der Betrieb von Computern Energie verbraucht. Man könnte mit Lenin sagen: Hier wurde auf clevere Art mit dem vorhandenen Material gearbeitet.

Proof-of-Work-Verfahren wurden bereits in den neunziger Jahren entwickelt, um zum Beispiel E-Mail-Spams vorzubeugen. Wenn jeder, der eine E-Mail verschicken will, ein kleines kryptografisches Rätsel lösen muss, dann kostet ihn das Zeit, ein paar Sekunden vielleicht, was für den, der nur eine ernsthaft gemeinte E-Mail verschicken möchte, nicht weiter ins Gewicht fällt. Will man hingegen millionenfachen E-Mail-Spam in die Welt senden, wird das *Proof-of-Work*-Verfahren zu einem zeitkritischen Kostenfaktor. Satoshi Nakamoto hat das *Proof-of-Work*-Verfahren aufgegriffen, um seine Idee eines digitalen Bargelds umzusetzen.

Was haben wir nun durch *Proof of Work* erreicht?

Jeder, der sich als Miner qualifizieren möchte, hat Rechenleistung erbracht und damit Energie verbraucht, die ihn etwas kostet; er ist bereit zu einer solchen Investition, weil im Erfolgsfalle eine Belohnung winkt. Diese Belohnung wiederum kann er nur realisieren, wenn alle Nodes die Korrektheit seines Blocks bestätigen.

All das ist nur eine Annäherung, aber es sollte ein erster ahnungsvoller Blick ermöglicht werden, wie ein dezentrales Netzwerk funktioniert. Wir fassen zusammen: Das Kassenbuch muss auf alle Knoten des Netzwerks verteilt werden, damit es keine privilegierten Sonderrollen gibt. Es muss eine verbindliche Transaktionshistorie hergestellt werden, auf die sich alle verlassen können. Es bedarf eines Anreizmechanismus, der zweierlei leistet: den Akteuren erstens einen Energieaufwand abzuverlangen und ihnen, zweitens, gewissermaßen als Ausgleich für die entstandenen Kosten, eine Belohnung für ehrliches Handeln in Aussicht zu stellen, um sie bei der Stange zu halten. Schließlich werden sie gebraucht, um die Sicherheit des Netzwerks zu verteidigen.

Und noch ein interessanter Aspekt: In der Außenwirkung ist der Energieeinsatz beim Bitcoin-Netzwerk eine Schwäche und für viele eine Schande, während Bitcoiner regelrecht mit Stolz auf das *Proof-of-Work*-Verfahren schauen, was gewiss damit zu tun hat, dass es echte Dezentralität sicherstellt: Um das Netzwerk zu kapern, müsste ein einzelner böswilliger Akteur mehr Hashrate und also Energie aufbringen als die Mehrheit des Netzwerks – nur so könnte eine sogenannte 51-Prozent-Attacke entstehen –, und das ist extrem unwahrscheinlich.

Es kommt in diesem Stolz aber noch eine andere konzeptionelle Pointe zum Ausdruck, die Gigi in dem bereits erwähnten Essay »Bitcoin ist Zeit« in schlagender Weise herausgearbeitet hat: Die physische und die digitale Welt sind zwei getrennte Reiche, die nichts verbindet, man kommt von der einen Welt nicht in die andere – das einzige Verbindungsstück sind die Realwelt-Ressourcen Energie und Zeit, die ein Computer beim Lösen einer digitalen Rechenaufgabe verbraucht. Über Energie und Zeit (die Zeit, die vergeht, bis man die passende Nonce erraten hat) hat Satoshi Nakamoto das Reich der Informationen und das Reich realen Arbeitsschweißes (und realer Knappheiten) miteinander verbunden. Oder, um Gigi zu zitieren: »Grob ausgedrückt, kann man sich einfach nie darauf verlassen, dass Daten Wirklichkeit widerspiegeln, es sei denn, die fragliche Wirklichkeit ist selber Teil der Daten.« Jede Information in der digitalen Sphäre kann erfunden sein, es sind ja nur Zeichen (ich kann Ihnen eine Mail schreiben, behaupten, Ihre Bank zu sein, und Sie auffordern, Ihre PIN einzugeben), was sich jedoch nicht fälschen lässt, ist ein richtiger Hash, auf den man nur durch Raten kommt, denn er selber ist der Beweis, dass Energie verbraucht worden sein muss, um ihn zu erraten.

Energie und Zeit verankern das ansonsten hermetisch geschlossene System Bitcoin in unserer physikalischen Wirklichkeit von Raum und Zeit. So gesehen steht *Proof of Work* durchaus für denselben Schweiß, dieselbe Energie und Zeit, die es andernorts kostet, Gold in einer Goldmine zu schürfen. Deswegen war Gold ja stets ein so verlässlicher Wertanker: Wenn man sich mit Gold bezahlen ließ, konnte man sicher sein, dass es jemanden Arbeit und Zeit gekostet hatte, es zu schürfen. Auch im Bitcoin-Netzwerk kann kein neuer Block gefunden werden, wenn nicht ein bestimmtes Maß an Energie und Zeit verbraucht worden ist, und deshalb ist Bitcoin so hart wie eine Goldmünze, auf die Dagobert Duck mit tiefer innerer Befriedigung beißt.

Ein eingebautes Thermostat

Es gibt zwei Wege, an Bitcoin zu kommen: Entweder man kauft sie jemand anderem ab (bequemerweise über eine Exchange) oder – das wäre sozusagen die jungfräuliche Vermählung – man schürft sie selbst. Die wahren OGs, die Original Gangsters, wie man die Bitcoin-Originale der ersten Stunde nennt, als der Bitcoin noch gar keinen monetären Wert hatte, waren alle (wie der bereits erwähnte James Howells) Bitcoin-Miner: Sie schürften Bitcoin nicht, um reich zu werden, sondern um dieses total unwahrscheinliche Experiment am Laufen zu halten. Sie wollten einfach sehen, was daraus entsteht (und verschenkten Bitcoin im Internet, um mehr Leute für die Sache zu interessieren …).

Und falls Sie, verehrte Leserin, verehrter Leser, jetzt ganz scharf auf einen absolut frischen Bitcoin sein sollten, den Sie mit eigenen Händen geschürft haben, so wie Sie Ihr eigenes Sauerteigbrot backen, muss ich Sie enttäuschen: In Deutschland rechnet sich das Mining nicht, dazu sind unsere Energiepreise schon lange (nicht erst seit Putins Überfall auf die Ukraine) viel zu hoch. Außerdem sind die Heimwerkerzeiten, als Sie mit Ihrem heimischen PC am großen Nonce-Ratespiel teilnehmen konnten, vorbei. Längst hat sich eine eigene Mining-Industrie entwickelt, die besondere Rechner herstellt, sogenannte *Asics*, die nichts können als Zahlen zu raten, das allerdings besser als jeder konkurrierende Computer.

Das Mining-Geschäft ist indes mit hohem unternehmerischem Risiko verbunden. Um das zu verstehen, müssen wir ein letztes Mal zur Technologie zurückkehren: Was passiert eigentlich, wenn immer mehr Leute mit immer effektiveren Maschinen und immer mehr Energie am Bitcoin-Mining teilnehmen? Dann steigt die Wahrscheinlichkeit, dass der nächste Block ziemlich schnell gefunden wird. Wie wir bereits wissen, sieht der Bitcoin-Emissionsplan aber vor, dass nur etwa alle zehn Minuten ein neuer Block gefunden werden und es entsprechend zu einer Ausschüttung neuer Bitcoin kommen kann. Würden neue Blöcke immer schneller gefunden, wären alle Bitcoin lange vor dem Jahr 2140 ausgeschüttet. Das gilt natürlich auch für den umgekehrten Fall: Wenn weniger Miner den nächsten Block suchen, würde es immer länger dauern, bis der nächste Block gefunden wird und neue Bitcoin emittiert werden, und die Verlässlichkeit der Geldpolitik von Bitcoin wäre in Frage gestellt.

Hier kommt das *difficulty adjustment* ins Spiel. Die Rechenleistung, die ins Netzwerk fließt, um einen gültigen Hash zu finden (und so den nächsten Block bilden zu dürfen), wird, wie gesagt, Hashrate genannt. Nimmt die Hashrate zu, weil laufend mehr Akteure ihr Glück als Miner versuchen, und erhöht sich deshalb der Rhythmus, in dem neue Blöcke geschaffen werden, dann passt sich das Bitcoin-Protokoll alle zwei Wochen dergestalt an, dass es den Schwierigkeitsgrad für das Finden neuer Blöcke erhöht (oder, im umgekehrten Fall, senkt) – ein gültiger Hash muss dann mehr oder eben weniger führende Nullen aufweisen. So bleibt sichergestellt, dass im Mittel jeweils ungefähr zehn Minuten bis zum nächsten Block vergehen – die Bitcoin-Eigenzeit.

Das *difficulty adjustment* hat interessante spieltheoretische Konsequenzen: Wenn der Bitcoin-Preis steigt, wird es attraktiver, Bitcoin zu schürfen: Mehr Miner investieren in Mining-Hardware, und die Hashrate steigt. Wenn die Hashrate steigt, zieht jedoch auch das *difficulty adjustment* an, und es wird schwieriger, einen gültigen Hash zu finden; fällt der Preis von Bitcoin dagegen dauerhaft, könnte sich die Mining-Hardware für ineffiziente Miner als zu teure Investition erweisen, die ersten verschuldeten Miner müssten ihr Gerät verkaufen, und die Preise für *Asics* würden fallen, was die Investitionsschwelle für Leute, die neu in den Markt eintreten wollen, senken würde. Gleichzeitig sinkt das *difficulty adjustment*, wodurch das Mining wieder attraktiver wird.

Eine sehr hübsche Balance!

Wir kennen ähnliche Preismechanismen bei Gold: Steigt der Goldpreis, investieren Minenfirmen in ihre Infrastruktur, um mehr Gold zu schürfen, welches sie ja nun teurer verkaufen können. Weil daraufhin das Goldangebot am Markt steigt, geben die Preise irgendwann aber wieder nach. Für die Minenunternehmen ist es dann nicht mehr attraktiv, nach kostspielig tief liegendem Gold zu schürfen, das Angebot verknappt sich, und der Preisverfall stoppt. Die Welt wird nie mit Gold überschwemmt werden, das macht es zu einem so attraktiven Wertspeicher. Anders als bei Gold verhindert das *difficulty adjustment* beim Bitcoin jedoch, dass die Angebotsmenge je variiert.

Einer der kritischsten Momente für das Netzwerk war fraglos der Mai 2021, als die Kommunistische Partei Chinas nach unzähligen Versuchen, Bitcoin zu untersagen, beschloss, auch das Mining zu verbieten, und gleichsam über Nacht alle Miner aus China verjagte. Dazu muss man wissen, dass zum damaligen Zeitraum über sechzig Prozent der weltweiten Hashrate in China bereitgestellt wurden, weil dort die Energie (vor allem aus Kohlekraftwerken) besonders günstig war. Würde das Netzwerk jetzt einen Schluckauf bekommen? Würde es zusammenbrechen? Wäre das ein Todesstoß, weil das System sozusagen in innerster Seele, dort, wo seine

Transaktionshistorie erzeugt und sichergestellt wird, getroffen sein würde?

In diesem Augenblick zeigte sich wie im Bilderbuch, was man die Resilienz eines dezentralen Netzwerks nennt: Für wenige Wochen gab die Hashrate deutlich nach, um sich danach an anderer Stelle, nämlich vor allem in den USA, wieder aufzubauen und an die alten Höchststände anzuschließen. Nicht für einen Moment war das Netzwerk ins Stottern geraten, verlässlich waren alle zehn Minuten neue Blöcke erzeugt worden. Oder wie das Bitcoin-Meme lautet: »Tick tock, next block.« Nicht sein Preis entscheidet über Bitcoins Lebensfähigkeit, sondern der Herzschlag neuer Blöcke. Erst wenn dieser aussetzt, wäre der Patient klinisch tot.

Geopolitisch erwiesen sich die Vereinigten Staaten übrigens als der große Gewinner des chinesischen Mining-Banns: Ohnehin immer schon ziemlich Bitcoin-freundlich, hatte man nun einen erheblichen Teil der weltweiten Hashrate ins eigene Land geholt – und ist inzwischen daher bestens aufgestellt, um diese Zukunftstechnologie und ihre Innovationen ausschöpfen zu können.

Die volle Schlüsselgewalt

Der mittelalterlichen Legende nach soll der Heilige Augustinus, um sich ein wenig zu erholen von den Schreibstrapazen an seinem neuen Buch über die Dreifaltigkeit, einmal am Strand spaziert sein, als er auf einen kleinen Knaben traf, der eine Vertiefung in den Sand gegraben hatte und versuchte, mit einem Löffel das Meer in seine Grube zu schöpfen. Er wolle, erklärte er auf Augustinus' Frage hin, das Meer leer schöpfen. Augustinus lächelte und sagte zu dem Knaben, wie aussichtslos ein solches Unterfangen sei. Eher, soll darauf der Knabe – ich finde: ziemlich neunmalklug – erwidert haben, eher werde es ihm gelingen, das Meer leer zu löffeln, als Augustinus, in seinem Buch auch nur den kleinsten Teil der Geheimnisse der Dreifaltigkeit zu erklären.

Nicht unähnlich fühle ich mich bei dem Versuch, die Geheimnisse von *Proof of Work* zu umreißen. Manche Bitcoiner, die sich seit Jahren damit beschäftigen, sagen, man könne Bitcoin in seinem Verständnis nur näherkommen, das System aber nie ganz verstehen; andere (wie Gigi, der für meinen Geschmack für Bitcoin das ist, was Augustinus für die Trinitätslehre war) sind dem Allerheiligsten schon verhältnismäßig nah gekommen. Immerhin: Wie es wirklich funktioniert, dass Vater, Sohn und Heiliger Geist identisch sind, ahnen wir zwar nur, aber wir wissen zumindest: Sie sind es! Sollten wir, was *Proof of Work* angeht, in etwa so weit kommen, wäre das Lernziel dieses Buchs im Grunde schon erreicht.

Wenden wir uns also von der Technologie dem Gedankengebäude, dem kybernetischen Grundgedanken oder der Ideologie von Bitcoin zu, wobei Letztere in Erstere eingelassen ist, als wären sie eines wie Vater und Sohn …

Sie wissen, ich komme aus der Welt der schönen Künste, und das ästhetisch Schöne, das an Bitcoin immer wieder zu beobachten ist, hat für mich nicht zuletzt damit zu tun, dass seine ethischen, ökonomischen, sagen wir eben auch ruhig: seine ideologischen Eigenschaften nicht einfach phantasievolle Folgerungen, Weiterungen, Ableitungen aus einem technischen Design sind, sondern dass jede Deutung dessen, was Bitcoin ist, tatsächlich in seiner Konstruktion schon angelegt ist. Diese Kongruenz aus Funktion und Ideologie, aus Technik und Ethik wird uns immer wieder begegnen, sie ist aber nirgends schlagender als bei der Frage der Schlüsselgewalt: Bitcoin ist Eigenverantwortung, weil man buchstäblich seine eigene Bank ist. Nur schwer ist ein anderer Fall denkbar, in dem man so sehr die Verfügungsgewalt über sein Eigentum hat wie bei Bitcoin.

Aber das gilt natürlich nur dann, wenn Sie Ihre Bitcoin auf ihrer eigenen Wallet selbst verwalten und sie nicht auf der Exchange liegen lassen, auf der Sie sie erworben haben! Nur mit dem *private key* verfügt man direkt und ohne Intermediär über seine Bitcoin. Wenn Sie sich also zutrauen, sich die 12 Wörter Ihrer Seed Phrase ins Gedächtnis zu prägen, dann könnten Sie nackt nach Malaysia auswandern und wären dort weiterhin im vollen Besitz Ihrer Bitcoin! Was nicht nur »irgendwie« praktisch ist, sondern in Wahrheit eine neue Dimension der Verfügbarkeit von Eigentum. Einen solchen Zugriff hatten Sie bisher nur, wenn Sie Goldbarren in Ihrem Garten vergraben haben. Ihr Gold im Garten jedoch macht Sie ortsabhängig, was in einer global-mobilen Welt unzeitgemäß ist.

Mit Bitcoin ist eine Form von Eigentum ohne Gegenparteirisiko in die Welt getreten – anders als bei Ihrem Geld auf der Bank, das weg ist, wenn die Bank pleitegeht, oder bei Ihrem Haus, das der Staat enteignen kann. Bei fast allen Vermögenstiteln kaufen Sie irgendeine Form von Gegenpartei-Risiko mit, bloß beim Bitcoin nicht – jedenfalls nicht, wenn Sie, was Ihnen gehört, schulgerecht im Cold Wallet verwalten.

Natürlich kann man seine Bitcoin der Bequemlichkeit halber auch auf der Exchange liegen lassen, auf der man sie erworben hat. Dann muss man sich kein Cold Wallet kaufen, muss sich nicht den Kopf darüber zerbrechen, wie man seine Seed Phrase versteckt, kann jederzeit von seinem Smartphone aus auf sein Exchange-Konto zugreifen und Bitcoin kaufen oder verkaufen. Und vergisst man sein Passwort für die Exchange, braucht man sich lediglich bei ihr auszuweisen, um erneut Zugang zu seinem Konto zu bekommen. Kurz, es ist bequem. Sehr bequem. Nur sind die Bitcoin dann halt nicht Ihr Eigentum. Wenn die Exchange zusammenbricht, sind Ihre Bitcoin weg! Auch wissen Sie nicht, was die Exchange mit Ihren Bitcoin macht, während Sie auf den Bahamas Caipirinhas schlürfen; vielleicht folgen die Krypto-Exchanges ja dem Beispiel der Geschäftsbanken und deren *fractional reserve banking* und verleihen Ihre Bitcoin, weil sie – wie Banken – davon ausgehen, dass niemals alle Kunden gleichzeitig ihre Bitcoin auf ihre Cold Wallets ziehen werden.

Und tatsächlich ist etwas in dieser Art im November 2022 wirklich passiert, als die Krypto-Exchange FTX Insolvenz anmelden musste. Es war der bis dahin größte Veruntreuungsfall im Kryptoversum, und sehr viele Kunden haben schmerzhaft viel Geld verloren. Ein Bernie-Madoff-Fall – nur dass es um noch mehr Geld ging. Im Zentrum der Geschichte stand ein junger Mann, Sam Bankman-Fried, Jahrgang 1992, aus sehr gutem Haus, beide Eltern waren Professoren der

Rechtswissenschaft an der prestigeträchtigen Stanford-Universität. Sam Bankman-Fried oder SBF, wie er in aller Regel genannt wird, war noch keine dreißig Jahre alt, als es ihm innerhalb weniger Jahre gelang, die nach Binance größte Krypto-Exchange der Welt aufzuziehen. Was immer SBF anfasste, schien zu Gold zu werden, zumindest zu Kryptogeld … Sein Privatvermögen soll zwischenzeitlich 16 Milliarden Dollar betragen haben, angehäuft in Rekordzeit. Das Prominentenpaar Gisele Bündchen und Tom Brady erwarb Anteile an der Börse und präsentierte sich als deren Markenbotschafter, während der Comedian Larry David hinreißende Werbespots für FTX drehte. Kurz, SBF hatte sie alle in der Tasche.

Er selbst wurde dabei nicht müde zu erklären, dass es ihm nicht darum gehe, sich zu bereichern, sondern die Welt zu retten. Er war ein prominenter Anhänger der unter Milliardären und Absolventen von Eliteuniversitäten beliebten Bewegung *Effective Altruism*, kurz EA, die unter anderem von dem Oxforder Philosophieprofessor William MacAskill (›Gutes besser tun‹, Berlin 2016) konzeptionell entwickelt worden ist und im Wesentlichen besagt: Es ist effizienter, Milliardär zu werden, um dann für wohltätige Zwecke zu spenden, als, sagen wir: Grundschullehrer zu werden, in seiner freien Zeit bei der Hamburger Tafel auszuhelfen und Flüchtlingen ehrenamtlich Deutschunterricht zu geben. »Earning to give« hieß die Devise. Die Schandtaten, die man als EA-Investmentbanker begeht, um die Milliarden überhaupt erst einmal zu erbeuten, die es später zu spenden gilt, würde – so argumentiert EA – sonst ein anderer Schuft begehen, ohne allerdings seine Boni anschließend für gute Zwecke zu spenden. Anhänger von EA gelten als die Avantgarde einer Moral, die ohne falsche Sentimentalität, dafür im Ergebnis umso effizienter jedes Handeln utilitaristisch bis in die letzten Konsequenzen durchdenkt;

christliche Barmherzigkeit ist aus dieser Perspektive gut fürs eigene Herz, aber nicht für die Menschheit.

William MacAskill selbst soll den jungen SBF, als er noch Student am MIT war, ermuntert haben, erst mal Kohle zu machen, um dann die Welt zu retten – und als SBF dann 2017 seinen Investmentfonds Alameda Research gründete, soll er einen Teil des nötigen Startkapitals durch seine EA-Verbindungen bekommen haben.

Die Welt jedenfalls hörte es gern, wenn SBF über »Effektiven Altruismus« räsonierte, und weil er einer der größten Spender der demokratischen Partei war und Joe Biden in dessen Präsidentschaftswahlkampf entscheidend unterstützt hatte, war er in Washington nicht nur sehr gut vernetzt und überaus beliebt, sondern durfte auch im Kongress sprechen, um den Abgeordneten seine Ideen zu einer sinnvollen Kryptoregulierung vorzutragen. Seine Vorschläge, so sahen es zumindest SBFs Mitbewerber, zielten auf eine Regulierung ab, die FTX Vorteile und seinen Konkurrenten Nachteile verschaffen würde.

Auch Bill Clinton und Tony Blair zeigten sich gerne mit dem Riesenbaby und Wunderkind, diesem postmaterialistischen IQ-Wunder, das einen Toyota Corolla fuhr und auch sonst absolut nicht nach den schleimigen Typen der Wall Street aussah, sondern in Short und Schlabber-T-Shirt nichts als sympathisch rüberkam. Seine wilde, hippiemäßige Lockenpracht schien der sichtbare Beweis seiner guten Absichten zu sein, und seine Mitarbeiter, alle unter 30, sahen aus, als wären sie als Harry-Potter-Cosplayer im Dauereinsatz.

Aber dann ging FTX bankrott, und zwar nicht zuletzt deshalb, weil SBF die ihm anvertrauten Bitcoin dazu genutzt hatte, mit ihnen zu traden, sie mithin nicht zu verwahren, sondern mit ihnen bei hohem Risiko zu wetten. Womit er genau das tat, was Bitcoiner am traditionellen Fiat-Bankgeschäft so verachten: *fractional reserve banking* ohne volle

Deckung der Kundeneinlagen. Bei ihrem Bankrott besaß die Börse dann auch nicht einen der Bitcoin mehr, die sie als Verbindlichkeit in ihren Büchern hatte. Die Einlagen der Kunden waren weg, verzockt – und es gab keine Zentralbank, die Bitcoin hätte drucken können, um die Verluste aufzufangen.

Der Fall SBF ist ein ungeheuerlicher Finanzskandal, der sich im Wesentlichen jedoch gar nicht um Bitcoin dreht, sondern um den von SBF geschaffenen Kryptotoken FTT, um die Verschiebung von Geld zwischen FTX und SBFs Investmentfonds Alameda und um gefälschte Bilanzen. Beziehungsweise, noch schlimmer: Es ging um einen völligen Mangel an selbstverständlichster Buchführung; und auch wenn man den Vorgang nur schwer erklären kann, ohne dabei eine erhebliche kriminelle Energie zu unterstellen, dürfte der schreiende Mangel an Minimalrationalität, den das Wunderkind an den Tag legte, fast noch erschütternder sein. Hier muss jemand, von seiner Mission geblendet, so sehr an sich als an eine Kraft des Guten geglaubt haben, dass er sich für omnipotent hielt und meinte, er könne in der Welt der Kryptowährungen Geld aus dem Nichts erschaffen, so wie es die Zentralbanken in der Fiat-Welt tun.

Für Bitcoin ein Rückschlag, weil der Kurs wieder einmal nachgab – allerdings deutlich weniger stark, als man hätte befürchten können. Moralisch hingegen war Bitcoin von dem Skandal nicht betroffen – eher im Gegenteil: Erneut hatte sich gezeigt, wie richtig es war, dass die Bitcoin-Evangelisten seit Jahren ihr Mantra wiederholen: »Not your keys, not your coins!« Jetzt konnten sie mit gutem Recht sagen: »I told you so!« Doch recht zu behalten ist nicht nur keine anmutige Haltung, es ist auch analytisch nicht hilfreich; viel wichtiger scheint mir die Frage, warum es für die meisten Menschen offenbar ein fast unüberwindliches Hindernis ist, dem kategorischen Bitcoin-Imperativ nachzukommen.

Warum siegt am Ende immer wieder die Bequemlichkeit? Warum lässt man die Coins wider besseres Wissen auf der Exchange liegen?

Nun, ich kenne es von mir selbst nur allzu gut. Das Wort Eigenverantwortung ist offensichtlich wesentlich leichter gesagt als beherzigt und umgesetzt. Wie lange habe ich nicht selber gebraucht, bis ich meine ersten Satoshis auf mein Cold Wallet gezogen habe? Sieben Monate! Und das, obwohl ich die »Not your keys, not your coins«-Philosophie längst verinnerlicht und auch anderen mehr als einmal gepredigt hatte … Doch wer schon beim nächsten Adobe-Upgrade fürchtet, etwas falsch zu machen, der bekommt bei der Vorstellung, dass er gleich irgendwelche Zahlen in einen Minicomputer eingeben muss, buchstäblich schweißnasse Hände.

Auf mich selbst gestellt, das war mir bald klar, würde ich es nicht schaffen. Also tat ich mich mit einem Freund zusammen, der sich als Bitcoin-Novize in derselben Situation befand wie ich; zusammen, sagten wir uns, würden wir uns trauen, die Sache durchzuziehen. Allerdings lebt mein Freund in Berlin, hat Frau und Kinder und ist beruflich viel unterwegs, während ich in der Uckermark Unkraut jäten muss – kurz: Wir fanden einfach keinen gemeinsamen Termin. Und so hoffte ich, wenn ich mit anderen Bitcoinern sprach, auch weiterhin, dass das Gespräch nicht auf *self custody* kommen würde; wie stünde ich schließlich da, wenn ich zugeben müsste, dass ich noch immer einer *third party* vertraute? Längst schwang ich Bitcoin-Freiheitsreden, aber mit dem Bitcoin-Netzwerk kommunizierte ich einstweilen nur indirekt, vermittelt durch meine Exchange.

Irgendwann war die Diskrepanz zwischen Worten und Taten nicht länger auszuhalten. Ich musste da jetzt durch … Zur Not halt allein. War es nicht ohnehin unlogisch, einen Akt der Eigenverantwortung in einer Art Kameraderie durchführen zu wollen, als wäre die Verantwortung dadurch auf mehrere Schultern verteilt?

Und wie häufig bei Dingen, die mit Schwellenangst verbunden sind, war es auch hier: Einmal angegangen, erwies sich die Übertragung der Bitcoin als nicht allzu schwer, es war wahrlich keine Raketenwissenschaft. Ich brauchte nur zwei freie Stunden, in denen ich mich auf das konzentrieren konnte, was ich tun wollte, dann war es, technisch gesehen, eigentlich kinderleicht. Und natürlich überwies ich erst einmal nur eine kleine Summe, deren Verlust ich notfalls hätte verschmerzen können. Als ich dann aber einige Blöcke später sah, dass die eigenen Satoshis tatsächlich in der kollektiven Datenbank eingetragen waren, stellte sich ein Gefühl der Erhabenheit ein …

Dass dieser Schritt nicht nur mir psychologisch schwerfällt, liegt mutmaßlich auch daran, dass er eine völlig neue Erfahrung darstellt: Wir kennen es nicht aus unserem bisherigen Leben, dass die Verantwortung für einen Vermögenswert ganz allein auf unseren Schultern lastet. Bei unseren auf einem Konto verbuchten Ersparnissen wacht die Bank darüber, dass nichts Falsches passiert; wenn wir eine Wohnung kaufen, liest uns der Notar zwar den ganzen Kaufvertrag vor, in Wahrheit hören wir aber gar nicht zu, sondern denken bereits an die Wandfarben von Farrow and Ball, denn wir wissen, der Notar hat jeden Paragraphen geprüft und dafür Sorge getragen, dass alles seine Richtigkeit hat, und wenn die Eintragung ins Grundbuch erfolgt, auch dann verlassen wir uns auf die Korrektheit eines Beamten, der weiß, was er tut.

Und selbstkritisch möchte ich anmerken: Es ist leicht, den Lobgesang der Eigenverantwortung anzustimmen, denn zur Wahrheit gehört auch: Über die Bitcoin, die verloren gehen, weil eine Börse sie veruntreut hat, wird öffentlich berichtet, von den Bitcoin hingegen, deren Schlüssel jemand verschlampt hat, ist in den Medien sehr viel seltener die Rede, es sei denn, es handelt sich um James Howells und seine Suche nach der auf einer Mülldeponie liegenden Bitcoin-Festplatte …

Tatsächlich glaube ich, dass eine Massenadaption von Bitcoin mit stärker regulierten Formen der institutionellen Fremdverwahrung einhergehen wird, selbst wenn das nicht der reinen Lehre entspricht. Die lautet: Wer seine Bitcoin auf der Exchange liegen lässt, ist genau genommen kein Bitcoiner, sondern weiterhin gefangen im goldenen Käfig des Gegenparteirisikos. Er verlässt sich wieder auf einen Intermediär, der als sogenannter Honeypot bevorzugtes Ziel von Hackerangriffen ist. Und in der vierzehnjährigen Geschichte von Bitcoin sind schon einige Börsen gehackt worden – der berühmteste Fall war der Angriff auf die Handelsplattform Mt. Gox im Jahr 2011 –, aber nie das Bitcoin-Netzwerk selbst.

Philosophisch gesehen, ist Bitcoin in diesem Sinn die praktische Fortführung einer bestimmten liberalen Auffassung von menschlicher Freiheit und Autonomie, die einen starken Eigentumsbegriff hat. Schließlich ist alles, was Bitcoin leistet, auf den Kern reduziert dies: Eigentumsansprüche in Selbstverwaltung dauerhaft durch *Proof of Work* abzusichern. Oder, wie es Barack Obama einmal kritisch, aber in einer perfekten Analogie beschrieb: »A swiss bank in your wallet.«

Dem steht die sozialistische Tradition entgegen, wonach Eigentum Diebstahl ist – was sei der Überfall einer Bank schon gegen ihre Gründung, fragte Bertolt Brecht. Tatsächlich finden auch viele Bitcoiner den Überfall einer Bank nicht ganz so schlimm wie ihre Gründung, sie rechnen ja damit, dass die Blockchain Banken überflüssig machen wird, und noch schlimmer als Banken finden sie Zentralbanken, zu denen Brecht sich leider ausgeschwiegen hat – aber von diesem Punkt an teilen sich die Meinungen dann auch schon. Bitcoin ist ein digitales Inhaberinstrument. Es ist nicht wie mein Bankguthaben eine Forderung gegen einen Dritten. Und wenn Eigentum eine der herausgehobenen Formen ist, Freiheit abzusichern – man mag das spießig finden, wird aber schlecht bestreiten können, dass die Gedanken der Menschen von jeher genau darum kreisen –, dann tritt mit Bitcoin das Spiel um unsere Autonomie in eine neue Runde ein.

Denn dass ich überall auf der Welt jederzeit zahlungsfähig bin, dass ich mein Eigentum in hohem Maße ortlos gemacht habe, dass keine Institution mich ausschließen kann, dass ich kein Gegenparteirisiko eingehe, dass die Geldmenge nie ausgeweitet werden wird – das ist der intrinsische Wert von Bitcoin. Gut möglich, dass dieser Wert von der Mehrheit der Menschen geringgeschätzt wird, und wenn es wirklich so sein sollte, wird der Bitcoin-Preis fallen. Ich allerdings halte das nicht für wahrscheinlich. Eben darin besteht jedenfalls die Wette, die man mit einem Bitcoin-Investment eingeht.

Und jetzt verlassen wir die Welt der A-priori-Gedanken und wenden uns dem Bitcoiner aus Fleisch und Blut zu.

TEIL III

BITCOIN UND DAS GELD

Eine neue Jugendbewegung in den Fußstapfen der Österreichischen Schule

Weil die Bitcoin-Architektur anspruchsvoll und nicht leicht zu verstehen ist, spielt das Bild des Bitcoiners für die öffentliche Wahrnehmung von Bitcoin eine unverhältnismäßig wichtige Rolle. Und leider existieren hier extreme Zerrbilder. Die meisten Menschen hören ja von Bitcoin immer dann, wenn er mal wieder ein neues Allzeithoch erreicht hat, und stellen sich die Bitcoiner folglich gern als Menschen vor, die durch casinohafte Spekulation zu unverdientem Reichtum gekommen sind.

Auch ich hatte solche Vorbehalte, als ich auf Bitcoin aufmerksam wurde. Umso begieriger war ich, Bitcoiner kennenzulernen. Ich wollte erfahren, was sie umtrieb und wie sie über die Welt nachdachten, ich rechnete mit Glücksrittern und traf auf Weltverbesserer. Zu meiner Überraschung stellte ich fest, dass die Bitcoiner in Wirklichkeit eine neue gesellschaftspolitische Jugendbewegung im Zeichen der Eigenverantwortung sind, die das Geldsystem im Verdacht hat, für viele der politischen Probleme unserer Gegenwart mitverantwortlich zu sein. Ihr Kampfruf lautet deshalb: »Fix the money, fix the world!«

Die klassische linke Intuition vermutet hinter dem Begriff Eigenverantwortung vor allem rücksichtslosen Individualismus und Flucht aus der Solidargemeinschaft. Solidarität wird dabei im Wesentlichen als eine Form staatlicher Ermächtigung begriffen, und darum war es aufschlussreich, dass viele Bitcoiner mir erzählten, auch sie seien ursprünglich links gewesen. Die Finanzkrise von 2008 war prägend für sie gewesen und hatte sie tief verbittert, sie schlossen sich Occupy Wall Street an, fanden, der Selbstherrlichkeit der Banken müsse durch Druck von der Straße das Handwerk gelegt werden; es galt, so glaubten sie, die Übermacht des Finanzsystems zu brechen und den Staat wieder zu stärken. Schluss mit dem Primat der Ökonomie … Reguliert die Banken … Je genauer sie sich aber ihren neuen Gegner anschauten, desto deutlicher sahen sie, dass die Unterscheidung Staat hier, Banken da die Situation nicht richtig beschrieb. Der linke Impuls, den Staat zu ermächtigen, um das freie Kapital zu bändigen, verkannte, was passiert war: Der Staat war nicht Teil der Lösung, sondern Teil des Problems, er war ein *partner in crime* gewesen, und zwar in Gestalt der Zentralbanken. Diese und die Geschäftsbanken waren eine Allianz eingegangen. Die Finanzbranche brauchte ihren Risikoappetit nicht zu zügeln, weil sie wusste, dass die Zentralbanken für frische Liquidität sorgen würden, wenn die Märkte zu crashen drohen. Das war ein eingespielter Prozess seit den achtziger Jahren – und er hatte längst einen Spitznamen: Greenspan-Put.

Puts sind Verkaufsoptionen, mit denen Anleger ihre Investitionen gegen fallende Kurse absichern können. Der Greenspan-Put ist nach dem ehemaligen Vorsitzenden des Federal Reserve System (Fed), Alan Greenspan, benannt, der nach dem Börsencrash von 1987 rasch die Zinsen senkte und damit das Geld billig machte, um die Märkte zu stabilisieren. Billiges Geld lässt Aktien- und Immobilienmärkte in die Höhe schießen. Diesem Muster blieb die Fed treu, aber auf asymmetrische Weise, nämlich nur in eine Richtung: Wenn die Kurse stiegen, erhöhte sie die Zinsen keineswegs (denn ob es eine Blase werden würde, wisse man ja immer erst hinterher), wenn es jedoch abwärts ging, senkte die Fed ein ums andere Mal die Zinsen, um die Märkte zu beruhigen.

Seit 1987 sind die Märkte von dieser Droge nicht mehr runtergekommen. Immer war da ein Netz für ihre Risikohochseilakrobatik, das sie im Unglücksfall auffangen würde. Natürlich gab es zwischendurch wiederholt kleine Zinserhöhungen, im übergeordneten Trend allerdings kannten die Märkte nur eine Richtung. Und deswegen ist die Zinswende, die Jerome Powell 2022 einleitete, tatsächlich historisch zu nennen.

Wenn man aber gegen diese Ungerechtigkeit ankämpfen will, muss man sich das Geldsystem als Ganzes vornehmen – den politisch-monetären Komplex. Und darum gab es bei Bitcoinern nicht selten eine Art Umkippmoment, in dem die sozialen Energien aus Occupy Wall Street in die Kryptosphäre flossen und aus Occupy-Wall-Street-Aktivisten Bitcoiner und Zentralbankkritiker machten.

Jetzt versteht man auch, weshalb der Begriff Eigenverantwortung in diesen Kreisen einen so positiven Sound bekommen konnte, beruhte das Geschäftsmodell des alten Fiat-Systems doch darauf, dass die Zentralbanken den Banken das Haftungsrisiko abnahmen. Bei Bitcoin dagegen haut einen keiner raus – schon weil die Erzeugung von Bitcoin Zeit und Energie kostet, während im Fiat-Standard Zentralbanken mit Grenzkosten gleich null neues Geld für Bail-outs erzeugen können. Für seine Bitcoin hingegen trägt man selber die volle Verantwortung. Das ist ein Ethos, das einen mit Stolz erfüllt und das sinnstiftend wirkt: weil man »ins Handeln kommt« und sich als handelndes Subjekt selbst ernstnimmt.

Interessant übrigens, dass aus der gleichen historischen Post-Finanzkrisen-Situation zwei antipodische Bewegungen hervorgingen: MMT und Bitcoin. Modern Monetary Theory ist eine klassisch linke Theorie, die dem Staat Ungeheuerliches an Steuerungskompetenz im Namen der sozialen Gerechtigkeit zutraut und im Gelddrucken das Mittel der Wahl für eine Politik der Umverteilung sieht. Bitcoin stellt die libertäre Gegenposition dar: Die Unsummen, die die Zentralbanken in die Märkte pumpen, bleiben aus dieser Sicht stets im Finanzsystem hängen und sorgen dafür, dass Häuserpreise und Aktienkurse steigen (Vermögenspreisinflation), die bereits Reichen mithin noch reicher werden, während der kleine Mann auf seinem Sparbuch mit entweder Negativzinsen oder Inflation die Zeche zu zahlen hat.

MMT und Bitcoin sind spiegelbildliche Gegensätze – wie Plus und Minus. MMTler glauben an die unendliche Vermehrbarkeit des Geldes, Bitcoiner an dessen Knappheit. MMTler träumen von Ergebnisgleichheit, Bitcoiner von Chancengleichheit. MMTler trauen zentralen Bürokratien alles zu, Bitcoiner glauben an Dezentralität. MMTler setzen auf die Macht der Zentralbanken, Bitcoiner auf deren Abschaffung. MMTler halten das Bohei um die Inflation für über-, Bitcoiner für unterschätzt. MMTler halten Prozesse der Umverteilung für segensreich, Bitcoiner machen gerade die staatlichen Interventionen verantwortlich für die faktische Umverteilung von unten nach oben. MMTler haben das Drehbuch geschrieben, nach dem die Politik und die Zentralbanken dann tatsächlich in den vergangenen zehn Jahren gehandelt haben (auch wenn sie es nie explizit einräumen würden), während der Bitcoin sich immer wieder Verbotsversuchen durch staatliche Institutionen ausgesetzt sieht. MMTler halten Keynes für einen Heiligen, Bitcoiner Friedrich von Hayek. Für MMTler lief es in den zehner Jahren gut, als Stephanie Kelton auch von der bürgerlichen Presse als Geldflüsterin bejubelt wurde und die US-Demokraten sich zu ihren Ideen bekannten, für Bitcoiner läuft es – was Fragen der Ächtung beziehungsweise der öffentlichen Anerkennung betrifft – deutlich besser, seit ihre Inflationshysterie nun auch von der Breite der Bevölkerung wahr- und ernstgenommen wird. MMTler sind, auch wenn sie sich anders gerieren, im Herzen des Systems angekommen, Bitcoiner sind Systemgegner – wobei ihre Systemfeindschaft in dem Maß abnimmt, in dem die Bitcoin-Adoption zunimmt. (Namentlich in den USA sind eindeutig Verbürgerlichungstendenzen zu beobachten, wenn immer größere Teile der Bitcoin-Industrie nach staatlicher Regulierung rufen, um auf diese Weise, Stichwort Rechtssicherheit, für institutionelles Kapital attraktiver zu werden.)

Nur eines teilen MMTler und Bitcoiner: Für beide Fraktionen war die große Finanzkrise der Stein des Anstoßes und eine geschichtliche Zäsur, zu der es sich zu verhalten galt, und so traten sie ihren Marsch an derselben Stelle an, um sodann, ohne sich noch einmal umzusehen, in entgegengesetzte Richtungen zu marschieren.

Die Immunantwort gegen die Verantwortungslosigkeit des Finanzsystems jedoch, welche die Bitcoiner auf ihrem Weg für sich entdeckten, war das Ethos der Eigenverantwortung. Und wer von Eigenverantwortung spricht, landet schnell bei der Österreichischen Schule der Nationalökonomie. Sie haben noch nie von ihr gehört? So ging es mir auch, als ich anfing, mich mit Bitcoin zu beschäftigen, und in amerikanischen Podcasts ständig von »the Austrians« die Rede war. Irgendwie, dachte ich, mussten diese »Austrians« ganz fabelhafte Leute sein. Nur von welchen Österreichern genau war da bitte die Rede? Meinten die Sebastian Kurz? Dachten die an die schöne blaue Donau? Was stellten diese Amerikaner sich nur unter Österreich vor, dem Land des Korporatismus und der Sozialpartnerschaft?

Irgendwann verstand ich, dass man sich mit »the Austrians« auf eine ganze volkswirtschaftliche Tradition bezog, die in Europa mehr oder weniger untergegangen war, in den USA hingegen, vor allem unter den sogenannten *Contrarians*, den trotzigen Orthodoxie-Verweigerern, in einzelnen

Thinktanks fortgelebt hatte als eine Außenseiterschule ökonomischen Denkens – bis Bitcoin kam und die Bitcoiner »the Austrians« für sich entdeckten. Plötzlich war die Österreichische Schule der letzte heiße Scheiß. Manchmal sage ich mir: Selbst wenn der Bitcoin auf null rauscht, alles halb so schlimm, denn uns Bitcoinern bliebe in jedem Fall die Österreichische Schule als Erkenntnisinstrument, um klarer auf die Welt zu blicken. Und am Ende geht es ja hauptsächlich um dies: um Erkenntnis.

Die Österreichische Schule geht zurück auf Carl Menger (1840–1921), der als Mitbegründer des Marginalismus gilt, das heißt der Lehre vom abnehmenden Grenznutzen. Friedrich von Hayek (1899–1992), der Mengers Lehren weiterentwickelte, war mir tatsächlich schon länger ein Begriff gewesen, allerdings nicht als dämonische Ikone des »Neoliberalismus«, sondern als ein philosophischer Denker, der den Markt in erster Linie als Lösung eines Informationsproblems beschrieb und hinter planwirtschaftlichen Steuerungspolitiken vor allem eine »Anmaßung des Wissens« von sich selbst überschätzenden Zentralautoritäten sah; ich weiß noch, wie elektrisiert ich war, als mir Hayeks Denken in den neunziger Jahren in München das erste Mal im Philosophiestudium begegnete. Um meine Freunde zu provozieren, flapste ich eine Zeit lang, ich würde gern irgendwann die Friedrich-von-Hayek-Gedächtnismedaille bekommen. Dass Hayek aber zur Österreichischen Schule gezählt wurde, dieser Kontext war mir nicht bekannt. Der wichtigste Vertreter der Schule war gleichwohl Ludwig von Mises (1881–1973), der als österreichischer Jude 1940 aus der Schweiz in die USA emigrierte und dort seinen Einfluss entfalten konnte, weshalb die »Austrian economics« nach dem Zweiten Weltkrieg als Denkrichtung überseeisch lebendiger als in Europa blieben.

Wie kommt es aber, dass die Österreichische Schule im Bitcoin-Biotop eine solche Renaissance feiert? Mehrere

Gründe dürften da eine Rolle spielen. Zum einen waren »die Österreicher« seit Carl Menger immer stark an Geldtheorie interessiert gewesen; sie gingen davon aus, dass sich Geld in seinem Ursprung als Warengeld am Markt durchgesetzt hatte und nicht, wie es die Chartalisten sehen, von oben durch staatliche Gewalt eingesetzt worden war. Dass sich ein Geld aber evolutionär, also bottom-up, von unten nach oben durchsetzt und nicht top-down den Gesellschaften oktroyiert wird, dieser Gedanke verträgt sich gut mit Bitcoins faktischem Adoptionsprozess, der auf keine staatliche Protektion hoffen darf – und dies natürlich auch gar nicht will.

Des Weiteren setzten die Österreicher voraus, dass eine interventionistische Geldpolitik die Schwarmintelligenz von Marktprozessen verzerrt, was in der Folge zu Fehlallokationen von Kapital und damit zu Boom-Bust-Zyklen führen muss, und mit Bitcoin gibt es nun ein digitales Geld, das echtes Marktgeld ist und nicht vom Staat willkürlich instrumentalisiert werden kann. Im Gegensatz zu John Maynard Keynes, als dessen Gegenspieler sich Hayek in ihren gemeinsamen englischen Jahren empfand, glaubten die Österreicher dabei an Knappheit als Voraussetzung für gutes Geld und waren deshalb Verteidiger des Goldstandards – und wenn man sich anschaut, wie Satoshi Nakamoto den Bitcoin nicht nur kryptografisch, sondern auch geldökonomisch gebaut hat, in welch starkem Maß er den Bitcoin in Analogie zum physischen Gold und dessen Preismechanismen konzipiert hat, dann drängt sich die Vermutung auf, er sei tatsächlich auf intimste Weise mit den Grundgedanken der Österreichischen Schule vertraut gewesen.

Noch viel wichtiger aber scheint mir ein anderer, grundlegender Aspekt zu sein, der auch eine ethische Dimension beschreibt: Die Österreicher gehen von der Subjektivität des Werturteils aus. Davon, dass die einen dies, die anderen das wollen und dass es kein Wissen gibt, das solche Wertentscheidungen antizipieren könnte, weil wir im Bereich des Sozialen in einer nicht deterministischen Welt leben. Die Menschen haben unterschiedliche Präferenzen, entsprechend richten sie ihre Handlungen aus – für einen Menschen in der Wüste hat ein Glas Wasser einen anderen Nutzwert als für jemanden, der an einem Quellbach lebt; folglich dürfte, was so ein Glas Wasser betrifft, mit unterschiedlichen Zahlungsbereitschaften zu rechnen sein. »Der Mensch handelt«, mit diesem axiomatischen Satz beginnt Ludwig von Mises sein Hauptwerk ›Human Action‹ – und leitet von diesem ersten Prinzip seine ganze Praxeologie, seine Handlungslehre, ab.

Und weil im Zentrum dieses Denkens nicht ein abstraktes Konzept steht, etwa der Homo oeconomicus, dessen Verhalten es mathematisch zu modellieren gelte, sondern der unberechenbar handelnde Mensch, ist die Lehre der Österreichischen Schule in der Hauptsache immer eine Philosophie der Freiheit gewesen – und hat sich, besonders in ihren Vertretern Hayek und Mises, als Antidot zu den großen Totalitarismen des 20. Jahrhunderts verstanden.

Eine folgenreiche Unterscheidung der Österreicher ist dabei die zwischen freiwilligen und zwangsweisen Austauschbeziehungen: Erstere machen die Sphäre der Wirtschaft, Letztere jene der Politik aus. Freiwillige Austauschbeziehungen haben einen Motivationsvorteil, sie sind Win-win-Situationen, während Austauschbeziehungen, die auf Zwang beruhen, immer einen Verlierer kennen, der sich im besten Fall mit knirschenden Zähnen in sein Schicksal fügt. Demgegenüber hat die linke Kapitalismuskritik die Freiwilligkeit der Austauschbeziehungen unter den Bedingungen der freien Marktwirtschaft von jeher als bloß scheinbar verworfen, weil der Arbeitnehmer ihrer Ansicht nach ohnmächtig in das Angebot einwilligt, für einen Hungerlohn der Mehrwert-Steigerung des Unternehmers zu dienen; anderenfalls würde er ja mit leeren Händen dastehen. Für linke Kapitalismuskritiker gibt es – könnte man zuspitzen – für die breite Masse gar keine Freiheit. Freiheit in diesem Sinn fängt frühestens beim Spitzensteuersatz an: Man müsse sie sich »leisten können«.

Ganz anders die Bitcoiner: Mit ganzem Herzen haben sie sich auf die Schriften der Österreichischen Schule gestürzt, um den Menschen wieder als ein in Freiheit handelndes Subjekt denken zu können. Wenn man sich unter Bitcoiner mischt, ist dieser Spirit der Zukunftszugewandtheit und des Optimismus so sehr mit Händen zu greifen, dass man die neue Jugendbewegung tatsächlich vor sich zu sehen meint: Sie tickt ganz anders, als es die Shell-Studien der letzten Jahrzehnte von der »Jugend von heute« behauptet haben.

Oder sollte ich meiner Deutung der Bitcoin-Community als neuer Jugendbewegung besser misstrauen? Halten Sie sich, liebe Leserin, lieber Leser, bitte weiterhin vor Augen, wo ich mich, während ich dies schreibe, befinde: in der Uckermark, auf meinem Landsitz. Man könnte auch sagen: auf meinem Alterssitz. Aufs Land zu ziehen ist eine typische Handlungsweise des Alters, wenn sich die Einsicht nicht länger verdrängen lässt, dass man nicht mehr jung genug für das Nachtleben der Großstadt ist. Hier also, zwischen Walnussbäumen und Johannisbeersträuchern, will ausgerechnet ich eine neue Jugendbewegung entdeckt haben? Nie hatte ich Teil einer Jugendbewegung sein wollen – nicht nur wegen individualistischer Vornehmtuerei, sondern auch, weil mir das ideologische Basisaroma aller Jugendbewegungen, die es zu meinen Lebzeiten gab, nie geschmeckt hat. Und nun, da ich die 50 überschritten und mich in die Ucki, wie ich sie liebevoll nenne, zurückgezogen habe, nun also sollte ich Bekanntschaft mit einer Jugend gemacht haben, die Identitätspolitik zum Gähnen findet, bei dem Wort »Mikroaggression« die Augen verdreht und stattdessen Hayek liest und von Dezentralität und Freiheit träumt? Zu schön, um wahr zu sein! War ich also dabei, mir mein Alter schönzureden? Ließ ich mich blenden von der verführerischen Vorstellung, dass ich auf meine alten Tage, zwei Generationen überspringend, doch noch Teil einer Jugendbewegung geworden war?

Der staatlich-monetäre Komplex

Ganz anders als die Bitcoiner, die nach der Finanzkrise erst einmal bei Occupy Wall Street landeten, war ich, um es plakativ auszudrücken, ein Wall-Street-Apologet gewesen, den die Finanzkrise in Erklärungsnot gebracht hatte und der dann im Zeichen von Bitcoin seine Wall-Street-Loyalität opfern, seine marktfreundlichen Intuitionen aber retten konnte.

Wie ist das zu verstehen?

Von jeher hatte ich eine Schwäche fürs Geld – damit meine ich nicht, dass ich gern viel davon haben wollte (das ohnehin), sondern dass mich seine Funktionslogik, seine Ermöglichungskraft, seine Abstraktionsfähigkeit, seine Gabe, alles in einem Preis ausdrücken zu können, und ja: auch sein Arkanum faszinierten. Die moralische Dämonisierung des Geldes habe ich immer als irgendwie prüde und epistemologisch wenig hilfreich empfunden. Ich sah im Geld ein Medium, das Energien freisetzen kann – und anders als die Nachhaltigkeitsasketen habe ich einen positiven Energiebegriff (dazu mehr im Kapitel »Ist Bitcoin eine Umweltsau?«).

In diesem Sinn war die Formel von der »sozialen Marktwirtschaft« für mich eine Prägung aus ebenbürtigen Begriffen: Marktwirtschaft war nicht eine gemeingefährliche, weil egoistische Energie, die der Sozialstaat bändigen und möglichst herunterdimmen musste, als wäre er ihr Bewährungshelfer, sondern im Gegenteil: Erst die Marktkräfte erwirtschafteten jenen Wohlstand, den es dann zum Besten des

Gemeinwesens zu verteilen gab. Dass Konzerne mit Misstrauen und moralischer Herablassung zu betrachten und zu behandeln wären, weil ihre Gewinne dem Gemeinwesen auf irgendwie hinterhältige Weise abgegaunert worden seien und rechtmäßig dem Staat zustünden, schien mir den unternehmerischen Kern von Wertschöpfung auf offensichtlich missgünstige Weise zu leugnen – ein noch immer mächtiger Nachklang von Karl Marx' Mehrwerttheorie, wonach der Proletarier den Mehrwert erwirtschaftet, den der Bourgeois, weil ihm die Produktionsmittel gehören, ihm wieder wegnimmt. Von mir aus also gerne soziale Marktwirtschaft, nur sollte die Marktwirtschaft dabei nicht den Buhmann spielen müssen, als wäre sie eine Bestie, die allein durch hohe Steuern an die Kette gelegt werden kann.

Aus diesem Grund ist die Finanzkrise auch für mich eine Zäsur gewesen. Zudem eine persönliche Infragestellung. Hatten mich der Crash des Bankensektors und seine anschließende Rettung denn nicht ins Unrecht gesetzt mit meinen marktfreundlichen Grundüberzeugungen? Hatte ich nicht die Quittung bekommen für die Blauäugigkeit, mit der ich an Schumpeters »schöpferische Zerstörung« geglaubt hatte? Statt Marktbereinigung gab es nun Rettungsschirme. War nicht die ganze große liberale Erzählung, wonach Rendite der Lohn für eingegangenes Risiko ist, Lügen gestraft worden? War nicht im Gegenteil die alte linke Behauptung, wonach im Kapitalismus Gewinne privatisiert, Verluste sozialisiert würden, eins zu eins in Erfüllung gegangen?

Sollte ich also nicht besser die Segel streichen, meinen Irrtümern abschwören und den Staatsinterventionisten das Feld überlassen? Sie würden mit der Wall-Street-Gier aufräumen, das Kapital regulieren und den kleinen Mann schützen. Jetzt mistete die Politik den Saustall doch endlich aus!

Doch gab es eine Deutung der Ereignisse, bei der der Schwarze Peter nicht beim Markt lag. Der eigentliche Skandal war ja nicht der Bankencrash, sondern der Bail-out; der *moral hazard* hatte das marktwirtschaftliche Prinzip der Haftungsübernahme ausgebootet. Und gerade wegen dieses ihres Kerns hatte ich die Marktwirtschaft ja so reizvoll gefunden: Sie nahm die Subjekte in ihrer Freiheit und Selbstverantwortung ernst. Jeder haftete für das Risiko, das er einging, und wer an seine Idee glaubte und damit recht behielt, durfte den Jackpot kassieren, wer mit seiner Vision dagegen scheiterte, hatte sein eingesetztes Kapital verspielt. Jeder hatte seinen Preis zu zahlen: So lauteten die Spielregeln. Die Ereignisse von 2008/2009 hatten daher auch mich verbittert, weil nicht mehr daran zu deuteln war, dass die Karten gezinkt waren, das Spiel anders lief: Am Ende zahlten die die Zeche, die überhaupt nicht in der Verantwortung standen.

Die beteiligten Banken waren also gar nicht auf dem Spielfeld des freien Marktes angetreten, sondern in einer Spezialsphäre, einem *safe space* der impliziten Staatsgarantien.

Während in Europa die Finanzkrise als ein überfälliges, grandioses Scheitern des Neoliberalismus betrachtet und die Rückkehr des Primats der Politik über die Ökonomie gefordert wurde, entstand in den USA – völlig antagonistisch zur europäischen Reaktion – die Tea-Party-Bewegung, die in den Ereignissen das Desaster einer unheiligen Allianz aus Wall Street und Washingtoner Staatsmacht erkannte und deren Schlachtruf deshalb lautete: »No bail-out!« Kein Rettungspaket!

Trug ich aber in meinem Bekannten- und Kollegenkreis das Argument vor, dass die Finanzkrise gerade nicht das Scheitern des marktwirtschaftlichen Prinzips sei, sondern im Gegenteil die Folge einer impliziten Staatsgarantie, dann entgegneten mir die Klügeren, meine apologetischen Bemühungen erinnerten sie an klassische Linke nach 1989, die – um zu retten, was eigentlich nicht mehr zu retten war – auch immer behauptet hatten, die Sowjetunion sei gar nicht kommunistisch gewesen, ihr Untergang widerlege folglich auch nicht den Kommunismus; gescheitert sei eine gerontokratische Diktatur, nicht die eigentlich menschenfreundliche Idee der Verstaatlichung der Produktionsmittel – der wahre Kommunismus sei noch gar nicht versucht worden. Genau so klänge ich, hielten sie mir vor, wenn ich nun mit Blick auf Wall Street und staatsnahe deutsche Institute wie die HSH Nordbank (die sich gar nicht genug mit Geld vom Kapitalmarkt vollsaugen konnte, um damit auf eigene Rechnung verbriefte US-Hypothekenkredite in die Bücher zu nehmen) argumentierte, das alles habe mit dem Kapitalismus, wie er seiner herzensguten Grundidee nach funktionieren müsse, nichts zu tun, das alles sei nicht Marktwirtschaft, sondern ein Kartell.

Ich musste zugeben, der Einwand war nicht ganz von der Hand zu weisen.

Das ungefähr war der Stand meiner Überlegungen, als ich mit dem Bitcoin in Berührung kam. Und plötzlich fand ich das fehlende Glied in meiner Argumentation: dass wir es nämlich mit einem politisch-monetären Komplex zu tun hatten, einer Art Public-Private-Partnership aus Wall Street und Fed, und dass die Bail-outs genau jene Form des Staatsinterventionismus darstellten, die nur unter einem Fiat-Standard möglich, unter diesem aber eben auch unumgänglich waren.

Der vermutlich wichtigste Preis in einer Volkswirtschaft, der des Geldes, auch Zins genannt – ausgerechnet dieser Preis wird heute von einer staatlichen Institution gelenkt. Gleichzeitig haben die Staaten in Form der Zentralbanken ein sehr spezielles Vertrauens- und Kooperationsverhältnis mit den Geschäftsbanken ausgebildet. Dieses Spezialverhältnis setzt bereits beim Ursprung des Geldes an, nämlich bei der Geldschöpfung. Und die ist komplexer, auf durchaus faszinierende Weise komplexer, als man sie sich vorstellt, bevor man sich mit ihr auseinandersetzt. Die beliebte und anschauliche Redewendung, wonach die Zentralbanken Geld drucken, kann man als hilfreiche Metapher durchgehen lassen, sie beschreibt die tatsächlichen Vorgänge aber nur sehr abkürzungsartig.

Das fängt schon damit an, dass das Geld, mit dem es die Realwirtschaft zu tun hat, also Unternehmen und Verbraucher, vom Bargeld abgesehen nur und ausschließlich von Geschäftsbanken geschöpft wird: Es kommt durch Kredit in die Welt. Wenn die Bank ihrem Kunden einen Kredit für den Kauf einer Eigentumswohnung gewährt, dann nimmt sie eine magische Doppelbuchung vor: Sie trägt auf der Aktivseite ihrer Bilanz eine Kreditforderung gegen den Kunden ein, auf ihrer Passivseite eine Verbindlichkeit in gleicher Höhe – das ist die Kreditsumme, die die Bank dem Konto des Kunden gutgeschrieben hat. Das Geld, das die Bank verleiht, hat es vorher nicht gegeben, es handelt sich dabei nicht um die Einlagen anderer Bankkunden, die durch die Bank als Intermediär verliehen würden, wie es ein verbreitetes Missverständnis annimmt.

Kann die Bank mithin so viel Geld verleihen und damit schöpfen, wie sie lustig ist? Das nicht, aber ihre Limitationen haben nur zu geringem Teil mit irgendwie »vorhandenem Geld« zu tun, also mit Reserven, sondern vor allem mit der Frage, ob sie dem Kunden zutraut, seinen Kredit zurückzuzahlen – denn bei zu viel notleidenden Krediten gerät die Bilanz der Bank in eine Schieflage. (Hat der Kunde irgendwann seinen Kredit zurückgezahlt, verschwindet übrigens das eigens für ihn kreierte Geld auch wieder aus den Bilanzen und damit aus der Welt.)

Die Eleganz dieses Buchgeldsystems (Bitcoiner werden dieses Kompliment möglicherweise als ketzerisch empfinden) ist seine Elastizität (denn das ist der Bitcoin mit seinen festgeschriebenen 21 Millionen Einheiten gerade nicht: elastisch): Wenn die Wirtschaft brummt und die Nachfrage nach

Geld zunimmt, schätzt die Bank die Zahlungsfähigkeit ihrer Kunden positiv ein und stellt das Geld, das gebraucht wird, als Kredit zur Verfügung. Die Geldmenge atmet – idealerweise im Rhythmus der Realwirtschaft.

Drucken Zentralbanken also etwa gar kein Geld? Doch, durchaus, und zwar tautologischerweise sogenanntes Zentralbankgeld, das allerdings nie unmittelbar die Realwirtschaft erreicht, weil es in einem separaten Geldkreislauf zirkuliert: Alle Geschäftsbanken (und das Finanzministerium) unterhalten nämlich Konten bei ihren Zentralbanken, und durch diesen separaten Geldkreislauf können sie untereinander Zahlungsverpflichtungen nachkommen, die sie mit Zentralbankgeld erfüllen. Kehren wir kurz zum Beispiel des Bankkunden zurück, der eine Eigentumswohnung erwerben will: Die Bank hat ihm die Kaufsumme gutgeschrieben, er will sie nun dem Verkäufer überweisen, der sein Konto jedoch bei einer anderen Bank hält: Dann wird die Bank die entsprechende Summe im Hintergrund, eben in jenem zweiten Geldkreislauf, verschieben – und zwar in Form von Zentralbankgeld. Man nennt dieses Zentralbankgeld auch Reserven, weil die Zentralbanken (und das ist der, wie die Bundesbank es nennt, zarte und einzige »Anknüpfungspunkt« zwischen den beiden Geldkreisläufen) den Geschäftsbanken regulatorisch eine sogenannte Mindestreserve für neu geschöpftes Buchgeld vorschreiben.

Die Hoffnung oder das Kalkül: Je billiger die Zentralbank dieses Reservegeld (auch *base money* genannt) zur Verfügung stellt (indem sie die Zinsen senkt), desto mehr Buchgeld (auch *broad money* genannt) schöpfen die Geschäftsbanken und stimulieren damit die Realwirtschaft. Allerdings verlaufen die beiden Geldmengen keineswegs immer parallel: Oft erzeugen die Zentralbanken riesige Mengen an *base money*, ohne dass sich an der *broad money*-Menge groß etwas tut. Dann spricht man davon, dass das Geld nicht in der Realwirtschaft ankomme. Wo es allerdings ankommt: auf den Finanzmärkten, denn der Kauf von Staats- und Unternehmensanleihen durch die Zentralbank kurbelt die Nachfrage nach den entsprechenden Papieren und damit deren Preisentwicklung an.

Ich möchte diesen kleinen geldpolitischen Exkurs nicht ausufern lassen und hier nicht tiefer einsteigen (das wäre ein eigenes Buch wert), aber einen Aspekt muss ich noch erwähnen: Das Bargeld, das allerdings in modernen Volkswirtschaften weniger als 5 Prozent der Geldmenge ausmacht, ist ebenfalls Zentralbankgeld, wird von diesen zur Verfügung gestellt. Wollten alle Bankkunden sich das Buchgeld auf ihren Konten bar auszahlen lassen, dann würden die Geschäftsbanken ihre Zentralbankreserven nutzen müssen, um entsprechende Mengen an Bargeld zu ordern. (Sie wären allerdings vorher pleite, denn einen solchen *bank run* geben ihre Bilanzen nicht her.) Das nennt man das Bankenprivileg: dass die Geschäftsbanken Buchgeld schöpfen dürfen, das theoretisch jederzeit in »hartes« Bargeld, also Zentralbankgeld, konvertiert werden kann.

Worum es mir an dieser Stelle ging: zu zeigen, dass die Zentral- und die Geschäftsbanken in einem sehr spezifischen Verhältnis des Gebens und Nehmens zueinander stehen. Sie stecken gewissermaßen unter einer Decke. Joscha Wullweber, durchaus ein linker Finanzkapitalismuskritiker, schreibt in seinem bereits erwähnten Buch ›Zentralbankkapitalismus‹: »Neben den Notenbanken können Geschäftsbanken als einzige Akteure Geld schöpfen. Im Gegenzug für dieses außerordentliche Privileg akzeptieren Banken vergleichsweise starke Regulierungen, beispielsweise hinsichtlich der Eigenkapital- und Liquiditätsausstattung oder des Risikomanagements.«* Und sollten die Geschäftsbanken

* Wullweber 2021, S. 91

durch die Neuschöpfung von Kreditgeld doch zu viel Risiko in ihre Bücher genommen haben, ist die Zentralbank als sogenannter *lender of last resort*, als Kreditgeber letzter Hand, zur Stelle, um ihnen mit frisch kreiertem Zentralbankgeld den Rücken zu stärken.

Trotz dieser symbiotischen Innigkeit wird aber meist der Antagonismus von Markt und Staat hervorgekehrt. Weil der Staat wegen des bösen Neoliberalismus so geschwächt worden sei, habe der Markt ihn vor sich hergetrieben; so seien die Staaten zu Opfern der Märkte geworden, die sie am Ende auch noch erfolgreich erpressten. Es sei höchste Zeit, dass der Staat wieder das Heft in die Hand nehme.

Heute würde man das ein *blame game* nennen: Der Staat tut so, als hätte er von nichts gewusst, hätte mit der ganzen Sache gar nichts zu tun, sei ein Opfer der übermächtigen Finanzmärkte (und nicht in Wahrheit der größte Player auf denselben!) und müsse jetzt mit Hilfe seiner Zentralbanken die Kastanien aus dem Ofen holen. Mir geht es dabei nicht um einen Persilschein für die Finanzmärkte, im Gegenteil, aber es ist wichtig zu verstehen, wie Politik, Zentralbanken und Finanzmärkte seinerzeit gemeinsame Sache machten. Und wie diese gemeinsame Sache strukturell zum Wesen des Fiat-Systems gehört.

Auch bei der Politik des billigen Geldes wäscht eine Hand die andere: Die Staaten müssen dank der niedrigen bis negativen Zinsen ihren Ausgabenhunger nicht zügeln, und wer über Eigenkapital verfügt und nah genug an der Quelle des frischen Geldes sitzt, greift die günstigen Kredite ab, um damit zum Beispiel als Aktienunternehmen die eigenen Aktien zurückzukaufen, was die Kurse treibt – zur Freude der Anteilshalter, die vermögender werden, ohne dass eine reale Wertschöpfung stattgefunden hätte. Gleichzeitig ist die mit der Geldschöpfung einhergehende Geldentwertung für die Staaten als Superschuldner das Beste, was ihnen passieren kann. Deswegen sei, schreibt der Wirtschaftshistoriker Werner Plumpe in ›Das kalte Herz – Kapitalismus‹, das Interesse der Regierungen, an die Wurzel des Übels zu gehen, gering bis nicht vorhanden: »Eher werden Hoffnungen in das gesetzt, was man finanzielle Repression nennt: eine Entschuldung der Staaten über ein Anspringen der Inflation bei gleichzeitig niedrig gehaltenem Zinssatz. Die zunehmende Anfälligkeit für Spekulationskrisen im Bereich der Finanzmärkte ist vor diesem Hintergrund kein genuin kapitalistisches Phänomen, sondern die Folge einer historischen Konstellation, in der die Politik die Finanzmärkte für ihre Zwecke zu instrumentalisieren suchte, ohne die damit verbundene Möglichkeit weitgehender Kollateralschäden zu bedenken.«*

Im Fiat-System sind Bankenrettungen mit einem Fingerschnippen in die Wege zu leiten, buchstäblich mit einem Mausklick, denn das Geld, das die Zentralbanken bereitstellen, kostet sie ja nichts, sie erzeugen es aus der hohlen Hand. Unter einem Bitcoin-Standard wäre eine solche Rettungspolitik schon deshalb nicht möglich, weil jeder Bitcoin dank *Proof of Work* Energie kostet. Bitcoin liegen nicht auf der Straße rum. Es ist die berauschende Illusion des Fiat-Systems, dass es so aussieht, als hätten die Dinge keinen Preis mehr.

Und das ist die vielleicht wichtigste Unterscheidung, die Bitcoin mich gelehrt hat: dass der korrupte Teil des Kapitalismus nicht aus dem freien Markt, sondern aus einem monetär-staatlichen Kartell kommt, das immerfort ein Geschäft zu Lasten Dritter betreibt und das Ganze Rettungspaket nennt.

* Werner Plumpe, Das kalte Herz – Kapitalismus: Die Geschichte einer andauernden Revolution, Berlin 2019, S. 590

Cantillon-Effekt

Unsere Geldordnung ist viel zu selten Gegenstand politischer Diskussionen. Ich vermute, das liegt daran, dass sie, anders als die Verfassungen von Staaten oder die Parkbewirtschaftungsverordnung oder das Vereinsrecht, nirgends kodifiziert ist – und was nicht kodifiziert ist, kann auch nur schlecht zur Abstimmung stehen. Wie Geld wirklich funktioniert, darüber ist sich auch die Wissenschaft nicht einig. Ich habe sogar den Eindruck, dass die meisten Ökonomen sich mit dieser Frage bewusst nicht befassen, weil sie sie letztlich in einem metaphysischen Sinne für unbeantwortbar halten. Außerdem: Man muss das Leben nicht verstehen, um es zu leben. Unsere Geldordnung ist in diesem Sinne ein vital-evolutionärer Prozess, der dem Bewusstsein aller beteiligten Akteure stets voraus ist, der sich schneller wandelt, als die Beteiligten mit ihren Beschreibungen und Rationalisierungen hinterherkommen – so dass im besten Fall eine Art nachträgliche Verinstitutionalisierung erfolgt eines Vorgangs, der sich zu diesem Zeitpunkt mutmaßlich schon wieder proteushaft weitergewandelt hat. Metamorphose alles Lebendigen …

Eine der intellektuell produktivsten Seiten von Bitcoin besteht für meinen Geschmack deshalb genau darin: Weil der Bitcoin eine andere Geldordnung anbietet, lädt er zugleich dazu ein, sich mit dem Mysterium der real existierenden Geldordnung kritisch zu befassen. Und wenn wir vermutlich keine letzte und abschließende Antwort auf die Frage erwarten dürfen, was Geld wirklich ist, können wir uns doch immerhin an den Matthäus-Vers halten: »An ihren Früchten werdet ihr sie erkennen!«

Hier kommt ein interessanter Aha-Effekt: Wenn man den Chart des Nasdaqs und den der Bilanzsumme der Fed in den Jahren seit der Finanzkrise übereinanderlegt, sieht man: Sie sind nahezu identisch. Anders ausgedrückt: Der Nasdaq ist in den vergangenen fünfzehn Jahren genau in dem Maße gewachsen, wie die Geldmenge in den USA gestiegen ist; eigentlich hätten sich die Aktionäre ihre Gewinne auch gleich von der Zentralbank auszahlen lassen können … Der Nasdaq ist vom Geld der Fed aufgepumpt worden. Natürlich sind das nur Korrelationen, keine Kausalitäten, immerhin aber lässt sich mittlerweile auch die Gegenprobe machen: Seit die Fed zum Jahreswechsel 2021 auf 2022 ihre Anleihekäufe zurückgefahren und ihre Leitzinsen erhöht, also die Politik des billigen Geldes beendet hat, hat der Nasdaq die fröhlichen Gewinne der letzten Jahre fast alle wieder abgegeben.

Dass Geldpolitik kein neutraler Vorgang ist, sondern einer, von dem die einen mehr profitieren als andere, gehört zu den Glaubensgewissheiten aller Bitcoiner, eine Überzeugung, die am prägnantesten im Cantillon-Effekt zum Ausdruck kommt, den Bitcoiner darum im Schlaf aufsagen können. Man kann sich darauf verlassen: In jeder politischen Diskussion werden sie irgendwann sagen: »It's the Cantillon-Effekt, stupid!«

Der Cantillon-Effekt ist benannt nach dem französischen Ökonomen Richard Cantillon, der 1755 in einer Abhandlung die Wirkungswege der Geldschöpfung beschrieb. Damals gab es noch kein von Banken geschaffenes Buchgeld (jedenfalls grosso modo), die Orte, an denen neues Geld entstand, waren vielmehr die Gold- und Silberminen – trotzdem hat Cantillons Beobachtung die Weiterentwicklung der Zahlungsmittel von der Goldmünze zum Fiat-Geld ohne Abstriche überstanden. Wenn in den Minen neues Geld geschaffen wird, so Cantillon, profitieren davon zuerst die Minenbesitzer; ihre Gewinne führen dazu, dass ihr Wohlstand und ihre Ausgaben sich vermehren. Kurz darauf sind die gestiegenen Ausgaben der Minenbesitzer dann schon die steigenden Einnahmen der Kaufleute, bei denen die Minenbesitzer am liebsten shoppen gehen. Doch auch die Arbeiter der Minen stehen besser da, auch sie werden sich mehr Dinge leisten können als bisher. Folglich profitieren nun all jene Branchen, die der Goldmine nahestehen, denn sie können ihre Waren zu schleichend höheren Preisen verkaufen, weil die Nachfrage bei gleichem Angebot gestiegen ist. Ihre höheren Gewinne wiederum machen auch sie selbst ausgabenfreudiger, weshalb nun auf breiter Front die Nachfrage und mit ihr die Preise anziehen. Cantillons Pointe: Das neu geschaffene Geld verbreitet sich gewissermaßen in konzentrischen Kreisen; wer nah am chronologischen und räumlichen Anfang der Geldschöpfung steht, hat bereits frisches Geld, aber noch die alten Preise, während den Letzten in der Kette die Hunde beißen, weil bei ihm das neue Geld erst ankommt, wenn die Preise wegen der allgemein gewachsenen Nachfrage bereits gestiegen sind.

Genau so ist es heute noch im Fiat-System: Die Geldmenge wird erhöht, indem die Zentralbanken die Zinsen senken, zu denen sich die Geschäftsbanken frisches Geld besorgen können, das ihnen als Reserve ihrer Kreditausweitung dient. Oder die Zentralbanken kaufen den Banken ihre Staatsanleihen ab und bezahlen sie dafür mit Zentralbankgeld: In jedem Fall fließt alles neu geschaffene Geld erst einmal von den Zentralbanken zum Finanzsektor. Da sich Geld jedoch nur durch Kredite von den Banken hinaus in die Wirtschaft und zu den Menschen verbreitet, profitieren im nächsten Schritt all jene von der Geldschwemme, die als kreditwürdig gelten, und wer über einen beleihungsfähigen Eigentumstitel verfügt, dem scheint die Sonne auf den Bauch. Das bekannte Matthäus-Prinzip: Wer hat, dem wird gegeben.

Genau das ist zwischen 2008 und 2021 passiert: Die Bilanzsumme der Fed ist von einer Billion auf acht Billionen Dollar gestiegen, zugleich sind die Preise für Immobilien und Aktien durch die Decke gegangen. Wer über eine gute Bonität verfügte (also bereits Vermögen besaß), konnte sich zu günstigen Konditionen Geld leihen, um davon noch mehr Immobilien oder Aktien zu kaufen, deren jährliche Rendite die Kosten ihrer Refinanzierung weit übertraf. (Ich erinnere mich an einige Freunde, die baff von ihrem Bankberater zurückkehrten, nachdem der ihnen vorgerechnet hatte, dass im Falle eines Wohnungskaufs ihre Mieteinnahmen die Kosten für Tilgung und Zins bei hundert Prozent Fremdfinanzierung übertreffen würden. Ungläubig, so erzählten sie, hätten sie ihren Bankberater gefragt, ob es da nicht einen Haken gebe, beziehungsweise: Warum sie dann statt einer Wohnung nicht gleich die ganze Straße kaufen sollten? Da habe der Bankberater eigentümlich versonnen eine vage anheimstellende Handbewegung gemacht, als verbiete es ihm die Pietät, weiter in die Geheimnisse des Lebens einzudringen.)

Ludwig von Mises, Zentralstern der Österreichischen Schule der Volkswirtschaftslehre, fasst den Cantillon-Effekt in dem bündigen Satz zusammen: »Die Geldmenge kann nicht anders wachsen, als indem einige dieses Mehr an Geld zuerst empfangen.«

Die zehner Jahre dieses Jahrhunderts waren die Zeit einer solchen, fast lehrbuchhaften Vermögenspreisinflation. Das viele neue Geld blieb in der finanziellen Sphäre hängen und trieb dort die Preise, während es erst nach der Covid-Krise bei den Leuten auf der Straße ankam und damit nachfragewirksam im Sinne des Warenkorbs wurde, an dem die Regierungen die Inflation messen und in dem Kaufimmobilien nicht vorkommen. Jetzt haben wir die Inflation auf breiter Front, aber für die zehner Jahre war die ultralockere Geldpolitik ein Pamperprogramm derer, die zur Party eingeladen waren und das Spiel zu spielen wussten.

Es gehört zu den großen Merkwürdigkeiten des linksliberalen Mainstreams, dass er mit großer intellektueller Verdrängungsleistung um jeden Preis an seiner lieb gewordenen Vorstellung festhalten wollte, dass die Politik der Geldmengenausweitung durch die EZB »irgendwie« eine linke Agenda, dass Gelddrucken »irgendwie« gut für die Gerechtigkeit sei. Ich vermute, es ist ein aus den Zeiten des Goldstandards ererbter Reflex: Im klassischen Goldstandard, wie ihn Europa und die USA bis 1914 kannten, bevor der Erste Weltkrieg mit Fiat-Geld finanziert wurde, waren die umlaufenden Geldmittel an die hinterlegten Goldreserven gebunden. Der Goldstandard sorgte zwar für hartes Geld, aber auf Kosten der Arbeiterschaft – zumindest kurzfristig. Denn wenn die Staaten nicht mehr wettbewerbsfähig waren, konnten sie nicht einfach mehr Geld drucken, sondern mussten Kosten reduzieren, um wieder wettbewerbsfähig zu werden; der naheliegendste Kostenfaktor indes war für die Wirtschaft der Bereich der Lohnkosten: Also trug die Arbeiterschaft in überproportionaler Weise die Kosten für die Strukturreformen, während der Rentier sich an der stabilen Kaufkraft seiner Zinspapiere erfreuen konnte.

Ich glaube, dieses historische Erbe ist der Grund, weshalb heute noch viele Leute gutes Geld als Interessenspolitik der Vermögenden verkennen und in einer lockeren Geldpolitik einen Verbündeten der abhängig Beschäftigten und Arbeitslosen sehen wollen. Tatsächlich aber leben wir seit dem Greenspan-Put in einer Welt, in der alle, die über beleihungsfähige Eigentumstitel verfügen, von billigem Geld profitieren, während die Arbeiter und Sozialhilfeempfänger von der Vermögenspreisinflation absolut nichts haben und der Kleinsparer und Besitzer einer Lebensversicherung in die Röhre schaut.

Die Geldmengenausweitung ist demnach heute ein Instrument der Umverteilung, aber nicht von oben nach unten, sondern von unten nach oben. Die Sause, die wir seit dem Greenspan-Put von 1987 haben, ist ja noch nicht das Ende vom Lied, jetzt nämlich kommt der Preis der Geldvermehrung in Form der Inflation: Und den haben alle zu zahlen. Der schöne Teil der Inflation, die Vermögenspreisinflation, war nur für geladene Gäste, der hässliche Teil, die Warenkorbinflation, ist eine Pflichtveranstaltung für alle – und in besonderem Maße schmerzhaft für Leute mit kleinem Einkommen, bei denen die Waren dieses Warenkorbs einen erheblich größeren Anteil des Nettoeinkommens auffressen. Gestiegene Sprit- und Butterpreise belasten eine Krankenschwester proportional weit mehr als den Rechtsanwalt, der sich zehn Jahre die Augen rieb, warum ihm sein Bankberater dauernd neue Immobilienprojekte ans Herz legte.

Man kann nicht sagen, dass die MMT eine Antwort auf diese Fragen hätte, sie ignoriert den Sachverhalt vielmehr eisern. Demgegenüber ist der Cantillon-Effekt für Bitcoiner eines der stärksten Argumente, warum ein manipulierbares Geld ungerecht ist und weshalb Bitcoin mit seiner fixierten, in der Software festgelegten Geldmenge das deutlich fairere Geldsystem darstellt: *Code is law*, nicht Zentralbank-Politik.

Aber schauen wir uns die Wirkungen der ultralockeren Geldpolitik auf den Immobilienmarkt noch etwas genauer an – das Beispiel ist lehrreich.

In normalen Zeiten kalkulierte jemand, der eine Wohnung als Kapitalanlage kaufen wollte, mit der Faustregel: Der Kaufpreis sollte nicht höher sein als fünfzehn bis zwanzig Jahresnettokaltmieten. Nach spätestens zwanzig Jahren hätte sich das Investment dann amortisiert. Heute liegen Kaufpreise selbst in ländlichen Regionen bei dreißig Jahresmieten, in guten Lagen und in Ballungsräumen sogar bei fünfzig. Völlig klar: Der Investor kalkuliert nicht mit dem Cashflow seiner Immobilie, sondern mit ihrem Wertzuwachs. Steigt der Wert der Immobilie im Jahr um zehn Prozent, kann man die Mieteinnahmen vernachlässigen, man geht, bei weiterhin billigem Geld, von kräftig anziehenden Immobilienpreisen aus, und verfügt man über eine gediegene Bonität, kann man seinen Immobilienkauf zu 100 Prozent, manchmal sogar zu 120 Prozent (das deckt dann auch die Kaufnebenkosten ab) fremdfinanzieren. Man sitzt an der Cantillon-Quelle. Man wäre blöd, nicht zuzuschlagen.

Gleichzeitig greift noch ein anderer Verstärkungseffekt: Je mehr Geld gedruckt wird, desto weniger ist es logischerweise wert. Das heißt, Menschen oder Institutionen mit Vermögen fliehen aus dem abwertenden Geld und suchen sich andere Anlageformen, und zwar besonders gern Immobilien, denn anders als Aktien bekommt man Immobilien leicht fremdfinanziert. Mit Immobilien verbindet sich in der Folge ein sogenanntes monetäres Prämium, sie werden nicht mehr als Wirtschaftsgut genutzt, sondern als reines Spekulationsobjekt (weshalb viele Luxusimmobilien leer stehen: Die Besitzer haben es gar nicht auf die Mieteinnahmen abgesehen). Sie dienen, weil Geld oder Staatsanleihen diese Funktion nicht mehr erfüllen, als Wertspeicher.

So wie Gold als Wertspeicher dient. Weil Gold aber keine reale Konsumfunktion hat, ist das nicht weiter schlimm. Anders bei Wohnungen. Sie sind ein Wirtschaftsgut, auf das jeder angewiesen ist: Jeder braucht ein Dach überm Kopf. Und wenn Immobilien in Zeiten von *funny money* ein monetäres Prämium bekommen, werden sie unbezahlbar für die, die in ihnen wohnen wollen – und das absurderweise, obwohl die Mietpreise hinter den Kaufpreisen herhinken, oder anders gesagt: obwohl sie eigentlich im Verhältnis zum Kaufpreis viel zu billig vermietet werden.

Die wundersame Geldvermehrung ist, anders als ihre Apologeten behaupten, infolgedessen gravierend asozial. In den USA scherzen Finanzmarktkenner, QE, das heißt *Quantitative Easing* (das Aufkaufen von Anleihen, um die Zinskurve zu drücken), sei ein universelles Grundeinkommen für Reiche: Die Liquiditätsspritzen landen im Finanzsystem. Deswegen gingen im April 2020, nachdem die Fed auf den Corona-Crash mit massiver Liquidität reagierte und in den folgenden zwei Jahren mehr Geld druckte als in ihrer gesamten, über hundertjährigen Geschichte, die Aktienkurse wieder raketenartig nach oben, während die arbeitende Bevölkerung zu Hause im Lockdown saß.

Manche allerdings nutzten die Zeit im Lockdown und entdeckten den Bitcoin für sich. Sie profitierten dann paradoxerweise von jener Geldpolitik, deren Ablehnung ihnen den Weg zum Bitcoin geebnet hatte, denn die Politik des billigen Geldes hat auch den Bitcoin gepampert.

Die schwäbische Hausfrau

Ein Geldsystem, das auf Geldmengenvermehrung setzt, nennen wir inflationär, eines, das die Geldmenge bei wachsender Produktivität stabil hält, deflationär. In einem inflationären Regime ist es rational, viele Schulden zu machen, denn sie werden mit der Zeit entwertet. Außerdem kostet das Geld, das man sich leiht, wenig. Auf keinen Fall sollte man sein Geld sparen, wenn man nicht eine perverse Vorliebe für nicht deklarierte Steuererhebungen hat – denn genau das ist Inflation: eine versteckte Steuer, eine kalte Enteignung. (Nur zur groben Orientierung: Seit der Gründung der Fed im Jahr 1913, also von jenem Zeitpunkt an, da man in den USA der Meinung war, dass es einer zentralen Behörde bedürfe, die über die Geldmenge entscheidet, hat der Dollar 96 Prozent seines Werts verloren.) In einem deflationären Regime hingegen ist Geld teuer, Kredite werden nur gegen einen hohen Zins gewährt, dafür aber lohnt sich das Sparen.

Das Sparen hat eine bewegte semantische Karriere hinter sich. Vor noch nicht allzu langer Zeit galt es als sicherheitsfixierte Verhaltensweise von Spießern. Wer einen Bausparvertrag abschloss, wollte nicht wirklich was vom Leben. Gleichwohl stand das Sparen bei Mann und Frau auf der Straße in gutem Ansehen. Das änderte sich mit der Finanzkrise: Nun wurde das Sparen nicht nur von sich nonkonformistisch fühlenden Bohemiens ästhetisch verurteilt, sondern von Ökonomen ethisch angeprangert; man solle nicht wie Fafner im ›Siegfried‹ (»Ich lieg und besitz: lasst mich schlafen!«) auf seinem Ersparten hocken, hieß es, sondern es rasch wieder ausgeben, um es in Umlauf zu bringen: Nur ausgegebenes Geld stimuliere die Nachfrage. Es kam zu einer regelrechten Umcodierung: Statt von »Sparen« war jetzt von »Horten« die Rede – man konnte den tadelnden Zeigefinger förmlich sehen. Marcel Fratzscher, Leiter des Deutschen Instituts für Wirtschaftsforschung, sah in seinem Buch ›Geld oder Leben‹ in der deutschen Verklärung des Sparens eine Gefahr für unsere Volkswirtschaft – und in einer unnachahmlichen Verschränkung von Schuldenleichtsinn und woker Hypersensibilität erklärte er das Ideal der schwäbischen Hausfrau für zugleich sexistisch und ökonomisch kontraproduktiv.

Bitcoiner hingegen sind Sparer. Und sie bekennen sich dazu. Sie haben dafür sogar ein eigenes Wort: *hodln*. Hodln war ursprünglich nur ein lustiges Meme; als 2013 der Bitcoin-Kurs einbrach, schrieb ein Bitcoiner in einem Forum mit zittrigen Fingern: »I am hodling.« Eigentlich wollte er »I am holding« schreiben, doch er hatte sich vertippt. Dieser Tippfehler sollte nie wieder rückgängig gemacht werden.

Seither betrachten sich wahre Bitcoiner als Hodler, im Unterschied zu solchen, die nur wegen der schnellen Spekulation mit dabei sind und *market timing* betreiben, mithin versuchen, günstig zu kaufen und teurer zu verkaufen. Das ist nicht das Ethos des Hodlers. Bitcoiner wollen ja gerade raus aus dem Finanzcasino des Fiat-Systems. Sie wollen wie eine schwäbische Hausfrau brav sparen und eben nicht investieren oder gar spekulieren. Wollen am liebsten mit einem Dollar-Cost-Average-Sparplan in einem festen Rhythmus Satoshis erwerben – *stacking sats*, nennen sie es –, und der Preis soll ihnen dabei völlig egal sein, da sie langfristig, und mit langfristig meinen sie: sehr langfristig dabei sind. Steigt der Kurs, freuen sie sich, dass es mit Bitcoin aufwärtsgeht, fällt er, behaupten sie, ihr Glück kaum fassen zu können, für ihren fixen Fiat-Betrag so viele Satoshis zu bekommen – das sei ja wie im schönsten Sommerschlussverkauf. Wenn man Hodler so reden hört, hat man manchmal den Eindruck, sie wollten ihre Bitcoin am liebsten mit ins Grab nehmen, als wäre das *Stacken* eine Art zen-buddhistische Askeseübung. Als besonders erleuchtet gilt unter Bitcoinern, wer den augenblicklichen Kurs von Bitcoin gar nicht kennt ... Kein Crash kann des Hodlers Nerven ernsthaft ins Flattern bringen. »Stay humble and stack sats«, lautet die Demutsformel: Bleib demütig und stapel Satoshis! Was für ein Paradigmenwechsel: Was über lange Zeit als spießig eingestuft wurde, erheben Bitcoiner zum neuen Tugendideal, gar zur sinnstiftenden Lebenshaltung. Wahrscheinlich sind sie die erste Jugendbewegung, die Sparen geil findet.

Und zwar aus Gründen.

Sparen galt in der vergangenen Dekade ja nicht nur als unsexy, es hatte tatsächlich auch wenig Sinn, bei Negativzinsen noch viel auf dem Sparbuch zu haben. Sparen war buchstäblich unmöglich; wer mehr verdiente, als er zum Leben brauchte, musste geradezu zwangsläufig investieren und spekulieren. Auch das ist eine bemerkenswerte Ironie: Die vor allem von links applaudierte ultralockere Geldpolitik hat die Menschen ins riskante Investieren gezwungen, denn wer das, was seine Arbeitskraft ihm eingebracht hatte, nicht schleichend verlieren wollte, musste zum Aktionär werden, Bundesschatzbriefe waren keine Option mehr.

Das Sparen oder Hodln als Ethos hat darüber hinaus aber noch einen theoretischen Unterbau, wobei die Frage der Zeitpräferenz eine Rolle spielt. Menschen haben bekanntlich unterschiedliche Zeitpräferenzen: Manche wollen ihre Bedürfnisse sofort befriedigt sehen, andere sind besser darin, die Bedürfnisbefriedigung aufzuschieben. Der berühmte (und kontrovers diskutierte) Marshmallow-Test ist dafür eine gute Illustration; bei diesem Langzeitexperiment hatten Wissenschaftler der Stanford University 1972 Vorschulkindern ein Marshmallow vorgesetzt mit dem Hinweis, wenn sie es nicht sofort äßen, würden sie später sogar zwei Marshmallows bekommen. *Delayed gratification* nannten die Wissenschaftler das: Der Belohnungsaufschub konnte als Zeichen der Selbstkontrolle gedeutet werden. Angeblich hat die Langzeitstudie dann gezeigt, dass Kinder, die die Bedürfnisbefriedigung aufzuschieben vermochten, später erfolgreicher durchs Leben zogen.

Wer spart, verzichtet jedenfalls auf Konsum in der Gegenwart, hat folglich eine niedrige Zeitpräferenz. Wer alles sofort haben will, hat eine hohe. Für die Österreichische Schule von Carl Menger bis Ludwig von Mises spielt die Frage der Zeitpräferenz eine wichtige Rolle, um die Bedeutung von Zinsen zu erklären: Man kann sie als Kompensation für den Aufschub der Bedürfnisbefriedigung betrachten. (Und natürlich entschädigen sie auch für das Risiko, verliehenes Geld erst gar nicht zurückzubekommen.)

Offensichtlich hat die Frage der Zeitpräferenz eine ethische Dimension, einen Bezug auf das gute Leben: Weil Leben immer Handeln unter den Bedingungen von Ungewissheit ist, weil wir nicht vorhersehen können, was uns morgen zustößt, und weil es keine Zukunft ohne Risiko gibt – ich würde sogar sagen: weil Lebendigkeit nichts anderes ist als Unberechenbarkeit –, darum ist Vorsorge oder Sparen eine Praxis der Selbstbestimmung, die auf diese *conditio humana* antwortet: Wer spart, lebt nicht nur im Augenblick, er gewinnt einen längeren Zeithorizont, er kann sich Ziele setzen, deren Erreichung in der Zukunft liegt. Und alles, was Wert hat, reicht über den Augenblick hinaus und kann umgekehrt nur in der Zeit geschaffen werden, von den Pyramiden bis zu Off-Shore-Windparks. Jeder Waldbesitzer weiß das! 180 Jahre benötigt eine Eiche bis zur sogenannten Hiebsreife. Da braucht es einen langen Atem! Wer an der Auffahrt zu seinem Gutshaus eine Eichenallee pflanzt, tut dies mit Blick auf seine Urenkel, denn frühestens diese werden die Wirkung der gartenarchitektonischen Idee zu würdigen wissen. Die prototypische Verkörperung niedriger Zeitpräferenz ist der Unternehmer, der Zeit und Kapital (Ideen, Kompetenzen, Wissen, Leidenschaften, Geld, Engagement, Verbindungen) investiert für eine Sache, von der man erst in der Zukunft wissen wird, ob sie gedeiht. Oder wie Rahim Taghizadegan in seiner Einführung in die Österreichische Schule etwas nüchterner schreibt: »Das Horten ist die Voraussetzung der meisten Investitionen. Würden die Menschen ihr Einkommen nur entweder konsumieren oder sofort und unmittelbar investieren, könnten sie nur sehr kleine Schritte machen. Die größeren Investitionen erfordern eine längere Vorlaufzeit des Ansparens.«*

Anders gesagt, bei sonst eher unterschiedlichen Temperamenten verbindet den Unternehmer und die schwäbische Hausfrau doch eine niedrige Zeitpräferenz. Für beide ist der Mensch, wie Nietzsche sagt, nicht an den »Pflock des Augenblicks« gebunden.

Und hier kommt es, da Sparen und Verzicht zusammengehören, zu einer auf den ersten Blick überraschenden Allianz zwischen Bitcoinern und der Degrowth-Bewegung: Auch Bitcoin-Hodler verstehen sich explizit als Konsumverweigerer; wie bei einem Mönch in der Fastenzeit leuchten ihre Augen, wenn sie davon erzählen, wie sie durch die Entdeckung von Bitcoin dem Sog des Konsumierens entronnen sind. Kürzlich postete ein deutscher Hodler zwei Fotos auf Twitter: Das eine zeigte seinen alten Audi, das andere seinen neuen Polo: Die eingesparte Differenzsumme, erklärte er beseelt, werde jetzt in Bitcoin gesteckt.

* Rahim Taghizadegan, Alles, was Sie über die Österreichische Schule der Nationalökonomie wissen müssen, München 2017, S. 116

Als Sparer eine niedrige Zeitpräferenz zu haben, ist indes nicht einfach nur eine Temperamentsfrage oder eine des moralischen Niveaus, sondern auch eine Funktion der Rahmenbedingungen: Wenn ich davon ausgehe, dass mein Geld über die Zeit entwertet wird, dann werde ich eine hohe Zeitpräferenz haben und mein Geld möglichst schnell auf den Kopf hauen – am liebsten in der Form des Konsumentenkredits. Vertraue ich einem Wertspeicher hingegen, ist es sehr wahrscheinlich, weil rational, dass ich eine niedrige Zeitpräferenz habe und zuversichtlich spare.

Es sei, so kann man Bitcoiner reden hören, die Logik des Fiat-Systems, dass ständig neuer Scheiß gekauft werden müsse, damit die volkswirtschaftliche Maschine nicht ins Stottern gerate. Folgt man Hedgefonds-Manager Ray Dalio, befinden wir uns in diesem Sinne jetzt am Ende eines Superschuldenzyklus: Um die Schuldentragfähigkeit nicht zu gefährden, muss für mehr Wachstum gesorgt werden, was durch wiederum neue Schulden angekurbelt wird, und um unter dieser Schuldenlast nicht zusammenzubrechen, braucht es Inflation. (Auch wenn die Fed durch Zinserhöhung versucht, von den hohen Inflationsraten wegzukommen, dürfte ihr eine Inflationsrate von vier bis fünf Prozent ganz recht sein.)

Das ist die Mainstream-Position der Volkswirtschaftslehre: Wir brauchen zwei Prozent Inflation, damit die Menschen ihr Geld nicht horten, sondern es ausgeben und durch Konsum die Konjunktur beleben. Deflation (also der Umstand, dass alles billiger wird) hingegen sei eine Bedrohung für die allgemeine Wohlfahrt. In einem deflationären Umfeld würden die Menschen Geld horten, statt es auszugeben, weil sie annehmen, dass Güter und Dienstleistungen billiger werden und es deswegen rationaler sei, den Konsum aufzuschieben; die Vorstellung, dass Menschen Geld ausgeben für Dinge, weil sie sich davon jetzt einen Nutzen versprechen, kommt in diesem Denken nicht vor – dabei kaufen wir ständig Dinge, die in drei Jahren voraussichtlich günstiger sind, einfach weil sie uns bereits für diese drei Jahre einen echten Nutzen bringen. Und was, bitte, sollte umgekehrt so schlecht daran sein, auf Güter oder Dienstleistungen, auf die wir offenbar drei Jahre verzichten können, wirklich drei Jahre zu verzichten?

Es ist ja keineswegs so, dass wir dank technologischem Fortschritt nicht ständig deflationäre Effekte hätten: Mein iPhone zum Beispiel ist heute mutmaßlich teurer als in drei Jahren, trotzdem ist es mir seinen hohen Preis schon heute wert – weil es mir nämlich in den kommenden drei Jahren bereits einen Nutzen abwirft. Ist es nicht eher so, dass Menschen für etwas Geld ausgeben, weil sie es wertschätzen, und nicht, weil sie Angst haben, dass ihr Geld auf dem Sparkonto verdirbt? Und sollte es nicht auch genau so sein?

Umgekehrt wird ein Schuh draus: Wenn Geld inflationiert, ist es in der Tat rational, es möglichst schnell loszuwerden; selbst wenn die erworbene Ware einem nicht wirklich am Herzen liegt, ist es so doch immer noch besser, als wenn das Geld in der eigenen Hosentasche verdirbt. In einem inflationären Fiat-System (und dies ist ein Pleonasmus) ist es deshalb am sinnvollsten, sinnlos zu konsumieren und auch noch Schulden aufzunehmen, weil diese durch die Geldmengenausweitung, es geht gar nicht anders, weginflationiert werden. Der Konsumentenkredit ist das Realsymbol dieses Systems.

Keynesianer dagegen sehen in der Deflation den Beginn einer Todesspirale: Wer mit fallenden Preisen rechnet, der hortet, statt zu konsumieren, schwächt infolgedessen die Nachfrage und damit die Produktion, worauf die Unternehmen Kapazitäten abbauen und Mitarbeiter entlassen, die dann wiederum weniger konsumieren. Für Keynesianer stehen wir immer am Rand einer Rezession, vor der uns nur erhöhte Nachfrage, gern mit Hilfe von Stimulus-Programmen, also *deficit spending*, retten kann. In der Volkswirtschaftslehre nennt man das »Unterkonsumtionstheorien«: Anhänger dieser Theorie setzen voraus, dass es nachlassende Nachfrage ist, die zum Abschwung des Konjunkturzyklus führt.

Bitcoiner haben mit der Überkonsumtionswelt gebrochen. Anders als es die böse Nachrede will, die sie mit Lambos in Verbindung bringt, geißeln sie den Schrottkonsum, zu dem unser jetziges Geldsystem so fatale Anreize setzt. Nico Jilch, der österreichische Journalist und Bitcoin-Apostel, sagt in diesem Zusammenhang gern: »Statt zwanzig Schuhe in einem Jahr zu kaufen, ist es nicht besser, ein Paar Schuhe zu kaufen, das zwanzig Jahre hält?« So hat einst, dünkt mich, auch die schwäbische Hausfrau gesprochen.

Es gibt bereits ein Bild für diesen Bitcoin-Lifestyle: Auf einem Video mit Jack Mallers, der mit seiner Zahlungsapp Strike zu den jüngsten Bitcoin-Entrepreneuren gehört, sah man im Hintergrund die vollkommen leeren Schränke seiner Wohnung; kurz darauf war Mallers' »empty closet« schon zum Meme für Bitcoin-Minimalismus als Lebensform geworden.

Dabei erinnert der Umstand, dass für jeden Bitcoin, der in der Welt ist, mathematisch nachweisbar Arbeit und Zeit verbraucht wurden, nicht ohne Grund an Max Webers Begriff der protestantischen Leistungsethik. Satoshi Nakamoto hat nämlich gerade kein digitales Utopistan geschaffen, sondern, ganz im Gegenteil, durch den *Proof-of-Work*-Mechanismus die Grundbedingung unseres irdischen Lebens ins Digitale übertragen: Von nichts kommt nichts, man muss etwas tun, um etwas zu bekommen. Durch den Arbeitsnachweis ist Max Webers protestantisches Leistungsethos auch zur Grundlage des Peer-to-Peer-Netzwerks geworden.

Zugleich ist Bitcoin in einer Welt des illusionären Fiat-Konstruktivismus der ultimative *reality check*: Es braucht

Zeit und Energie, um Gold zu schürfen; es braucht Zeit und Energie, um Bitcoin-Blöcke zu finden. Es braucht jedoch nur einen Mausklick, um jemandem Fiat-Geld gutzuschreiben, und für eine Arbeit, die mich Zeit und Energie gekostet hat, möchte ich nicht mit einem Geld bezahlt werden, das herzustellen seine Emittenten nichts kostet.

Manchmal denke ich: Fiat ist so infantil, Bitcoin ist einfach das erwachsenere Geld, weil es das Realitätsprinzip anerkennt. Dieses ganze Meister-Popeyhafte Halbstarkentum, mit dem Politiker die »Bazooka« rausholen oder den Wählern erst den »Wumms« und wenig später den »Doppelwumms« ankündigen, erscheint einem dann nur noch grotesk. Ein Geld, das geschaffen wird, um Wahlen zu gewinnen, ist kein sehr guter Wertmaßstab. Den Geist der schwäbischen Hausfrau indessen könnte man auch mit dem einzigen Satz von John Maynard Keynes ausdrücken, den Bitcoiner vollumfänglich unterschreiben: »There is no free lunch.«

In Berlin gibt es Unter den Linden für Touris ein Bud-Spencer-Museum, das mit dem Zitat seines Helden wirbt: »Damit hier mal eines herrscht: nämlich Klarheit!« Bitcoin ist eine Klarheitsmaschine, bei der alle wissen, woran sie sind. Man möchte meinen, dass es sich bei so etwas Heiklem wie Geld eigentlich von selbst verstehen müsste, dass da immer schon Klarheit herrschte. Aber bis zu Satoshi Nakamotos Erfindung war tatsächlich das Gegenteil der Fall.

Und deswegen ist es auch kein Wunder, dass in einer Dekade, in der das Institutionenvertrauen durch die Bank im Schwinden begriffen ist, Bitcoin als Verlässlichkeitsanker eine starke Anziehungskraft ausübt: Nie war er so wertvoll wie heute! Man könnte die These aufstellen: In einem Moment, in dem sich die zentralisierten Institutionen immer schwerer damit tun, die rasant zunehmende Komplexität von modernen Gesellschaften zu steuern, schlägt Bitcoin einen neuen Weg ein, Komplexität regelgeleitet, aber dezentral zu bearbeiten.

Und ich vermute, es hat genau mit diesem Status als Klarheitsmaschine zu tun, dass all jene Themen, mit deren emotionaler Abarbeitung die öffentliche Meinung so sehr beschäftigt ist, die identitätspolitische Empörungskultur und das woke Fahnden nach Mikroaggressionen, im Bitcoin-Space so gut wie keinen Widerhall finden. Man kann noch nicht einmal von Gegnerschaft sprechen: Die Leute dort haben buchstäblich anderes zu tun, weil sie überzeugt sind, dass die Gerechtigkeitsfrage nicht durch einen woken Neusprech, sondern nur durch ein faireres Geldsystem zu lösen ist. Sie wirken deswegen regelrecht erleichtert, eine Welt hinter sich lassen zu können, in der ›Ein falsches Wort‹ genügt (ich zitiere René Pfisters gleichnamiges Buch), um sich moralisch zu diskreditieren, denn sie wollen nicht mehr Worte klauben, sondern Bitcoin-Blöcke validieren.

Und anders als in woken Diskursen, in denen man Sprecherautorität in dem Maß gewinnt, in dem man sich als Opfer zu beschreiben vermag, leitet Bitcoin zu eigenverantwortlichem Handeln an, bei dem man die volle Verantwortung für seine Entscheidungen (und seine *Seed Phrase*!) übernimmt: *Self Custody* statt *Victimization*.

Geboren 1971

Lange Zeit hatte mein Geburtsjahr für mich hauptsächlich einen Erinnerungswert, keine geschichtliche Dimension, keinen äußeren historischen Zusammenhang. Seit ich mich allerdings mit dem Geldsystem beschäftige, ist auch das anders geworden, denn sowie ich mit Bitcoinern spreche und meinen Geburtstag erwähne, bekomme ich in der Regel eine lebhafte Reaktion: »Ha! Dann hast du ja immerhin noch fünf Monate unter dem Goldstandard gelebt!« Und sie schauen mich sehnsüchtig an, als müsste ich ihnen von einer unbegreiflichen Süßigkeit des Lebens berichten können …

Am 15. August 1971 nämlich hatte sich der Präsident der Vereinigten Staaten, Richard Nixon, via Fernsehen an die Öffentlichkeit gewandt und erklärt, er habe seinen Finanzminister angewiesen, die Konvertierbarkeit des Dollar in Gold »temporarily«, also vorübergehend, einzustellen. Das Versprechen des Goldstandards war schließlich, dass jeder Dollar zu einem festen Kurs in Gold eingetauscht werden konnte, nun aber hatten die USA mehr Dollar gedruckt, als sie Goldreserven besaßen. Sie konnten ihr Versprechen nicht mehr halten. Kurz zuvor hatte Charles de Gaulle tatsächlich Kriegsschiffe nach New York geschickt, um Frankreichs Gold zurückzuholen, und die junge Bundesrepublik hatte sich, zwei Jahrzehnte nach Ende des Zweiten Weltkriegs, nur aus bündnispolitischen Gründen gegen eine vergleichbare Aktion entschieden.

So kam es, dass Gold seit dem 15. August 1971 kein Geld mehr ist.

Über Jahrhunderte sind in der westlichen Welt, aber auch in China Gold und Silber als Geld verwendet worden. Seit dem frühen 19. Jahrhundert kristallisierte sich dann nach und nach das heraus, was man im Rückblick den klassischen Goldstandard nennt: Die meisten Industrienationen koppelten ihre Währungen an Gold, das heißt, eine Einheit der jeweiligen Landeswährung konnte jederzeit gegen eine festgelegte Goldmenge eingetauscht werden. Da Gold viel wiegt und schwer zu transportieren ist, wurde der reale Zahlungsverkehr zwar auch in geprägten Goldmünzen, zum größten Teil jedoch in Papiergeld abgewickelt, das seinerseits eben durch das Gold in den Tresoren der emittierenden Bank oder Zentralbank gedeckt war.

Das 19. Jahrhundert war die Epoche der Industrialisierung und einer ersten Globalisierung, und sie wurde durch den internationalen Goldstandard vorangetrieben, denn die Währungen standen ihrer Goldbindung wegen in einem festen Wechselkursverhältnis. Konsumierten die Nationen mehr, als sie produzierten, häuften sie, anders gesagt, ein Handelsdefizit an, floss Gold ab: Dadurch reduzierte sich die Geldmenge, Deflation machte sich breit, die Preise für Waren sanken genauso wie die Löhne, weshalb die Wirtschaft des betreffenden Landes durch einen Kostenvorteil international wieder wettbewerbsfähig wurde und Handelsüberschüsse erwirtschaften konnte, die wiederum zu Goldzuflüssen führten. Natürlich lief das keineswegs so glatt ab, und doch: Der Goldstandard war die Grundlage einer ungeheuren, bis dahin noch nie gesehenen weltweiten Prosperität.

Dieser »klassische Goldstandard«, wie jene Epoche heute bisweilen genannt wird, endete 1914 nicht zufällig mit Beginn des Ersten Weltkriegs. Denn beim Goldstandard können sich die Staaten nur durch Steuern und Schulden refinanzieren, das heißt, sie können ihre Schuldpapiere nicht monetarisieren, indem sie, wie heute, einfach frisches Geld drucken. So wird es schwierig, Kriege zu finanzieren, weil die Regierung dann vor der Kriegserklärung eigentlich erst vor das Parlament treten und eine ehrliche Kostenrechnung aufmachen müsste. Also gaben sämtliche Kriegsparteien 1914 den Goldstandard lieber auf, warfen die Druckerpressen an und stürzten sich, ausgerüstet mit frischem Geld, in die Materialschlachten des Ersten Weltkriegs.

Und als der Krieg vorbei war, kam die Inflation.

Zögernd und halbherzig kehrte England daraufhin in den zwanziger Jahren zum Goldstandard zurück. Die Rede war von der »resurrection« oder Wiederauferstehung des Goldstandards, während Kritiker im Rückblick in nicht minder religiösem Vokabular davon sprachen, man habe sich schon zum zweiten Mal ans Kreuz des Goldstandards nageln lassen. Der britische Ökonom John Maynard Keynes sprach sogar von einem »barbarischen Relikt« und machte den mit dem Goldstandard verbundenen deflationären Druck wenigstens teilweise dafür verantwortlich, dass die große Depression ab 1929 derart lange anhielt. Hierzu gibt es, wie zu fast allem, sehr unterschiedliche Lehrmeinungen; Tatsache ist, dass sich die einflussreichen Nationen der Welt 1944, im Ausgang des Zweiten Weltkriegs, in Bretton Woods in New Hampshire trafen, um eine neue Währungsordnung für die Nachkriegszeit zu installieren, und zwar mit dem zentralen Ziel, eine Wiederholung der großen Depression um alles in der Welt zu vermeiden – weshalb sie beschlossen, zumindest zu einem mittelbaren Goldstandard zurückzukehren, bei dem der Dollar als neue Weltreservewährung gegen Gold konvertierbar war, während alle anderen Währungen an den Dollar geknüpft wurden.

Und es war diese Währungsordnung, die in meinem Geburtsjahr 1971 endete, und zwar wieder durch einen Krieg, diesmal den in Vietnam, der nur durch Fiat-Geld zu finanzieren war.

Wie aber konnte der Dollar, eben noch die Reservewährung der ganzen westlichen Welt, diesen Vertrauensverlust unbeschadet überstehen? Eine Antwort könnte lauten: weil es eben völlig wurscht ist, ob Geld gedeckt ist oder nicht, und weil wirklich keiner das »barbarische Relikt« einer Goldbindung braucht. Fiat-Währungen sind jeweils so stark wie die Volkswirtschaften und das Militär, die hinter ihnen stehen. So gesehen ist der Erfolg des Dollar der erbrachte Beweis für die Antiquiertheit des Goldstandards, weshalb die Dollar-Hegemonie über das Jahr 1971 hinaus ungebrochen blieb.

Doch es gibt noch ein anderes, nicht weniger einleuchtendes Erklärungsmodell. Es ist die These vom Petrodollar, die im Bitcoin-Space vor allem von Lyn Alden und Alex Gladstein popularisiert wurde, und dieser Theorie zufolge gelang den USA ein schlauer Move, als Henry Kissinger 1972 nach Saudi-Arabien flog und den Scheichs einen Deal vorschlug: Wir unterstützen euch militärisch, wir liefern euch Kriegsgerät, und im Gegenzug verkauft ihr euer Öl weltweit ausschließlich für Dollar. Die Saudis fanden Kissingers Angebot attraktiv, und seither brauchten alle erdölimportierenden Länder Dollar, um ihren Energiehunger zu befriedigen. Die Folge: Den USA wurden die Dollar, die sie mit Grenzkosten null drucken konnten, weil es ja keine Goldbindung mehr gab, förmlich aus den Händen gerissen, während die Saudis ihre Dollareinnahmen ihrerseits in US-Staatsanleihen anlegten. Tatsächlich konnten die Vereinigten Staaten sich die ganze Welt kaufen: Die Dollar, mit denen sie bezahlten, kosteten sie ja nichts. Doch hatte die Sache auch eine Schattenseite, die man freilich über Jahrzehnte ignorierte: Wenn es so einfach ist, mit selbst gedrucktem Geld Waren aus aller Welt zu importieren, dann kann das auf die Dauer zur Deindustrialisierung des eigenen Landes führen: Warum selber produzieren, wenn man alles billig einkaufen kann? Schaut man sich den Rust Belt der USA an, einst das Herz der Industrienation, dann sieht man zurückgelassene, vergessene Regionen, deren Bewohner den Wahlsieg von Donald Trump 2016 erst ermöglicht haben.

Etwas Ähnliches, vorerst allerdings noch ohne selbstzerstörerische Folgen, erlebt zurzeit der Schweizer Franken, der weltweit als sicherer Hafen in einer Weise nachgefragt ist, dass die Schweizer Nationalbank mit dem Gelddrucken kaum hinterherkommt und von den Devisenreserven, die sie im Gegenzug für Franken erhält, ihrerseits weltweit Aktien kauft: So ist sie mittlerweile zum Großaktionär von Apple, Microsoft, Amazon und Facebook geworden. Der Portfolio-Manager Andreas Beck nennt die Schweizer Nationalbank deshalb auch einen Hedgefonds.

Aber wir kommen vom Thema ab – nämlich von der Frage der Zäsur von 1971. Es gibt eine sonderbar aufschlussreiche Webseite, die »WTF happend in 1971?« heißt (wobei »WTF« für »What the Fuck« steht). Sie präsentiert vor allem Kurven, Daten und Statistiken. Und wir wollen hier redlich sein: Diese Daten bilden keine deterministischen Zusammenhänge ab, sondern lediglich Koinzidenzen. Doch je mehr man sich in das dort aufbereitete Zahlenwerk vertieft, desto schwieriger ist es, nicht nachdenklich zu werden. Was zeigt die Seite?

- Während sich die Reallöhne von 1947 bis 1971 linear nach oben entwickelt haben, stagnieren sie seit 1971 mehr oder weniger.
- Während die Produktivitäts- und die Lohnzuwächse bis 1971 parallel stiegen, laufen Erstere Letzteren seither davon.
- Während die Einkommensungleichheit seit 1929 in den USA abnahm, nimmt sie seit 1971 wieder zu.

- Während die berühmte Campbell's Tomatensuppe seit 1895 über Jahrzehnte fast gar keinen Preisanstieg kannte, schießt ihr Preis seit 1971 fast Jahr für Jahr in die Höhe.
- Zwischen 1775 und 1910 hat sich der Konsumentenpreisindex der USA kaum von der Stelle bewegt, danach beginnt er langsam zu steigen, ehe seine Kurve wirklich exakt im Jahr 1971 scharf nach oben geht.
- Während der Goldkurs zu Beginn des Jahres 1971 noch 35 Dollar betrug, schoss sein Preis in den kommenden zehn Jahren raketenmäßig auf 600 Dollar hoch. (Heute liegt er bei etwa 1700 Dollar.)
- Die Staatsschulden der USA steigen seit 1971, mit der kurzen Unterbrechung der Clinton-Jahre, kontinuierlich und ziemlich steil an.
- Und selbst die Zunahme an Übergewicht beschleunigt sich um dieses magische Datum herum.

Seit 1971 gibt es außerdem eine neue Spezies, es sind die *Gold Bugs*. Irgendwann nach der Finanzkrise von 2008 berichteten die Zeitungen gelegentlich von ihnen wie von einer besonders grotesken Tierart; sie schienen, so mein damaliger Leseeindruck, allerdings zu durchgeknallt zu sein, um als Gefahr ernstgenommen werden zu müssen: Prepper, die im Keller Konservendosen horteten, rechtslastige Verschwörungstheoretiker, Reichsbürger mit Aluhut, Chemtrail-Anhänger und verbohrte Staatsfeinde, die glücklicherweise zu lächerlich waren, als dass man sich länger mit ihnen aufhalten müsste. Erst als ich mit dem Bitcoin in Berührung kam, lernte ich unter älteren Bitcoinern tatsächlich Leute kennen, die sich selber als *Gold Bugs* verstanden. Sie sagten gern: »Ich komm ja ursprünglich vom Gold her.«

Seit der Finanzkrise von 2008 wird die Welt mit Liquidität gemästet wie eine Weihnachtsgans, was als Gegenreaktion neue *Gold Bugs* hervorgebracht hat, und dass aus einigen davon im Lauf der Jahre Bitcoiner wurden, ist nicht verwunderlich, schließlich teilen Gold und Bitcoin viele Eigenschaften: Beide sind Rohstoffe, Gold ein physischer, Bitcoin ein digitaler. Beide zeichnen sich durch unmanipulierbare Knappheit aus. Beide sind nicht staatlich, können also durch spontane Koordination als Zahlungsmittel verwendet werden, ohne durch einen Regierungsbeschluss eingesetzt werden zu müssen. Und beide kosten, wenn man sie schürfen will, Zeit und Energie.

Allerdings gibt es auch Unterschiede: Während Gold eine der ältesten Anlageklassen der Menschheit ist, ist Bitcoin eine der jüngsten. Und Gold hat zwei gewaltige Nachteile, die nicht wenig mit seiner Abschaffung als Währung zu tun haben: zum einen, dass es schwer zu transportieren ist, weswegen es, um ein Währungssystem stützen zu können, zentral aufbewahrt werden muss, und zum andern, dass es nie möglich sein wird, für einzelne Länder nicht und schon gar nicht für einzelne Bürger, die Frage zu beantworten, ob die Angaben der Regierung über die Menge des eingelagerten Goldes (zum Beispiel in Fort Knox) korrekt sind. Selbst die materielle Echtheit kann der Laie nicht überprüfen. Jeder hingegen kann seine Bitcoin selbst verwahren, kann ihre Echtheit vom Laptop aus kontrollieren und sie mit Lichtgeschwindigkeit um die Welt schicken.

Tritt Bitcoin das fünftausendjährige Erbe von Gold an?

Eine Frage des Vertrauens

Man sagt immer so schnell, Geld sei Vertrauenssache, und sofort nicken alle. Aber was genau wird da eigentlich abgenickt?

Ich erinnere mich noch gut, dass ich als Jugendlicher und auch noch als Student hin und wieder sinnierend vor Werbeanzeigen für Banken verweilte, auf denen das Wort Vertrauen eine entscheidende Rolle spielte. Meist zeigte das Foto zwei Männer, die sich in einer spezifischen Mischung aus Zugewandtheit und Steifheit in die Augen schauten. Vertrauen schien irgendetwas zwischen erfolgreichen, grau melierten Herren zu sein, bei dem man nicht viele Worte verlieren musste; ein tiefer Blick in die Augen genügte.

Ich musste dabei nicht selten an meine Mutter denken, die dieses Vertrauens nie für würdig befunden worden war. Gewöhnlich reichte es mit dem Geld hinten und vorne nicht, obwohl sie alles andere als verschwenderisch war; schon als Grundschüler schickte sie mich mit einem unterschriebenen Scheck zur Sparkasse, um sich selbst den Gang nach Canossa zu ersparen – vermutlich dachte sie, ich sei noch zu jung, um Schamgefühle dieser Art zu empfinden. Tatsächlich stand ich in der Schlange vor dem Kassenraum aus Panzerglas und betete zu Gott, es möge diesmal bitte nicht wieder zu Komplikationen kommen. Oft nämlich schien die Kassiererin, sobald sie den Scheck entgegengenommen hatte, innerlich leise aufzustöhnen – um dann den Panzerglas-Kassenraum zu verlassen, einmal quer durch den großen Saal der Bank zum Prokuristen zu schreiten, der ebenfalls kurz aufstöhnte, bevor er mit seiner Unterschrift die Auszahlung des Schecks bewilligte. Der Gang der Kassiererin zum Prokuristen war eine Choreografie der Schande, die sich vor den Augen aller hinter mir in der Schlange Wartenden abspielte.

Was ein ungedecktes Konto war, war dem Achtjährigen zwar noch nicht klar, aber dass meine Mutter nicht im vollen Umfang als vertrauenswürdig galt, das ahnte ich.

Der Mensch ist ja eine triviale Maschine. Was die Mutter nie so richtig hinbekam, will der Sohn umso besser schaffen: ein vertrauenswürdiger Bankkunde werden.

Also eröffnete ich, als ich von zu Hause auszog, um meinen Zivildienst in München anzutreten, ein Konto bei der Deutschen Bank. Ich wollte es zu was bringen, und dass man, wenn man es zu etwas gebracht hatte, kein Konto bei der Sparkasse führte, sondern Kunde der Deutschen Bank war, das verstand sich von selbst. Zumal mir noch als Schüler, es muss kurz vor seiner Ermordung gewesen sein, eine Ausgabe des ›Spiegel‹ über Alfred Herrhausen in die Hände geraten war. Wenn mich meine Erinnerung nicht trügt, stand auf dem Titel: »Der Herr des Geldes«. Fasziniert las ich den Artikel. Alfred Herrhausen, lernte ich, war der Sprecher der Deutschen Bank. Der Sprecher? Ich brauchte eine Weile, bis ich begriff, dass damit der Chef gemeint war. Als der Groschen gefallen war, konnte ich mich kaum mehr einkriegen vor Wonnegefühl: Wie geil ist das denn, den Chef einfach nur Sprecher zu nennen! Ja, so geht Understatement! Verglichen mit einem Sprecher war ein Vorstandsvorsitzender nur ein schwitzender Klumpen Fleisch, der alle Hände voll zu tun hatte, irgendwelche Buschfeuer auszutreten, während der Sprecher, vermutlich mit vornehm-leiser Stimme, eben einfach – sprach. Sparsame, wohlbedachte Worte, die mutmaßlich eine Kausalitätskette nach sich zogen, von deren

Länge sich Normalsterbliche gar keinen hinreichenden Begriff machen konnten. Noch nie hatte ich irgendetwas über das Bankwesen gelesen, und so war der ›Spiegel‹-Artikel für mich die Offenbarung einer völlig neuen Welt. Vor Kurzem war ich noch Marxist gewesen, jetzt bewunderte ich den Vorstandssprecher der Deutschen Bank – wie korrupt ist das denn!

Und noch etwas anderes brachte eine Saite in mir zum Schwingen: In dem Artikel stand nämlich auch, Herrhausen habe Mathematik und Philosophie studiert. Für Philosophie interessierte ich mich selbst, aber bisher war ich nie auf die Idee gekommen, dass man durch ein Philosophiestudium zum »Herrn des Geldes« werden könnte. Anders als die 0815-Banker sei Herrhausen, entnahm ich dem Artikel, unkonventionell und visionär: Er habe einen längst überfälligen Schuldenschnitt für Länder der Dritten Welt, wie es damals noch hieß, herbeigeführt. Das alles beeindruckte mich tief.

Als Alfred Herrhausen wenig später von der RAF durch eine Autobombe ermordet wurde, war ich erschüttert.

Jedenfalls musste ich keinen Augenblick überlegen, als ich meinen Zivildienst in München antrat: Selbstverständlich würde ich mein Konto bei der Deutschen Bank eröffnen – an den eigentlich gar nicht so günstigen Konditionen sollte es nicht scheitern, ich hatte familiengeschichtlich ja etwas auszuwetzen.

Es muss dann nach etwa einem Jahr gewesen sein, dass ich eine Benachrichtigung der Bank erhielt, sie habe den Dauerauftrag für die Überweisung meiner Miete nicht ausgeführt, weil mein Konto nicht gedeckt sei. Ich war empört. Wütend zog ich zur Bank und verlangte, meinen Kundenbetreuer zu sprechen. Als würden wir auf eine jahrzehntelange Geschäftsbeziehung zu unser beider Vorteil zurückblicken, erklärte ich, dass ich sprachlos sei: Noch nie sei mein Konto ungedeckt gewesen, dies sei das erste Mal, außerdem sei es – das war schon damals eine beliebte Phrase – absolut unprofessionell, einen Mietdauerauftrag nicht auszuführen … Das sei mir nun wirklich noch nie passiert! Mein Kundenberater reagierte ungerührt: »Sie haben halt Ihren Dispo überzogen!«

Innerlich standen mir die Tränen in den Augen – vor Wut, vor Schmerz, vor Demütigung? Ich hätte es nicht benennen können. Jedenfalls durfte ich mir eine solche Behandlung nicht gefallen lassen. Das musste Konsequenzen haben! Ich musste diesem Primitivling mit der hässlichen Krawatte und der Indolenz eines Ochsen meine Optionen klarmachen, ich musste zu einem Gegenschlag ausholen, etwas tun, das ihm Harm zufügte, ich musste, kurz gesagt, auf der Stelle das Konto auflösen, damit er einen Kunden weniger in seiner Bilanz hatte! Ich stellte mir vor, wie sein Vorgesetzter von seinen Unterlagen aufblickte und ihn fragte: »Ihre Akquise sieht diesen Monat übrigens nicht sonderlich gut aus. Warum haben Sie denn diesen Kunden verloren? Wir brauchen doch die junge Generation!«

Mein Problem: Lösen Sie mal ein Konto auf, wenn Sie im Minus sind!

Ich ging zu Freunden, lieh mir Geld, kehrte zur Bank zurück und löste es auf. Leider nicht bei meinem Berater, sondern bei einem seiner Schalterkollegen, der mithin gar nicht begriff, dass dies der triumphale Schlussakt eines großen Dramas war.

Und jetzt kommt eine Inkonsequenz, mit der Sie, lieber Leser, möchte ich wetten, nicht gerechnet haben.

Ich brauchte ja nun eine andere Bank. An meiner grundsätzlichen Statusobsession, dass es für jemanden, der im Leben noch was vorhatte, nur die Bank von Alfred Herrhausen sein durfte, hatte sich durch den hässlichen Zwischenfall, sosehr er mich seelisch getroffen hatte, nichts geändert. Also reimte ich mir eine blamable Hilfskonstruktion zusammen: Die verschiedenen Münchner Filialen der Deutschen Bank, sagte ich mir, seien gewiss autonome Profitcenter, die in direktem Wettbewerb miteinander stünden, folglich könnte ich meine alte Filiale in der Kurfürstenstraße in Schwabing sogar besonders wirkungsvoll abstrafen, indem ich ein neues Konto bei der Filiale in der Leopoldstraße eröffnete. Das schien mir in diesem Moment logisch astrein. Ich wechselte zur Leopoldstraße.

Warum Geld Vertrauenssache war, konnte ich gleichwohl nur ahnen. Erst Jahrzehnte später lernte ich, dass es bei diesem Vertrauensbegriff nicht um irgendeine Art Habitus, irgendein Äquivalent für gute Umgangsformen ging, sondern buchstäblich darum, dass der auf meinem Bankkonto liegende Betrag gar nicht mir gehörte, sondern der Bank. Ich hatte ihn ihr geliehen. Wenn die Bank pleiteging, war er weg! (Zumindest alles über 100 000 Euro, für alles darunter springt ja der Staat durch die Einlagensicherung ein.) Deshalb musste ich darauf vertrauen, dass die Bilanzen der Bank gesund waren, dass sie sich nicht verzockte mit meinem Ersparten, sonst war es weg – und wenn die Bank erklärte, Geld sei Vertrauenssache, dann meinte sie damit demnach keineswegs, dass sie ihren Kunden vertraute, sondern dass die Kunden ihr vertrauen mussten. (Dass sich das Machtverhältnis damals in der Filiale der Deutschen Bank in Schwabing so anders anfühlte, lag natürlich daran, dass in diesem Fall nicht die Bank mir, sondern umgekehrt ich der Bank etwas schuldete – ich hatte ja meinen Dispo überzogen …)

Jedenfalls gilt: Sobald ich mein Geld einer Bank anvertraue, ist es nur noch eine Verbindlichkeit der Bank mir gegenüber, anders gesagt: eine Forderung, die ich gegen einen Dritten habe.

Klar kann man sagen: So what! Wird schon nichts schiefgehen, und im schlimmsten Fall gibt es die Einlagensicherung! Trotzdem finde ich es einen faszinierenden Gedanken, sich über den Status von Bankeinlagen Klarheit zu verschaffen und sich gleichzeitig vor Augen zu führen, wie viele Menschen, die auf ihr Geld genauso angewiesen sind wie ich, sich dessen nicht bewusst sind.

Natürlich: Auf eine vage Art ist es bekannt, dass das Geldsystem auf Vertrauen beruht, aber wie undeutlich dies Wissen tatsächlich ist, wurde mir so richtig erst im März 2022 klar, nach Putins Angriff auf die Ukraine. Und zwar durch die Wirtschaftssanktionen, mit denen der Westen auf die russische Invasion reagierte.

Der Westen konfiszierte nämlich Russlands Auslandsreserven in Euro und Dollar. Staaten bzw. ihre Notenbanken halten Währungsreserven oder Devisen, wie man auch sagt, um im Falle eines Handelsbilanzdefizits den Wert ihrer eigenen Währung verteidigen zu können. Da Notenbanken ihre Euro- und Dollarreserven aber nur zu einem sehr geringen Anteil in Form von Scheinen und Münzen halten, sind es im Wesentlichen Einlagen bei den entsprechenden Notenbanken. Russlands eiserne Reserve an Euros war nichts weiter als eine Forderung gegen die EZB, und diese konnte entsprechend sagen: »Sorry, wir kommen unserer Verbindlichkeit nicht mehr nach!«

Ich finde, man sollte das Staunen über diesen Umstand nicht zu schnell verlernen.

Putin war sich dieses Umstands sicher durchaus bewusst, weshalb er seit der Besetzung der Krim seine Devisenbestände, die nur Verbindlichkeiten waren, abgebaut und seine Goldbestände, die physisch im Tresor der russischen Notenbank lagern, deutlich erhöht hat. Gleichwohl hatte er natürlich immer noch Fremdwährungsreserven – und zwar bei der Fed und der EZB. Die Fed und die EZB waren sein Gegenparteirisiko.

Als geldpolitischer Laie rieb ich mir die Augen: Wenn das

ganz offensichtlich war, glaubte Putin dann, dass man einer Nation mit einem Atomschlag drohen und also gewissermaßen mit ihr im Krieg sein kann, das Gentlemen's Agreement aber weiterhin gilt? Dass Geld mithin buchstäblich Vertrauenssache ist und Devisenreserven auch in einer solchen Situation nicht angerührt würden? So wie man früher sagte: Wettschulden sind Ehrenschulden – diesen Gesichtsverlust werden sich die USA schon nicht erlauben?

Ich glaube daher, dass der Überfall auf die Ukraine eine große Zäsur für die Welt war. Ich kann mir nicht vorstellen, dass Länder wie China und Russland den Dollar langfristig als Reservewährung nutzen werden, nachdem einmal klar geworden ist, dass sie sich damit der Willkür der USA und einer *Weaponization of Money* ausliefern.

Der legendäre Banker J. P. Morgan soll um 1900 gegenüber dem amerikanischen Kongress, der ihn um Aufklärung gebeten hatte, gesagt haben: »Only gold is money. Everything else is a liability.«

Sie ahnen, verehrte Leserin, verehrter Leser, die Pointe dieses Kapitels: Bitcoin ist keine Verbindlichkeit, ist Geld ohne Gegenparteirisiko, echtes Geld wie Gold, nur dass man es jederzeit per Lichtgeschwindigkeit durch die Welt schicken kann – und deswegen stehen die Chancen für den Bitcoin gar nicht so schlecht, dass er auf lange Sicht von den Staaten als neutrale Weltreservewährung genutzt werden könnte: weil er nicht den Eigeninteressen eines einzelnen Staates unterworfen ist und weil niemand, auch kein noch so mächtiger Staat, einen anderen von dessen Reserven abschneiden kann.

Bitcoin ist das ideale neutrale Reserve-Asset.

Das Lightning-Netzwerk

In den zurückliegenden Kapiteln ging es um den Bitcoin als Wertspeicher. Bitcoin aber will ja in einem umfassenden Sinn Geld sein, also eben auch alltägliches Tauschmittel. Satoshi Nakamoto sprach im White Paper ausdrücklich von einem »Peer-to-Peer Electronic Cash System«, wobei »Cash« genau auf den Aspekt von Bargeld verweist, durch den dieses unmittelbar »settled«. Man kann Bitcoin in Lichtgeschwindigkeit von Düsseldorf nach Sidney senden, von Lagos nach Buenos Aires, ohne die Dienste Dritter in Anspruch zu nehmen, und kann sich zugleich darauf verlassen, dass die Transaktion final abgerechnet ist. Kein Normalverbraucher macht sich ja eine Vorstellung davon, wie viele Institute involviert sind und welche Gebührenberge sich auftürmen, wenn man Geld aus einem westlichen Land in ein finanziell weniger privilegiertes zu schicken versucht; mit dem Bitcoin jedoch kann sich ein Webdesigner aus Lagos unkompliziert bezahlen lassen für Dienste, die er für eine Multimedia-Agentur in Tokio erbracht hat.

Und niemand kann einen solchen Werttransfer stoppen. Als in Kanada Anfang 2022 die Trucker gegen die faktische Corona-Impfpflicht für LKW-Fahrer im kleinen Grenzverkehr protestierten und für einige Wochen die Hauptstadt lahmlegten, erließ die Trudeau-Regierung ein Notstandsgesetz, durch das sie ohne Gerichtsbeschluss die Konten all jener Unterstützer einfrieren lassen konnte, die den Truckern auf dem Weg einer Banküberweisung Geld gespendet hatten. War die Zensurresistenz zumindest in der westlichen Welt bis dahin eher ein theoretisches Gut und Gedankenexperiment, so gab es nun ausgerechnet im liberalen Kanada für den Bitcoin die erste Bewährungsprobe – und er bestand sie. Die kanadischen Trucker richteten Bitcoin-Adressen ein und konnten so weiterhin Spenden von ihren Unterstützern empfangen.

Genau dies werfen die Gegner des Bitcoins diesem vor: dass er staatliche Reglementierungen unterlaufe. Bitcoin sei das Geld der Kriminellen, es mache der Drogenmafia und dem internationalen Terror das Leben leicht.

Das sehen Kriminelle allerdings anders. Sie wissen, dass Bitcoin anders als Bargeld nicht anonym, sondern lediglich pseudonym ist, weshalb für den, der keine Spuren hinterlassen will, eine öffentliche Blockchain kaum das Mittel der Wahl darstellt – schließlich kann hier jeder jederzeit nachschauen, wer wann an wen wie viel Geld überwiesen hat. Natürlich: Die Kontoführenden werden nicht mit bürgerlichem Namen genannt, nur mit ihren pseudonymen Bitcoin-Adressen, aber weil es, solange wir noch nicht im Bitcoin-Standard leben, immer jene zwei Brückenereignisse geben wird: das *On-* und das *Offramping*, den Umtausch von Fiat in Bitcoin einerseits und den Rücktausch von Bitcoin in Fiat andererseits, haben Forensiker gar kein so schweres Spiel, Bitcoin-Adressen mit strafverfolgungsfähigen Identitäten zusammenzubringen.

Es ist nicht unüblich, dass neue Technologien zuerst in der Kriminalität Anwendung finden. So war es auch beim Bitcoin. Seine Anhänger waren beglückt, als es nach zwei Jahren zu einem ersten Kaufakt kam und eine echte, physische Pizza mit 20 000 Bitcoin bezahlt wurde (weshalb Bitcoiner den 22. Mai 2010 pietätvoll als Bitcoin-Pizza-Day feiern), was aber fehlte, war ein echter Anwendungsfall, bei dem Bitcoin auf breiter Basis als Tauschmittel zum Einsatz kam.

So schlug 2011 die Stunde der Silk Road. Damals ging der Physikabsolvent Ross Ulbricht, der, 1984 in Texas geboren, sich selbst als Anarchokapitalisten bezeichnete, mit einer virtuellen Schwarzmarkthandelsplattform online, die er nach der mittelalterlichen Handelsroute Silk Road, zu Deutsch: Seidenstraße, nannte. Auf ihr konnte man Drogen, aber auch Waffen kaufen, und weil die Silk Road auf dem Tor-Netzwerk lief, konnte man seine Orderwünsche durchgeben, ohne seine IP-Adresse preiszugeben. Zahlungsmittel war Bitcoin. Ross Ulbricht handelte nicht selbst, sondern koordinierte Anbieter und Käufer lediglich, nahm die Zahlungen treuhänderisch in Empfang und zahlte sie aus, wenn der Empfang der Lieferung per Postweg vom Käufer bestätigt worden war.

Ein Bombengeschäft für ihn, zumal er oft genug vom steigenden Bitcoin-Kurs profitierte. Aber pseudonym ist nicht anonym, und nach zwei Jahren hatte das FBI den Betreiber der Silk Road enttarnt. Vor Gericht plädierte Ulbricht auf »nicht schuldig«, weil er nur der neutrale Betreiber einer Plattform gewesen sei, auf der andere von ihrem Recht auf Privatautonomie Gebrauch gemacht hatten, doch das Gericht folgte seiner Argumentation nicht, und ihn traf – wohl auch, weil er keinen Hehl daraus machte, sich auf der moralisch richtigen Seite der Menschheitsgeschichte zu wähnen – die volle Härte des Gesetzes: zweimal lebenslänglich, ohne Aussicht auf Bewährung.

Seither hat es zahlreiche spektakuläre Fälle von Cyberkriminalität gegeben, bei denen die Strafverfolgungsbehörden mit Hilfe der Blockchain und der Spuren, die man auf ihr hinterlässt, die Missetäter überführen konnten. Oft zwar erst Jahre später, dafür aber fiel ihnen dann eine im Wert enorm gewachsene Beute in den Schoß, weil der Bitcoin zwischenzeitlich Preissprünge gemacht hatte.

Und so hat das internationale Verbrechen längst mit den Füßen abgestimmt: Die 50-Dollar-Note ist in kriminellen Kreisen nach wie vor das mit Abstand beliebteste Zahlungsmittel.

Trotzdem hat Bitcoin als Transaktionsmittel leider auch einen gewaltigen Haken. Und das ist sein begrenztes Transaktionsvolumen.

In den *Blocksize Wars,* die zwischen 2013 und 2017 im Bitcoin-Space tobten, ging es um ebendieses Problem und seine Folgen, weswegen wir sie uns nun ein wenig genauer anschauen müssen. Sie waren das Gegenteil eines sinnlosen »Krieges«: Hier wurde nicht weniger als die Frage verhandelt, was Bitcoin künftig sein sollte. Im Fokus der erbittert geführten Auseinandersetzung stand die sogenannte Blockgröße, also das Datenvolumen, das ein einzelner Block aufnehmen kann und das die Anzahl von Transaktionen pro neuem Block begrenzt. Damals hatte sich die Mehrheit des Netzwerks für kleine Blockgrößen entschieden, damit jeder, der wollte, zu Hause weiter ein Node laufen lassen konnte, um die Korrektheit aller Transaktionen zu überprüfen – schließlich hätte man bei einem deutlich erweiterten Datenvolumen irgendwann auch entschieden größere Rechner gebraucht, als sie sich eine Privatperson im Normalfall leisten kann.

In Bitcoin-Diskussionen ist oft von einem Trilemma die Rede: Von den drei Werten Dezentralität, Sicherheit und Skalierbarkeit ließen sich allenfalls zwei gleichzeitig zur vollen Zufriedenheit verwirklichen. Tatsächlich kann jede Kryptowährung das Verhältnis der drei Hauptwerte anders dosieren, aber sie muss eine Wahl treffen, muss sich für zwei der Werte auf Kosten des dritten entscheiden. Und dies gilt nicht nur für Kryptowährungen. PayPal oder Visa zum Beispiel können extrem gut skalieren, sind auch ziemlich sicher, erreichen diese Ziele aber nur durch kompromisslose Zentralität.

Die *Blocksize Wars* waren, wenn man so will, Religionskriege: Es ging um den wahren Glauben, darum, was Bitcoin in seiner Essenz sein sollte – und das Netzwerk entschied sich am Ende relativ unmissverständlich für Dezentralität und Sicherheit und gegen Skalierbarkeit. Wenn jedoch irgendwann die halbe Welt entschlossen sein sollte, ihre täglichen Konsumwünsche vom Micropayment fürs Lesen eines FAZ-Artikels bis zum Coffee to go bei Starbucks mit Satoshis zu bezahlen, würde das Netzwerk nicht mehr hinterherkommen. Etwa 4000 Transaktionen kann Bitcoin pro Block verarbeiten – was für ein langfristiges Wertspeicherinstrument ausreichend sein mag, für ein alltägliches Tauschmittel jedoch viel zu wenig ist. Die Bitpanda Academy spricht von ungefähr sieben Transaktionen pro Sekunde, die das Bitcoin-Netzwerk durchschnittlich abarbeitet, und setzt diese Zahl mit den 65 000 Transaktionsnachrichten ins Verhältnis, die Visa eigenen Angaben zufolge pro Sekunde verarbeiten könnte.*

So gesehen wäre Bitcoin nie und nimmer in der Lage, Visa gefährlich zu werden, und hätte sich mit seinem Dezentralitätsschwur selbst aus dem Spiel globaler Zahlungsabwicklung genommen. Doch Bitcoin ist ein lernendes System, das auf immer neue Ideen kommt und immer neue Weiterentwicklungen hervorbringt, in diesem Fall: das Lightning-Netzwerk. Lightning ist der Versuch, die Skalierbarkeit gegen unendlich zu erhöhen, ohne Einbußen an Dezentralität und Sicherheit auf der Basisblockchain in Kauf nehmen zu müssen, und zwar indem man mit einer sogenannten Second-Layer-Lösung arbeitet, durch welche kleinere Überweisungen in großer Zahl abgewickelt werden können, weil nicht jede einzelne Zahlung unmittelbar auf der Blockchain

* https://www.bitpanda.com/academy/de/lektionen/das-problem-der-skalier barkeit-des-bitcoin-netzwerks/

abgebildet wird. Das Lightning-Netzwerk ist ein Lösungsversuch, der sich erst noch bewähren muss, aber die Zeichen für seinen Erfolg stehen nicht schlecht.

Und ohne in die technischen Einzelheiten gehen zu wollen, kann man sagen: Lightning ermöglicht es, dass einzelne Node-Betreiber bidirektionale Zahlungskanäle eröffnen, über die sie Zahlungen nahezu gebührenfrei hin und her schicken können. Indem die Node-Betreiber mehrere Kanäle gleichzeitig zu jeweils anderen Node-Betreibern offen halten, entsteht ein umfassendes Netzwerk, in dem potentiell jeder mit jedem über mehrere Zahlungskanäle verknüpft ist.

Ist aber zwischen zwei Knoten ein Kanal eröffnet, kann A an B Geld überweisen, indem er die Transaktion kryptografisch signiert. Anschließend wird der neue Saldo im Lightning-Ledger verbucht, nicht im Basis-Layer der Bitcoin-Blockchain. Und weil man die Zahlungskanäle miteinander kombinieren kann, muss zwischen Sender und Empfänger kein direkter Kanal bestehen, vielmehr kann man über wenige Ecken jeden Teilnehmer des Netzwerks ansteuern, wodurch ein sogenanntes vermaschtes Netz entsteht – so wie es ja auch heißt, dass man über maximal sieben Ecken mit jedem Menschen auf der Welt bekannt sei.

Als Benutzer entrichte ich eine minimale prozentuale Gebühr an den Betreiber des Kanals, dessen Liquidität ich in Anspruch genommen habe, und erst wenn ein Betreiber seinen Kanal schließt, kommt es zur Abrechnung, die dann auf der Blockchain eingetragen wird.

Am Ende wird der Erfolg von Lightning davon abhängen, dass möglichst viele Mitspieler Liquidität zur Verfügung stellen, und 2022 haben schätzungsweise 16 000 Nodes dort 84 000 Kanäle geöffnet, die eine Liquidität von 4000 Bitcoin bereithielten und von 80 Millionen Usern genutzt wurden. Das ist erst ein Anfang, mehr nicht, aber die Zahlen wachsen dynamisch, und mit jedem neuen Mitspieler gewinnt das Netzwerk an Attraktivität.

Nichts ist so überwältigend wie praktische Evidenz. Es war Tassilo, der Töpfer, der mich bei unserer ersten Begegnung aufforderte, mir eine Lightning Wallet auf mein Smartphone zu laden. Ich notierte mir die Seed Phrase, und schon empfing ich von Tassilo 5352 Satoshis, was damals dem Preis für einen Kaffee entsprach, den ich vorher in Euro bezahlt hatte. Es war wirklich so, als hätte mir Tassilo Bargeld in die Hand gedrückt: Ohne zwischengeschalteten Intermediär war mit zwei Klicks im Bruchteil einer Sekunde eine Zahlung final und unwiderruflich abgewickelt. Und weil Raum und Territorialgrenzen keine Rolle spielen, hätte ich auch in El Salvador im McDonald's stehen können, um meinen Cheeseburger zu bezahlen; ich hätte den QR-Code der McDonald's-Rechnung abfotografiert und ihn per Signal an Tassilo geschickt, der via Lightning in Sekundenschnelle in der Lage gewesen wäre, die Rechnung für mich zu begleichen.

Wenn das keine Killer-App ist, weiß ich nicht, wie eine Killer-App aussehen soll!

Der Bitcoin-Pionier Jack Mallers, ich erwähnte bereits seinen leeren Kleiderschrank, bietet mit seiner Firma Strike weltweite Geldüberweisungen an, die das Lightning-Netzwerk nutzen, um Fiat-Währungen um die Welt zu schicken. Man überweist zum Beispiel Euros in Deutschland, Strike konvertiert sie in Bitcoin und transferiert sie via Lightning zu einer US-Adresse, wo der Bitcoin-Betrag wiederum in Dollars konvertiert und ausgezahlt wird. Die Transaktion ist um Größenordnungen schneller und günstiger, als es dem traditionellen Bankwesen möglich ist – und doch: Warum hat sich Bitcoin einstweilen fast ausschließlich als digitales Gold und nicht als dezentrales PayPal durchgesetzt? Die Antwort scheint nicht schwer: Die Tauschmittelfunktion eines Geldes hängt stark von der Größe des Netzwerks ab, in welchem es als Zahlungsmittel gilt; je mehr die Bitcoin-Adaption voranschreitet, desto stärker wird der Bitcoin folglich auch als Tauschmittel genutzt werden. So meine Prognose. Solange es in meiner Stadt nur eine Handvoll Restaurants und Cafés gibt, in denen man mit Bitcoin via Lightning bezahlen kann, so lange bleibt es Spielerei.

Jedenfalls sind Netzwerkeffekte bei der Massenadaption eines neuen Geldes zweifellos von zentraler Bedeutung. Und der Nutzen eines Netzwerks wächst für jeden einzelnen User mit seiner Größe. Wenn um 1900 nur wenige Menschen ein Telefon besaßen, dann war der Nutzen für alle relativ gering; hat aber erst einmal jeder Zehnte ein Telefon, dann kann man es sich schon fast nicht mehr leisten, keines zu haben.

Noch schlagender sind Netzwerkeffekte in der sogenannten Plattformökonomie. Sie erklären auch, warum es immer nur *ein* Facebook, *ein* Twitter, *ein* Airbnb gibt: Die Leute wollen auf der Plattform sein, auf der auch alle anderen sind – sie wollen maximal viele Gleichgesinnte (Übernachtungssuchende und -anbieter auf Airbnb, Streithanseln auf Twitter) erreichen, weil das die höchste Wertschöpfung verspricht. Es ist sinnlos, sich beim zweitgrößten Messengerdienst anzumelden, wenn alle Freunde, die man erreichen will, beim größten sind. Kurz: The winner takes it all.

Diese Netzwerkeffekte werden künftig auch in der Kryptoindustrie eine entscheidende Rolle spielen. In seinem Buch ›Der Preis der Zukunft‹* weist Jeff Booth immer wieder darauf hin, wie schwierig es für die menschliche Vorstellungskraft ist, solche Dynamiken richtig einzuschätzen. Er führt dabei das beliebte Ratespiel an: Wenn Sie ein Blatt Papier 50-mal falten, wie dick wird es dann sein? Nun, ich kann es mir

* Jeff Booth, Der Preis der Zukunft. Warum Deflation der Schlüssel zum Wohlstand von morgen ist, Rheinfelden 2021

beim besten Willen nicht vorstellen, aber ich muss es akzeptieren: Das 50-mal gefaltete Papiergebirge würde von der Erde bis zur Sonne ragen.

Und wenn ich mich nicht täusche, liegt in einer nicht völlig unvergleichbaren Dimension auch der Möglichkeitsraum von Bitcoin.

Pecunia non olet

Felix von Leitner, bekannt als »Fefe«, war bis zu seinem Austritt 2016 eines der prominentesten Mitglieder des Chaos Computer Clubs. 2021 hat er einen Vortrag über den Bitcoin gehalten, und dieser Vortrag ist, obwohl er ein vernichtendes Urteil über das digitale Geld ausspricht, didaktisch eine der besten Erklärungen des Bitcoin, die ich kenne, weswegen ich jedem nur empfehlen kann, ihn sich auf YouTube anzuschauen. Das Interessante: Leitner rühmt das gesamte technologische Design von Bitcoin. Er betont auch, dass es wirklich funktioniert und dass er, kurz gesagt, sein größter Fan wäre, wenn die Sache nicht einen Haken hätte: nämlich dass es dabei um Geld geht. Dieser eine Umstand korrumpiere das ansonsten so schlau erdachte System. »Ich bin«, sagt er, »Informatiker, kein Ökonom. Das heißt, aus meiner Sicht ist der Blockchain-Teil ein Informatikding und edel und gut, aber der andere Teil, wenn die Exchanges dazukommen, die dann Bitcoin in Dollar und Euros tauschen, das ist der böse Teil, der macht alles kaputt, das sind alles Psychopathen und Abzocker.«

Leitner artikuliert damit einen grundsätzlichen Vorbehalt, der genau genommen gar nichts mit Bitcoin zu tun hat, sondern mit unserer kulturellen Wahrnehmung von Geld, und die ist viel älter als Bitcoin. Erlauben wir uns darum in diesem Kapitel einen kleinen Exkurs: Schauen wir zurück in die Geschichte der kulturellen Bewertung von Geld.

Als der römische Kaiser Vespasian im ersten nachchristlichen Jahrhundert eine Steuer auf öffentliche Bedürfnisanstalten erhoben hatte, soll er seinem Sohn Titus eine Münze aus der neu erschlossenen Einnahmequelle unter die Nase gehalten haben mit dem triumphierenden Hinweis: »Pecunia non olet« – so will es die Legende. »Geld stinkt nicht.«

Dass dieser Satz sich durch die Jahrhunderte gehalten hat und immer wieder gern zitiert wird, ist eher ein Kontraindikator für seine Wahrheit: Man erinnert sich gewissermaßen sarkastisch an Vespasians Aussage, weil man tief im Herzen vom Gegenteil überzeugt ist: Geld ist vulgär. Geld ist moralisch anrüchig. Geld stinkt. Meistens bis zum Himmel.

Als Moses seine Israeliten durch die Wüste führte und nach einem einsamen Aufstieg auf den Berg Sinai mit den Zehn Geboten unterm Arm zurückkam, da hatte sein Volk längst begonnen, um das Goldene Kalb zu tanzen – wichtiger als der angebotene Bund Gottes mit Israel war ihm das glitzernde Gold; wieder einmal hatte es sich von schnödem Mammon verführen lassen. Und als Jesus in Judäa Jünger für einen neuen Bund mit Gott gewinnen wollte, war eine seiner ersten Taten, dass er die Geldwechsler aus dem Tempel in Jerusalem vertrieb. Hier prallten das Reine und das Profane in äußerster Zuspitzung aufeinander, und nicht wenige Maler haben sich darum an den verzweifelten Gesichtern der Wechsler versucht, wie sie panisch ihre Münzen zusammenhalten, während Jesus wie ein Wirbelwind um sie fährt und ihre kleinen Tischchen umschmeißt.

Die griechische Mythologie erzählt von König Midas, der bei Dionysos einen Wunsch frei hat. Er wünscht sich, dass alles, was er berührt, zu Gold wird; der Wunsch geht in Erfüllung; voller Schrecken begreift Midas, dass ihm der Tod droht, weil sich auch Speis und Trank in Gold verwandeln. Die Botschaft: Gold ist starr und das Gegenteil vom Stoffwechsel des Lebens.

In Charles Dickens' berühmter ›Weihnachtsgeschichte‹ wiederum ist der Geizkragen Ebenezer Scrooge so sehr mit dem Zählen seiner Münzen beschäftigt, dass sein Herz darüber verhärtet und für die weihnachtliche Liebesbotschaft nicht mehr zugänglich ist. Was sich, wie das Weihnachtsfest, nicht in klingende Münze umsetzen lässt, hält Scrooge für Geldverschwendung. Seine Angestellten lässt er lieber frieren, als mehr Kohle in den Ofen zu schieben.

Auch Dagobert Duck, im englischen Original Scrooge McDuck, trägt Züge eines Soziopathen: Obsessiv mit der Sicherung seines Reichtums befasst, hat er jede Beziehungsfähigkeit zu anderen Menschen verloren. In ›Christmas on Bear Mountain‹, auf Deutsch: ›Die Mutprobe‹, sagt er über sich selbst mit misanthropischem Stolz: »Hier sitze ich einsam und verlassen, und Weihnachten steht vor der Tür. Grauenhaftes Fest! Wenn's nur erst vorbei wäre … Ich kann niemanden leiden, und mich kann niemand leiden.«

Tatsächlich findet man im kulturellen Gedächtnis der Menschheit nicht eine Erzählung, in der Geld positiv konnotiert wäre. Wir assoziieren es mit niedrigen Instinkten wie Gier und Neid, mit der Fixierung auf Äußerlichkeiten, mit einem Mangel an Menschlichkeit. Weil das letzte Hemd keine Taschen hat, so lautet die Botschaft, können wir durch Anhäufung von Reichtum nichts für unser Seelenheil gewinnen, weswegen jeder, der Geld zu einem Quell der Sinnstiftung machen will, einer Illusion aufsitzt und das Eigentliche des Lebens verfehlt. Nur die Calvinisten haben versucht, die metaphysische Leere des Geldes auszufüllen: In ihrer Lehre von der Vorsehung erklärten sie, dass die göttliche Erwähltheit der Erdenbürger am irdischen Wohlergehen abzulesen sei und geschäftlicher Erfolg ein Vorzeichen der Gnadenwahl, aber ebendieses materialistisch-metaphysischen Kurzschlusses wegen genießen Calvinisten vermutlich heute auch kein hohes Ansehen mehr.

Dass Sein ethisch wertvoller ist als Haben, lernen wir schon als Kinder, wenn wir ermahnt werden, die Geschenke unterm Weihnachtsbaum nicht zu hastig aufzureißen. Und überhaupt: Wahre Werte, hören wir wieder und wieder, kann man nicht kaufen.

Auch die Verbindung, die Geld zum Akt des Zählens unterhält, hat seinem Ruf anhaltend geschadet, denn das Zählen gilt als ein Vorgang, der von der Fülle der individuellen Eigenschaften der Dinge absieht, um sie als Teile einer Summe alle gleichzubehandeln. Geld als ein Äquivalent zu allem und jedem, wie Marx es bestimmte, abstrahiert von der Besonderheit der Güter und stellt diese prinzipiell einander gleich. Auf die Weise werden sie austauschbar, und dass alles austauschbar ist, wird allgemein als Nivellierung empfunden und als geradezu promiskuitive Untreue den Dingen gegenüber. Hier ist dann plötzlich doch alles für Geld zu haben, alles nur eine Frage des Preises. Als Gipfel moralischer Unbestechlichkeit erleben wir es folglich, wenn jemand etwas, woran sein Herz hängt, nicht zu verkaufen bereit ist, und sei die dafür gebotene Summe auch noch so hoch. Und umgekehrt: Dass unter Menschen buchstäblich nichts keinen Preis hat, wirkt auf uns wie eine narzisstische Kränkung, weil unser Stolz eigentlich von uns verlangt, dass wir uns selbst nicht als käuflich betrachten.

Wir erleben Geld aber nicht nur als ethisch anstößig, sondern auch als ästhetisch vulgär. Wenn jemand durch Statuskonsum auf seinen neu erworbenen Reichtum hinweist, sagen wir, um uns ein bisschen besser zu fühlen: »Geschmack kann man sich eben nicht kaufen …« Offenbar bedarf es mehr Zeit, Geschmack zu erwerben als Geld … schon weil der dümmste Bauer oft die dicksten Kartoffeln erntet. Nur altem Geld gegenüber sind wir gnädiger gestimmt, als wirke der Umstand, dass die aggressiven Energien, die mutmaßlich zu seinem Erwerb notwendig waren, schon einige Generationen zurückliegen, beruhigend auf uns – altes Geld riecht zumindest nicht mehr nach Schweiß und Blut; einst Piraten, heute Fürsten von Monaco … (Der wahre Blut- und Schwertadel, der sich seine Teilnahme an den Kreuzzügen zugutehält, rümpft indes die Nase über die Grimaldis und betrachtet sie als Parvenüs.)

Und es ist wahr: Auch wir verachten niemanden mehr als den Parvenü, den Neureichen. Es ist, als würde uns der Umstand kränken, dass jemand in derselben Zeit, in der uns selbst Vergleichbares nicht gelungen ist, sein Glück gemacht hat. Interessanterweise fährt die Gegenwartsmoral in diesem Punkt zweigleisig: Zwar bricht sie ästhetisch den Stab über neues Geld, gleichzeitig aber ist es ihr wichtig, große Vermögen bevorzugt als bloß ererbten Reichtum in Verruf zu bringen, weil man Geld unbedingt eine meritokratische Dimension und damit Legitimität absprechen möchte. Wer mehr hat als ich, soll dieses Glück nicht auch noch durch Leistung verdient haben.

Die miserable Publicity, die das Geld seit seiner Erfindung begleitet, kommt natürlich nicht von ungefähr, und ganz falsch sind alle diese Vorwürfe ja auch nicht. Nur zwei Dinge bleiben dabei unterbelichtet. Zum einen kommen die negativen Eigenschaften aus unseren eigenen Trieben, unserer *natura corrupta*, wir verlegen sie bloß in ein anderes Medium, um nicht in uns selbst horchen zu müssen. Freud würde sagen: Wir spalten die Aggressionsanteile in uns ab und projizieren sie auf etwas Äußeres; so können wir Gier, Geiz und Hartherzigkeit bei anderen abladen, zumal die Charakterdeformation bezeichnenderweise regelmäßig knapp über dem eigenen, als rundum angemessen empfundenen Vermögensstand zu beginnen scheint. Aus meiner Kindheit erinnere ich mich an eine Freundin meiner Mutter, die oft spöttisch über die Kleinherzigkeit ihrer gut situierten Bekannten sprach und dann gern den Satz sagte: »Wenn ich so viel hätte wie XY, es wäre mir die größte Freude, alles zu verschenken.« Als Kind sah ich darin zwar einen eindeutig anziehenden Charakterzug, fragte mich aber doch, wann genau sie eigentlich damit zu beginnen gedächte, denn in meinen Augen hatte sie selber durchaus schon einigen Wohlstand vorzuweisen.

Und zum anderen fehlt in der Negativbilanz des Geldes regelmäßig seine wichtigste Eigenschaft: Es ist ein Kommunikationsmittel, das die Menschen stärker miteinander verknüpft, als es Sprachen vermögen. Für den großen Soziologen Georg Simmel, der am Beginn der Moderne, um 1900, eine Philosophie des Geldes entwarf, war Geld ein Medium des Freiheitsgewinns, weil es den Menschen unabhängig von Nahbeziehungen machte: Mit seiner Hilfe können wir miteinander in Beziehung treten, auch wenn wir uns nicht kennen, es entfacht Mobilität, es bringt uns im Tempo seiner Umlaufgeschwindigkeit zusammen, es verbindet uns über den Handel auch dann, wenn wir uns sonst misstrauisch begegnen würden, und ermöglicht arbeitsteilige Prozesse, die die Voraussetzung von Produktivitätssteigerungen und damit von Wohlstand sind. Im selben Sinne schrieb der französische Aufklärer Montesquieu in ›Vom Geist der Gesetze‹: »Der Handel beseitigt zerstörerische Vorurteile« – weil nämlich jedem Warentausch ein kommunikativer Austausch vorausgeht – und fuhr fort: »Man kann fast die allgemeingültige Regel aufstellen, dass dort, wo Sitten und Gebräuche schmiegsam und fein sind, Handel betrieben wird. Und dass dort, wo gehandelt wird, Sitten und Gebräuche schmiegsam und fein sind.«

Natürlich: Auch Handelsbeziehungen sind von Asymmetrien bestimmt, aber in der Regel stellen diese eine Domestizierung jener ursprünglichen Gewalt dar, mit der antagonistische Parteien bis dahin die Zugriffsrechte auf knappe Ressourcen untereinander ausgemacht haben. Es ist ja nicht so, als wären Machtungleichheiten erst durch die Erfindung des Geldes in die Welt gekommen, während vorher alle selig und verantwortungsvoll ihre Kühe auf der Allmende grasen ließen.

Zugegeben: Die Eigenschaften, die wir heute dem Kapitalismus vorwerfen, seine Neigung zur Beschleunigung, die Unerbittlichkeit, mit der er Ineffizienzen beseitigt, seine Durchschlagskraft, wie Marx es ausdrückte, »alles Stehende und Ständische« verdampfen zu lassen, seine Logik, ideelle durch materielle Werte zu ersetzen, gab es im Feudalismus in geringerem Ausmaß, dafür jedoch entschieden damals ständisch tradierte Machthierarchien, die keinerlei Aufwärtsmobilität kannten, über die Verteilung der Ressourcen. Wenn man dem Kapitalismus also vorwirft, in ihm sei alles käuflich, was tatsächlich keine schöne Eigenschaft sein mag, dann bezeichnet dies doch einen erheblichen moralischen Fortschritt gegenüber einer Welt, in der die Machtverhältnisse so erstarrt sind, dass sie noch nicht einmal durch Geld und Fleiß und neue Ideen in Frage gestellt werden können. Nichts hat die ständischen Machtverhältnisse denn auch so unerbittlich ausgehöhlt wie der Aufstieg der Geldwirtschaft.

Und trotzdem ist der Satz, dass Geld die Welt regiert, der Stoßseufzer jedes kritischen Bewusstseins geblieben. Er ist nicht falsch – aber wäre es vielleicht sinnvoller, ihn als eine neutrale, nicht wertende Beschreibung aufzufassen? Und zwar nicht nur, weil es ein Fortschritt ist, wenn die Welt statt von Gewalt von Geld regiert wird, sondern auch weil Geld in Gestalt von Preisen ein unglaublich effizientes Informationssystem ist, das uns alle über Knappheiten unterrichtet. Nur dank des Geldes gibt es so etwas wie Preissignale, wo es sich zu investieren lohnt. Preise jedoch sind ein untrügliches Abbild der Wirklichkeit. Natürlich kann man versuchen, sie zu unterdrücken, zum Beispiel durch eine Mietpreisbremse, aber dann entstehen erst recht keine neuen Wohnungen –

und irgendwann schießt der Preis eh wieder in die Höhe wie ein Wasserball, den man auch nur mit größtem Kraftaufwand längere Zeit unter Wasser halten kann.

In Wahrheit nämlich hat fast jede unserer sozialen Interaktionen eine monetäre Rückseite, ist fast jeder Handlungs- auch ein Zahlungsakt. Weil Geld wie ein Schatten jede soziale Handlung begleitet, sind wir versucht, unsere Wut über die Verhältnisse auf das Geld zu schieben, zumal Geld in Situationen, in denen es unangenehm wird, erfahrungsgemäß regelmäßig eine Rolle spielt. Es regiert die Welt? Ja, was denn sonst! Die Vernunft? Die Vernunft ist auch ein Mittel zum Interessenausgleich, schon richtig, aber solange es unterschiedliche Interessen und Präferenzen unter uns Menschen gibt, brauchen wir ein System, wie wir diese gegeneinander verrechnen können, zum Besten unserer Kooperationsfähigkeit.

Geld ist da nur der zivile Stellvertreter unserer animalischen Instinkte – unseres Selbstbehauptungswillens, unseres Kampfes um Existenzsicherung. Zugleich ein Mittel, unsere Freiheitsgrade zu erhöhen, indem wir aus der reinen Subsistenzwirtschaft heraustreten. Zivilisation ist immer ein Austritt aus einer menschheitsgeschichtlichen Kindheit, die nur im verklärenden Rückblick unschuldig leuchtet, und das Unbehagen am Geld bleibt, scheint mir, ein Unbehagen vor allem an uns selbst. Wären wir mit uns selbst nicht so sehr überworfen, dann hätten wir vielleicht auch ein weniger neurotisches Verhältnis zum Geld, könnten es würdigen als ein Medium unserer Freiheit und Unabhängigkeit! Doch in der Kultur neuer deutscher Bürgerlichkeit hat es das Geld inzwischen dazu gebracht, jenes Tabu zu sein, das der Sex für die Viktorianer war: Alle sind davon besessen, und keiner darf es zugeben.

Auf dieses Umfeld traf der Bitcoin und hatte von Anfang an ein Integritätsproblem, einfach weil er genau das sein will, was er ist: nämlich Geld. Und weil er in den Medien namentlich dann zum Gegenstand wird, wenn der Chart mal wieder scharf nach oben weist und Nerds sich in Millionäre verwandeln, wird er als etwas fast schon Abstoßendes empfunden: wie ein Hilfsmittel für besonders unanständige Casinogewinne.

Mitte der zehner Jahre konnte man das sehr schön beobachten. Damals wurde nämlich die Politik auf Satoshi Nakamotos Erfindung aufmerksam, und Politiker wollten die mit dieser Innovation entstehende Industrie in ihre Länder holen. Weil Geld jedoch stinkt, war man heilfroh, dass man von der Blockchain sprechen konnte, auf der sich bekanntlich nicht nur Werte abspeichern lassen, sondern ebenso Identitäten, Grundbucheinträge oder Lieferketten; plötzlich war allerorten von der Blockchain die Rede und dass es sich dabei um eine Zukunftstechnologie handle, die jede Förderung verdiene. Man konnte förmlich spüren, wie erleichtert die Menschen waren, dass sie in der Öffentlichkeit »Blockchain« sagen konnten und nicht von »Bitcoin« sprechen mussten.

Um ehrlich zu sein, ging es mir zunächst genauso. Wenn ich anderen davon erzählte, sprach ich immer von meiner Faszination für die Blockchain-Technologie. Offensichtlich schämte ich mich, für etwas zu schwärmen, dem sich ein allzu direktes Bereicherungsmotiv unterstellen ließ, und außerdem: Blockchain klang nach kompliziertem menschlichen Fortschritt, Bitcoin hingegen nach schnödem Mammon. Irgendwann ging mir auf, wie lächerlich diese Heuchelei war.

Bitcoin sei nur ein Spekulationsobjekt, wird mir oft entgegengehalten, und es lässt sich in der Tat weder bestreiten noch sinnvollerweise beklagen: Wer Bitcoin in seiner Monetisierungsphase kauft, rechnet mit Gewinnen. Dass etwas, das von Ferne eine gewisse Ähnlichkeit hat mit dem von Moses' Israeliten umtanzten Goldenen Kalb, gleichzeitig eine

Kraft des Fortschritts, ein neues Moment in der Geschichte der menschlichen Freiheit sein könnte, ist darum für viele erst einmal kontraintuitiv.

Ein herrlicher Double Bind: Natürlich würde man nicht in Bitcoin investieren, wenn man davon ausgehen müsste, dass er dauerhaft an Wert verliert. Bitcoiner sind keine Altruisten, sie sind etwas Gescheiteres: Menschen, die entdeckt haben, dass es zu unserem heutigen Geldsystem, das permanent von unten nach oben umverteilt, eine Alternative geben sollte, von der alle, die sich entschließen mitzumachen, profitieren können. Und richtig: Wenn es zur *Hyperbitcoinization* kommt, dann profitieren die, die früh dabei waren, viel stärker als die, die später dazustoßen, und insofern ist Bitcoin kein Instrument der Gleichheit, nur der Gerechtigkeit. Aber was heißt hier nur?

Bedenkt man, wie basal das Geldsystem ist, überrascht es, wie wenig darüber öffentlich reflektiert wird. Lieber erklären wir uns die Ungerechtigkeiten der Welt mit der Gier der Banker oder der Globalisierung, als uns das Geldsystem genauer anzuschauen. Von Henry Ford ist die Bemerkung überliefert: »Es ist schon ganz gut, dass die Bewohner dieses Landes unser Banken- und Geldsystem nicht verstehen – täten sie es, würde es, glaube ich, eine Revolution geben.«

Geld regiert mithin die Welt, ja klar – aber vielleicht wird es überhaupt erst spannend, wenn man sich anschaut, wie *genau* Geld die Welt regiert?

Ebendas ist es, was alle Bitcoiner verbindet: genauer verstehen zu wollen, wie unser jetziges Geldsystem die Welt regiert, welche (Fehl-)Anreize es setzt und ob durch ein besseres Geldsystem nicht auch eine bessere Welt möglich wäre.

TEIL IV

BITCOIN UND DIE POLITIK

Ist Bitcoin rechts oder links?

Als Technologie ist der Bitcoin naturgemäß erst einmal politisch neutral, und tatsächlich halten mexikanische Milliardäre ihn ebenso wie venezolanische Bürger, die das wenige, das sie besitzen, vor der Inflation schützen wollen.

Gleichwohl lässt sich nicht bestreiten, dass in Bitcoins Software eine politische Vorentscheidung einprogrammiert ist. Wenn wir vereinfachen und sagen, dass die klassische Linke (von den Anarchisten abgesehen) nicht gerade für Eigenverantwortung sterben würde, dass sie auf Umverteilung setzt und den Staat gegenüber den freien Wirtschaftssubjekten tendenziell stärker machen will, wenn wir weiter annehmen, dass eine Staatsquote von über fünfzig Prozent noch keinen Linken um den Schlaf gebracht hat, dann müssen wir daraus folgern, dass der Bitcoin, weil er für Freiheit und Eigenverantwortung votiert und staatliche Institutionen depotenziert, wenigstens auf den ersten Blick kein genuin linkes Projekt sein kann, sondern eher die Herzen liberaler Geister höherschlagen lässt. Entsprechend zeigt die Erfahrung: Um den Bitcoin umarmen zu können, müssen Linke erst einmal ihre Staatsgläubigkeit überwinden und zu ihren antiautoritären Wurzeln zurückkehren.

Zugleich scheint mir die Bitcoin-Anhängerschaft zumindest in Deutschland eher links zu sein, während sie in den USA tatsächlich oft rechtslibertär geprägt ist.

Insgesamt kann man sagen, ich habe es eingangs bereits

bemerkt: Unter Bitcoinern gibt es mehr Maßnahmenkritiker und Impfgegner, mehr Carnivore-Diätetiker, mehr Jordan-Peterson-Fans, mehr Anhänger der Österreichischen Schule und mehr Gegner von woker Identitätspolitik als im Rest der Gesellschaft. (Und leider auch immer noch mehr Männer als Frauen.) Aber weil es am Ende halt doch nur eine Technologie ist, ist niemand gezwungen, das Gesamtpaket zu kaufen. Und wenn es zum Markenkern des Bitcoin gehört, »money for enemies« zu sein, muss er Veganern genauso nützlich sein können wie Paleo-Diät-Anhängern. Was wiederum heißt: Ein Bitcoiner teilt mit einem anderen Bitcoiner nur das Vertrauen in die Funktionstüchtigkeit des Netzwerks. Sonst nichts. Und deshalb kann man prognostizieren: Je weiter die Bitcoin-Adaption voranschreitet, desto mehr politische Diversity wird auch die Bitcoin-Community repräsentieren.

Trotzdem ist immer wieder zu lesen, Bitcoin sei »irgendwie rechts«, was, wenn man »rechts« im Sinne von »nationalistisch« definiert, natürlich absurd ist. Richtig jedoch bleibt, dass es unter Bitcoinern zum Teil heftige antistaatliche Vorbehalte und Ressentiments gibt: Das Institutionenvertrauen ist dort nicht stark ausgebildet, man misstraut den zentralen Bürokratien, man misstraut den Medien, man misstraut dem woken Zeitgeist. Für staatsfromme Gemüter ist diese Form des Staatsmisstrauens verdächtig und gefährlich. Und ich gebe zu: Weil ich selbst früher (bevor Bitcoin mich umdrehte …) deutlich staatsfrommer war, als ich es heute bin, musste ich mich an die zum Teil aggressive Institutionenfeindseligkeit erst einmal gewöhnen (und manchmal bedrückt sie mich auch noch …).

Allgemein lässt sich feststellen: Der europäische Bitcoiner ist sichtlich linker als der US-amerikanische, denn in den USA ist von Anfang an eine politische Tradition am Leben geblieben, die Europa kaum kennt: der Libertarismus, der sich in der Tat als ziemlich anschlussfähig an den antiautoritären Impuls von Bitcoin gezeigt hat, was wiederum erklärt, warum man in den USA unter Bitcoinern eine erhebliche Menge Libertärer findet. Leute wie Elon Musk oder Peter Thiel verkörpern dieses Lager, und gerade diese beiden haben sich, ohne eine herausgehobene Rolle im Bitcoin-Space zu spielen oder überhaupt intellektuell Wesentliches zu seiner Evolution beigetragen zu haben, wiederholt zu dem digitalen Geld bekannt.

Gleichzeitig entstammen einige der prominentesten und vernehmbarsten Stimmen im Bitcoin-Space dem sozialrevolutionären Gegenlager. Vor allem Andreas Antonopoulos und Alex Gladstein wären hier zu nennen. Und tatsächlich hat kaum jemand so viel für die Popularisierung der wichtigsten Argumente zugunsten des Bitcoin getan wie Antonopoulos, wobei sein Hauptgesichtspunkt immer der der Inklusion geblieben ist. Sein Schlachtruf und der zahlloser anderer Bitcoiner lautet darum: »banking the unbanked«. Für Antonopoulos ist Bitcoin eine Technologie, die finanziell unterprivilegierten Menschen finanzielle Autonomie ermöglicht.

Zu ähnlichen Ergebnissen kommt der Menschenrechtsaktivist Alex Gladstein. In ›Check Your Financial Privilege‹ schreibt er: »In Wirklichkeit werden nur 13 Prozent der Bevölkerung unseres Planeten in den Dollar, Euro oder japanischen Yen, das britische Pfund, den australischen oder kanadischen Dollar oder den Schweizer Franken hineingeboren. Die anderen 87 Prozent werden in Autokratien und damit in wesentlich weniger vertrauenswürdige Währungen hineingeboren. 4,3 Milliarden Menschen leben im Autoritarismus, und 1,2 Milliarden Menschen leiden unter zwei- oder dreistelligen Inflationsraten.«* Für sie stellt Bitcoin mithin ein

* Zu finden auf der Aprycot-Webseite: Alex Gladstein, »Check deine finanziellen Privilegien«

ungleich einleuchtenderes Angebot dar als für Menschen mit finanziellen Privilegien, wie Sie und ich, liebe Leser, und mit uns fast alle Bürger der westlichen Welt sie in Form eines Bankkontos und halbwegs überschaubarer Inflationsraten genießen.

Das ist der Grund, weshalb im linken Bitcoin-Diskurs die sogenannten *remittances* eine wichtige Rolle spielen: Geldtransfers von Menschen, die in einem der reichen Länder arbeiten, aber aus dem »globalen Süden« kommen und an ihre Familien, an die Zuhausegebliebenen, einen erheblichen Teil ihres Einkommens überweisen. Wer nicht zum Bankensystem gehört, muss dabei auf Dienstleister wie Western Union zurückgreifen, die für jede Transaktion bis zu 15 Prozent Gebühren verlangen.

Dazu muss man wissen: Viele Entwicklungsländer hängen förmlich am Tropf solcher Auslandsüberweisungen. Laut Weltbank, Stand 2016, überweisen Migranten jährlich um die 445 Milliarden US-Dollar, um ihre Familien am Leben zu erhalten, eine Summe, welche, so die Weltbank, sämtliche Gelder, die in Entwicklungshilfe fließen, um ein Dreifaches übertrifft. Ein empfindlicher Teil dieser sauer verdienten Summe wird jedoch von den Intermediären abgeschöpft, weswegen ein Zahlungsnetzwerk, das keine nationalen Grenzen kennt, hier sofortige Abhilfe bietet.

So wird der aus den identitätspolitischen Diskursen wohlvertraute Grundsatz »Check your privilege!« von sozialrevolutionären Bitcoinern ins Materialistische gewendet – es geht um finanzielle Privilegien: Wer den Energieverbrauch von Bitcoin für sinnlos hält, weil das Internetgeld für ihn keinen Nutzen hat, der ist angehalten, seine finanzielle Bevorzugung zu überprüfen, zu welcher außer einem eigenen Bankkonto auch die Achtung von Eigentumsrechten, der Verzicht auf Kapitalverkehrskontrollen und eine Inflation zählen, die in der Regel nicht im zweistelligen Bereich wütet. Entsprechend wundert man sich nicht, dass der unmittelbare Überlebensnutzen von Bitcoin in Zimbabwe, Nigeria oder Venezuela evident höher ist als in der Bundesrepublik Deutschland.

Alex Gladstein etwa wurde zum glühenden Bitcoin-Apologeten, als er die Rolle des digitalen Gelds in Afghanistan begriff, wo Frauen zwar Handys hatten, aber kein Bankkonto führen durften: Erst durch Bitcoin gewannen sie finanzielle Autonomie. Überhaupt sei staatliches Geld, sagt Gladstein, immer und überall allzu leicht ein Instrument der politischen Unterdrückung, es brauche bloß in die Hände von Autokraten zu gelangen, die dann ihre Gegner vom Finanzsystem ausschließen und die Geldentwertung nutzen könnten, um selbst an harte Vermögensgegenstände zu kommen. Gladstein schildert das sehr anschaulich am Beispiel Kubas: »In Kuba druckt der Staat wertlose Pesos, um die Arbeiter zu bezahlen. Diese Pesos werden in den Geschäften aber nicht akzeptiert. Man braucht dazu sogenannte MLC (*moneda libremente convertible*, auf Deutsch: frei konvertierbares Geld), die man sich wie Gutscheine vorstellen kann. Aber um MLC zu bekommen, braucht man ausländische Währung, Dollar zum Beispiel. Die Regierung nimmt diese Devisen und schreibt sie auf einem MLC-Konto gut. Und die wertlosen Pesos, die man bekommt, muss man auf dem Schwarzmarkt zu einem extrem schlechten Kurs in MLC umtauschen. Das ist ein Weg für das Regime, Geld zu drucken und harte Vermögenswerte zu erhalten.«*

Man findet also viele Gründe, warum Bitcoin ein Instrument der Gerechtigkeit sein kann. Aber ist es auch ein Werkzeug der Gleichheit?

Ein Freund von mir, S., ist Opernsänger, und ich glaube, wir verstehen uns deshalb so gut, weil wir beide professio-

* Zitiert nach einem Interview mit Alex Gladstein in ›The Red Bulletin‹ vom 22. März 2022

nelle Kulturmenschen sind, die aber am liebsten über Immobilien, Börsen, Steuerpolitik und gutes Essen plaudern. Während ich etwas unter dem Eindruck leide, dass ich in Kochfragen von ihm nicht ganz für voll genommen werde, bestehen meine wirtschaftspolitischen Räsonnements gewöhnlich vor seinem strengen Urteil. Auch S. hat sich ausführlich mit Bitcoin auseinandergesetzt; er war zwar ebenfalls beeindruckt, entdeckte jedoch schnell ein skeptisches Argument, das ihn dann zurückhielt, sich Bitcoin ganz zu ergeben. Sein Einwand war einfach und klar. Er sah nur zwei Möglichkeiten: Entweder der Bitcoin scheitert, weil er nicht funktioniert; funktioniert er dagegen, gibt es kein rationales Argument, warum nicht alle Vermögenswerte der Welt in diese neue Anlageklasse schießen sollten, wodurch der Wert eines Bitcoins sofort in unvorstellbare Höhen katapultiert werden würde – wir reden hier über Beträge weit jenseits der Million –, und so würde in der Folge eine neue Klasse von Superreichen entstehen: die Bitcoin-OGs, die Bitcoin-Originale. Und das ist der Grund, warum S. zurückhaltend bleibt und sich selbst an die Leine legt: einmal, weil er allem misstraut, was auf dem Papier zu perfekt ausschaut, dann aber auch, weil er eine Welt, in welcher die gesellschaftliche Ungleichheit noch größer wäre als in der des Fiat-Geldes, nicht für erstrebenswert hält.

Und es stimmt natürlich: Die Verteilung von Bitcoin ist auffallend ungleich. Im Bitcoin-Meme-Kosmos ist in diesem Sinne nicht selten von »Walen« die Rede, wie alle heißen, die mehr als 1000 Bitcoin besitzen, während man die, die weniger als einen vollen Bitcoin ihr Eigen nennen, umgekehrt als »Shrimp« bezeichnet. Und wirklich besitzen die Wale den Bärenanteil an Bitcoin. Rafael Schultze-Kraft, CTO des On-Chain Analyseservices Glassnode, kommt anhand des durch die Blockchain zur Verfügung gestellten Datenmaterials zu der Einschätzung, dass zwei Prozent der User 75 Prozent aller Bitcoin halten.* Das klingt erst einmal nicht schön, man wünschte sich eine andere Verteilung, und so kann ich die Reaktion meines Freundes gut verstehen. Aber natürlich werden die Menschen Bitcoin nicht nur halten, sondern auch ausgeben, und schon jetzt, auch das zeigt Rafael Schultze-Krafts Untersuchung, ist eine klare Tendenz zur Neuverteilung zu beobachten, weg von den Walen und hin zu den Shrimps und den Krabben (die zwischen einem und zehn Bitcoin besitzen).

Das ist es im Übrigen auch, was die Geschichte lehrt: Immer wirken die Großen unbesiegbar, immer sieht es so aus, als monopolisierten sie die Welt; in Wahrheit allerdings ist häufiger, als wir annehmen, das Gegenteil der Fall. Wie unangreifbar erschien einst AT&T? Heute dürften die meisten Menschen nicht einmal mehr wissen, ob es den einstigen Telefongiganten überhaupt noch gibt. Oder General Electric: Vielleicht erinnert sich der eine oder andere Leser noch an diesen Meta-Konzern, der praktisch alles herstellte, was man überhaupt herstellen kann, und dann auch noch ins Bank- und ins Versicherungsgeschäft einstieg. Unbezwingbar erschien dieser Riese. Doch so wie Weltreiche immer wieder am »imperial overstretch« zugrunde gegangen sind, geschah es auch mit General Electric: Noch in den frühen nuller Jahren war es das wertvollste börsennotierte Unternehmen der Welt, heute dagegen ist es nur noch ein Schatten seiner selbst. Und wie lange haben Yahoo und AOL die Stellung behauptet?

Mit einem Wort, je wettbewerblicher der internationale Handel ist, desto veränderlicher ist auch die Wohlstandsposition. Folglich kann man davon ausgehen, dass auch die Bitcoin-Verteilung nicht in Stein gemeißelt ist.

Viele Wale sind OGs: Sie haben den Wert von Bitcoin zu

* Siehe https://insights.glassnode.com/bitcoin-supply-distribution/

einem Zeitpunkt erkannt, als alle anderen das neue Internet-Geld noch für einen Witz hielten. Sie waren kühn, sie sind ein hohes Risiko eingegangen – ein sehr viel höheres als Nachzügler wie ich, die sich mit Bitcoin zu befassen anfingen, als dieser bereits auf eine beruhigende Transaktionshistorie zurückblicken konnte. Rendite kommt von Risiko, und daran kann ich nichts Unfaires erkennen. Im Bitcoin-Space sagt man deshalb gern: »Jeder kauft Bitcoin zu dem Preis, den er verdient.« Das klingt hart, aber eine fairere Verteilung ist nicht vorstellbar.

Also: Bitcoin dürfte dafür sorgen, dass die Superreichen von morgen nicht die von heute sind, aber es sorgt nicht unmittelbar für eine gleichmäßigere Verteilung der Vermögen.

Lässt sich nun abschließend sagen, ob Bitcoin rechts oder links ist? Ich fürchte: nein. Vielleicht kann man es so fassen: Für wen unser jetziges Geldsystem Zentralbankkapitalismus ist, für den ist der Bitcoin links, und wer Fiat für Zentralbanksozialismus hält, für den ist er rechts. Spätestens an diesem Punkt merkt man, dass Bitcoin die überkommene Schubladisierung sprengt. Das gemeinsame Dritte, auf das sich Rechte wie Linke beziehen können, ist jeweils Dezentralität: Linken wird es bei diesem Wort warm ums Herz, weil sie da etwas Antihierarchisches heraushören, Rechten, weil sie der Machtkonzentration in staatlichen Institutionen misstrauen und den Markt selbst für ein dezentrales Modell der sozialen Organisation halten.

Bitcoin ist eine dezentrale Graswurzelbewegung. Vielleicht sind Dezentralität und Graswurzelbewegung ohnehin Synonyme: Dezentralität ist per definitionem nie top down. Das Netzwerk baut sich von unten nach oben auf. Und es ist typisch für Graswurzelbewegungen, dass sich Vertreter ansonsten unterschiedlicher Lager treffen, weil diese *eine* neue Sache, die sie umtreibt, integrierend wirkt. (So wie bei den Grünen plötzlich ein Sponti aus dem Kleinbürgertum wie

Joschka Fischer mit einem Brigadegeneral mit Upperclass-Allüren wie Gert Bastian unter einem Parteidach vereint war, was mit beiden etwas gemacht haben dürfte.)

Bitcoin ist eine Graswurzelbewegung, aber eine exponentielle, weil sie von Netzwerkeffekten vorangetrieben wird: Der Wert von Bitcoin steigert sich exponentiell mit jedem neuen Teilnehmer am System. Und anders als die historischen Graswurzelbewegungen, die – man denke an die Umweltbewegung – oft Jahrzehnte brauchten, um die Machtzentralen zu besetzen, könnte Bitcoin durchaus in der Hälfte der Zeit am Ziel sein.

Nur eines ist klar: Es sind die autokratischen Regime, die Bitcoin am meisten hassen. Und es ist nicht überraschend, dass die Koalition dagegen eine breite politische Landschaft von rechts bis links umfasst.

Die Trennung von Staat und Geld

These: Wenn Bitcoin sich auf breiter Front durchsetzt oder es gar zu einem Bitcoin-Standard kommt, bei dem die Menschen alle Preise nur noch in Bitcoin berechnen, wird das zur Trennung von Staat und Geld führen. Diese Aussage lässt vielen den Atem stocken, wenn sie nicht gar emotional-aggressive Gegenreaktionen hervorruft: Das sei ja nun der ultimative Beweis für die Staatsfeindlichkeit von Bitcoin!

Ich verstehe diese Reaktion, aber wenn man sich das Verhältnis von Staat und Geld historisch anschaut, wird man feststellen, dass die innige Umarmung dieser beiden durchaus jüngsten Datums ist und ihre Trennung mithin keineswegs einen ungeheuerlichen Zivilisationsbruch darstellen würde, eher schon eine Rückkehr zur Normalität.

Wir haben gesehen: Über Jahrhunderte hatte die Menschheit ein Rohstoff-basiertes Warengeld, sprich Gold- und Silbermünzen. Die Menge des Goldes und Silbers konnten die Herrschenden nicht kostenfrei vermehren. Natürlich rissen sie das Münzrecht an sich, prägten ihr Antlitz auf die eine Seite der Münze, deren Nominalwert auf die andere und verpflichteten ihre Untertanen, nur die von ihnen emittierten Münzen zu verwenden und sie zum Nennwert zu nehmen – aber wenn sie den Feingehalt ihrer Gold- und Silbermünzen verringerten, konnte jeder die Münze einschmelzen und hatte dann den Marktwert des Materials selbst. Namentlich im grenzüberschreitenden Zahlungsverkehr zählte dabei einzig der echte Feingehalt. Aber noch interessanter: Um nicht der Münzverschlechterung durch den staatlichen Souverän ohnmächtig ausgesetzt zu sein, entwickelte sich von den oberitalienischen Stadtstaaten ausgehend und durch die großen europäischen Handelshäuser vorangetrieben im 14. Jahrhundert ein grenzüberschreitendes Zahlungssystem auf der Basis von Wechseln, das nichts anderes darstellt als privat geschöpftes Geld, Buchgeld im wahrsten Sinne, reine Ledger-Einträge, denominiert in einer eigens geschaffenen Währung, dem Écu du Marc – ein Vorläufer von Bitcoin, nur dass der Écu mangels *Proof of Work* nicht *trustless* war, sondern auf dem Vertrauen aufbaute, dass sich die Handelshäuser untereinander entgegenbrachten. So gesehen war dieses Privatgeld alles andere als zensurresistent und inklusiv, aber doch ein erstaunlich wirksames Abwehrmittel gegen staatliche Repression.*

Auch als das Papiergeld aufkam, lag diesem zunächst physisches Gold zugrunde, und wenn den Staaten nicht durch Handelsüberschüsse mehr Gold zufloss, konnten sie die umlaufende Geldmenge nicht willkürlich erhöhen.

Geldpolitisch wirklich freie Hand haben die Staaten erst, seit es Fiat-Währungen gibt. Also seit Nixon 1971 das Goldfenster schloss. Und selbst da könnte man fragen, ob die viel entscheidendere Kenngröße nicht das staatlich emittierte Zentralbankgeld ist, sondern das von den Geschäftsbanken geschöpfte Giralgeld – und das ist zwar staatlich anerkanntes, aber eben doch Privatgeld.

In welchem Verhältnis Staat und Geld stehen, ist auch Gegenstand einer die Zeiten überdauernden wissenschaftlich-weltanschaulichen Kontroverse: Während zum Beispiel die

* Felix Martin beschreibt dieses System der Wechselbankiers sehr eindrucksvoll in seinem lesenswerten Buch ›Geld, die wahre Geschichte. Über den blinden Fleck des Kapitalismus‹, München 2014, S. 139 ff.

Österreichische Schule Geld als das Ergebnis einer spontanen Ordnungsbildung begreift, gehen die sogenannten Chartalisten von einem staatlichen Initiationsakt aus: Das Geld, so drückte sich der Nationalökonom Georg Friedrich Knapp (1842–1926) aus, sei ein Geschöpf der Rechtsordnung. Die Freunde der Modern Monetary Theory berufen sich gern auf Knapp, denn wenn Geld quasi einen staatlichen Gnadenakt darstellt, dann versteht es sich von selbst, dass der Staat damit umspringen darf, wie es ihm beliebt. Als gesellschaftliches Gut sollte Geld am besten vergesellschaftet werden …

Ist aber die geldpolitische Macht der Staaten eigentlich gut für die Demokratie? Ich bezweifle es; tatsächlich nämlich hebelt das Gelddrucken das Budgetrecht des Parlaments aus.

Lassen Sie mich das erklären!

Das Grundprinzip, durch das in einer Demokratie der Souverän die Regierung kontrolliert, ist die Kontrolle des Haushalts. Das ist der Grund, warum man die Budgethoheit das vornehmste Recht der Parlamente nennt. Regierungen müssen Steuern erheben oder Schulden aufnehmen, um ihre Politik zu finanzieren, wobei Ausgaben wie Einnahmen durch das Parlament verabschiedet werden; wenn Regierungen sich aber vorzüglich durch Schulden refinanzieren, deren Zinssatz künstlich niedrig gehalten wird, weil die Schuldtitel in großem Stil von den Zentralbanken aufgekauft werden, wird diese Haushaltskontrolle zu einem stumpfen Schwert. Die wahren Kosten der ausgabenfreudigen Haushaltspolitik werden dann langfristig in die Abwertung der Währung verschoben – was durch kein Parlament je explizit abgesegnet worden ist. Die Monetarisierung von Schulden ist eine Umgehung der Budgethoheit der Parlamente, genauer: der parlamentarischen Verantwortlichkeit. Worüber die Parlamentarier indes ganz froh sind – ohne sich die Hände schmutzig machen zu müssen, druckt jemand anderes Geld, das sie selber ausgeben dürfen. Dann fühlen sie sich als Master of the Doppelwumms.

Doch in Wahrheit ist die Fiat-Geldpolitik in einem noch umfassenderen Sinn ein Angriff auf demokratische Transparenzgebote: durch die Verzerrung der im Finanzmarkt (wie in allen Märkten) liegenden Information. Schließlich hat immer der Macht über das Geld, der über seinen Preis bestimmt; der Preis des Geldes ist sein Zins; in einer freien Marktwirtschaft sollte sich der Zins am Markt ergeben. Je solider die Finanzen eines Staates sind, desto günstiger kommt dieser an Geld. Der sogenannte Zinsspread, also die Zinsunterschiede, die Staaten zahlen müssen, um Käufer für ihre Anleihen zu finden, ist ein Preissignal, das ausdrückt, für wie solide der Markt die Finanzen der Staaten hält. Als die Staaten indes anfingen, die Geldmenge auszuweiten, wurden sie selbst zu Käufern der Anleihen ihrer Staaten – sie bezahlten sie mit selbst gedrucktem Geld. Mit seinem berühmten »whatever it takes« verkündete Mario Draghi die Entschlossenheit der Europäischen Zentralbank, den Euro zu retten, was immer es koste, und die EZB fing an, Staatsanleihen ihrer Mitgliedsländer aufzukaufen. Nun gibt es bei Anleihen die sogenannte Zinswippe: Wenn die Kurse einer Anleihe sinken, steigt ihr Zins, und umgekehrt. Wenn also die Märkte nicht mehr bereit sind, zu einem bestimmten Zins Staatsanleihen zu kaufen, sinkt deren Kurs, bis es wieder Käufer für diese Papiere gibt, und gleichzeitig steigt ihre Verzinsung, denn eine Anleihe, die, sagen wir: einen zehnprozentigen Coupon auf 100 Euro hat, zahlt bis zu ihrer Maturität zehn Euro Zinsen im Jahr. Wird diese Anleihe aber auf dem Sekundärmarkt nur noch für 90 Euro gehandelt, bekommt ihr neuer Halter auf diese 90 Euro immer noch die zehn Prozent Zins des ursprünglichen Anleihewerts von 100 Euro und somit einen höheren Zins. Deswegen war er ja auch bereit, die Anleihe zu kaufen, denn für zehn Prozent

Zinsen war ihm das Risiko offensichtlich noch zu hoch gewesen.

Die Entscheidung Draghis aber bedeutete: Wenn die Kurse am Anleihemarkt zu fallen drohten (und die Zinsen demnach stiegen), sprang die Zentralbank als Käufer ein. Sie stabilisierte die Kurse, indem sie für zusätzliche Nachfrage sorgte, und drückte damit das Zinsniveau, was die Staaten freute, denn Staaten müssen sich fortlaufend refinanzieren, und bei höheren Zinsen könnten sie rasch ihre Schuldentragfähigkeit verlieren. Gleichzeitig jedoch ist der Zins nun kein Marktzins mehr – die Politik der Notenbanken hat ihn manipuliert. Und wenn der Zins eine Information über die finanzielle Solidität des Schuldners ist, wird diese Information hier verfälscht. Ebendarin liegt ja die Macht der Notenbanken: Sie verfälschen Preissignale, mithin die vermutlich wichtigste und eleganteste Eigenschaft von freien Märkten, und die entscheidende Information, die wir von ihnen erwarten.

Aus diesem Grund spricht man an der Wall Street in Analogie zum *Bird Watching* mittlerweile vom *Fed Watching*: Die Marktteilnehmer analysieren nicht mehr Unternehmen, um sich ein Urteil über deren Produktivität zu bilden, sondern folgen in ihren Investitionsentscheidungen den Signalen, die die Fed aussendet, weil es deren Geldpolitik ist, die die Märkte befeuert und alles nach oben treibt, was im Wasser schaukelt.

Die Trennung von Staat und Geld wäre demnach zumindest eine Klärung der Marktinformation und eine Einhegung von Macht. Als solche würde sie sich in die Geschichte der Gewaltenteilung einfügen, die einst im europäischen Mittelalter mit der Trennung von Thron und Altar begann, um sich später in der Trennung von Staat und Religion fortzusetzen. Sie würde die Abwehrrechte des Bürgers gegenüber dem Staat stärken und zugleich die *Checks and Balances* unseres Verfassungsmobiles erhöhen.

Zugegeben jedoch: Der Übergang wäre, wie alle Übergänge, schwierig. Auch die Trennung von Staat und Kirche empfanden viele Zeitgenossen seinerzeit als Bedrohung; sie hielten es für brandgefährlich, eine so wesentliche Frage wie die des Seelenheils nicht durch das Machtkartell von Staat und Kirche verwaltet zu sehen. Besorgt fragten sie: Wo soll das nur hinführen, wenn die Kirche und ihr Gnadenschatz ohne den Schutz des Staates auskommen müssen? Die Leute werden bestimmt sündigen, bis der Arzt kommt!

Tatsächlich sehen wir das heute anders. Wir sind nicht bloß überzeugt, dass der Staat in Fragen unserer überpolitischen Orientierungen kein Wort mitzureden hat, wir meinen auch, dass es um die Reinheit der Religion besser steht, wenn Kirche und Staat durch eine Brandmauer getrennt sind; Staatsnähe, glauben wir, korrumpiert den Glauben, und die Freiheit eines Christenmenschen kann durch eine allzu enge Allianz von Staat und Kirche nur Schaden nehmen.

Sollte es also nicht auch für Staat und Geld besser sein, wenn sie sich nicht allzu undurchsichtig durchdringen?

Der nordamerikanische Investor und Bitcoin-Philosoph Allen Farrington hat in seinen Essays über diese Frage nachgedacht und ist dabei zu einem interessanten Schluss gekommen: Natürlich könne man mit Geld Macht kaufen; diese Verknüpfung aufzulösen wäre rein utopisch. Aber unter einem Bitcoin-Standard könnte sich die Macht zumindest nicht immer noch mehr Geld kaufen, wodurch die Währung wieder zu einem neutralen Wertmaßstab würde, einem Mittel, um über faire Preissignale berechenbar Handel mit anderen zu treiben.

Auch Friedrich von Hayek sprach 1976 in einem berühmten Aufsatz von der »Entnationalisierung des Geldes« und träumte von einem freien Währungswettbewerb. 1984 griff er den Gedanken in einem Interview wieder auf: »Ich glaube ja«, sagte er dort mit spitzbübischer Bonhomie, »dass wir nicht eher wieder ein gutes Geld bekommen, als wir den Regierungen die Sache aus der Hand nehmen, das heißt: Mit Gewalt wird's nicht gehen, und darum ist alles, was wir tun können, dass wir durch irgendwelche Schliche und Umwege etwas Neues erfinden, dessen Entwicklung sie dann nicht mehr aufhalten können.«* Wie könnte man Satoshi Nakamotos Coup spieltheoretisch besser umschreiben denn als »some sly roundabout way«?

Jedenfalls hat sich der Bitcoin in den ersten Jahren derart unsichtbar entwickelt, praktisch rein in einem Freak-Underground, dass die Zentralbanken zuerst tatsächlich keine Notiz von ihm nahmen, ihn dann verspotteten, und als sie begriffen, dass er ihnen bedrohlich werden könnte, zugleich erkennen mussten, dass der Zeitpunkt, an dem sie ihn noch hätten verbieten können, bereits verpasst war. Worauf sie beschlossen, ihn zu kopieren – und mit dem um die Ecke kamen, was man Central Bank Digital Currencies nennt, CBDCs. Sie sagten gewissermaßen: »Okay, wenn ihr digitales Geld so geil findet, dann nehmt doch unseres. Staatliches Krypto, nicht so ein Wildwestmoney!«

Seit etwa 2015 arbeiten daher Zentralbanken in aller Welt unter Hochdruck daran, Bargeld durch ein digitales Geld zu ersetzen, das sich elektronisch versenden lässt. Jeder Bürger hätte dann – so wie bisher nur die Geschäftsbanken – ein Konto bei der Zentralbank. Die People's Bank of China bildet in dieser Hinsicht die Avantgarde; dort wird das digitale Zentralbankgeld schon jetzt in bestimmten Versuchsregionen eingesetzt. Aber auch die Europäische Zentralbank unter Christine Lagarde erklärt, dass die Menschen sich angeblich nach nichts mehr verzehren als nach CBDCs und dass man aus diesem Grund in Frankfurt nicht rasten und nicht ruhen wolle, bis man ihnen diesen Wunsch erfüllen könne.

* https://www.youtube.com/watch?v=s-k_Fc63tZI&t=116s

CBDCs wären die vollkommene Verschmelzung von Staat und Geld.

Allein die amerikanische Fed ist deutlich zurückhaltender – vermutlich, weil in den USA der Sinn für *Checks and Balances* doch etwas ausgeprägter ist als im Rest der Welt. CBDCs würden ja nicht nur die Geschäftsbanken zu weiten Teilen überflüssig, sondern die Zentralbanken noch mächtiger machen.

Die eigentliche Farce aber ist gleichwohl noch etwas anderes: Während Bitcoin geschaffen wurde, damit wir im digitalen Zeitalter nicht vollkommen dem Überwachungs- und Kontrollzugriff des Staates und großer Konzerne ausgeliefert sind, empfehlen sich CBDCs als perfektes Kontrollinstrument in den Händen autokratischer Regime. Schließlich sind sie programmierbares Geld: Nicht nur könnte die Zentralbank und mit ihr der Staat dann jede Transaktion seiner Untertanen nachverfolgen, man könnte diese auch bereits im Vorhinein unterbinden: »Sorry, Sie haben diesen Monat schon mehr zuckerhaltige Produkte gekauft, als es das Gesetz zur Förderung der Volksgesundheit vorsieht – *service denied*!«

Außerdem könnte Helikoptergeld nicht nur direkt an den Bürger ausgezahlt werden, es könnte auch mit einem Verfallsdatum versehen werden: Gibt man es nicht innerhalb eines bestimmten Zeitraums wieder aus, wird es ungültig. Endlich hätten die Keynesianer in den Zentralbanken vollen Zugriff auf das Ausgabeverhalten der Bürger und könnten die Umlaufgeschwindigkeit des von ihnen geschaffenen Geldes bestimmen, um – das ist ja ihre eigentliche Lebensdaueraufgabe – das Gespenst der Deflation zu bekämpfen.

Erlauben Sie mir, verehrte Leser, an dieser Stelle einmal pathetisch zu werden? CBDCs sind des Teufels.

Ist Bitcoin eine Umweltsau?

Keine Frage: Bitcoins schwächste Stelle, seine offene Flanke, sein angreifbarster Punkt ist sein Energieverbrauch. Denn der ist groß. Bitcoin-Kritiker lieben es, ihn in Vergleich zu setzen mit dem Energieverbrauch ganzer Länder, und zurzeit heißt es, das Bitcoin-Mining konsumiere mehr Energie als Österreich und fast so viel wie die Ukraine.

Und es ist wahr – an Bitcoins Energieverbrauch gibt es nichts zu deuteln. Allerdings leben wir in einem Meinungsklima, in welchem ein hoher Aufwand in Sachen Energie per se negativ konnotiert ist; die einstige Emanzipationstat des Prometheus, der den Göttern das Feuer entwendet und es den Menschen gebracht und damit deren Energieproduktion um Größenordnungen nach oben katapultiert hat, bekommt inzwischen eine schlechte Presse. Dabei betrachten Anthropologen die Zähmung des Feuers als den Beginn einer erstaunlichen Entwicklungsgeschichte: Von da an konnten die Menschen ihr Fleisch braten, was es leichter verdaulich machte und sie in die Lage versetzte, mehr Kalorien zu sich zu nehmen, dadurch mehr Energie für die Durchblutung des Gehirns und dessen Wachstum zur Verfügung zu stellen und auf diese Weise tatsächlich mehr und mehr zum *homo sapiens*, zum kognitiven Problemlöser zu werden, als welchen wir den Menschen seither kennen und lieben. Und trotzdem empfinden wir die Nutzung von Energie als schmutzig, als bedrohlich – als etwas, das, im Bild gesprochen, unsere ursprüngliche Einheit mit der Natur zerstört und Gottes Schöpfung aus der Balance bringt.

Man kann aber auch einen anderen Blick auf die Energieproduktion des Menschen werfen und gerade in ihr das Kriterium der menschlichen Entwicklung sehen, und aus dieser Perspektive ist unsere Zivilisation dann nichts als die Geschichte eines immer gezielteren, effizienteren, umfassenderen Einsatzes von Energie. In diesem Sinn misst der Historiker und Archäologe Ian Morris die Zivilisationsgeschichte der Menschheit von den Wildbeutern über die Ackerbaugesellschaften bis zu den Industriegesellschaften mit ihren fossilen Energiequellen eben am Maß ihrer Energieproduktion: Um 14 000 vor Christus kamen die Jäger und Sammler pro Person und Tag auf etwa 4000 Kilokalorien selbst produzierter Energie für Kleidung, Behausung, Mobilität, Krieg, Ernährung, die Herstellung von Werkzeugen usw., während der Wert in den Ackerbaugesellschaften des ersten vorchristlichen Jahrhunderts bereits auf 30 000 Kilokalorien gestiegen war.* Demnach könnte man sagen: Leben selbst ist in erster Linie Energiekonsum, und um den Bitcoin in diesem Punkt angemessen zu bewerten, müssten wir seinen Energieverbrauch in ein Verhältnis zu seiner Nützlichkeit setzen. Denn Energieverschwendung kann nicht das Ziel sein. Klar ist: Wenn jemand Bitcoin für nutzlos hält, dann ist jede Terawattstunde, die in sein Mining geht, eine zu viel; wenn man dagegen in Bitcoin eine Alternative zum bisherigen Geld sieht, müsste man Bitcoins Stromverbrauch mit dem des Fiat-Geldsystems vergleichen (was eine ziemlich komplizierte und doch die einzige faire Berechnung sein dürfte).

Bitcoiner führen in diesem Zusammenhang gern an, dass das Streaming und Gaming doppelt so viel Strom fresse wie

* Ian Morris, Beute, Ernte, Öl. Wie Energiequellen Gesellschaften formen, München 2020, S. 79 ff.

das Bitcoin-Mining, und trotzdem fordere niemand die Ächtung von Netflix, Disney oder Amazon. Natürlich: Solche Vergleiche mit Zahlen zu unterlegen ist nicht leicht, und deswegen ist es hilfreich, dass das Cambridge Centre for Alternative Finance (CCAF) seit Jahren den Energiekonsum des Bitcoin untersucht und in Beziehung zu anderen Technologien setzt. Zwei Beispiele: Laut CCAF verbraucht das Mining so viel Energie wie alle Kühlschränke der USA zusammen, nämlich etwa 105 Terawattstunden pro Jahr, wogegen Klimaanlagen weltweit einen Stromverbrauch von 2199 TWh haben und Datenserver einen von 200 TWh – Zahlen, die Bitcoins Energieverbrauch keineswegs schönreden, diesen jedoch in ein größeres Bild einfügen und uns auf diese Weise helfen sollen, eine Vorstellung von den Proportionen zu gewinnen, um die es hier geht.*

Zudem müssen wir zwischen Energie generell und Strom im Besonderen unterscheiden. Tatsächlich macht der weltweite Stromverbrauch nur etwa 20 Prozent des gesamten Energieverbrauchs aus, der im Verkehr- und Transportwesen auf Diesel und Benzin, bei der Industrieproduktion vor allem auf Gas zurückgreift. In den öffentlichen Diskussionen ist so viel von Strom die Rede, weil wir durch erneuerbare Energien, durch Wind und Sonne, nur elektrische Energie ersetzen können – weshalb ja eben der Ausbau der Erneuerbaren Hand in Hand gehen muss mit der Elektrifizierung unserer Volkswirtschaften. (Durch Erneuerbare können wir natürlich auch Wasserstoff erzeugen, der Gas substituiert, aber dabei entstehen hohe Umwandlungsverluste.)

Von der gesamten Energieproduktion ruft Bitcoin laut CCAF 0,15 Prozent ab, von der Stromproduktion 0,45 Prozent. Nun ist das Problem aus ökologischer Sicht aber ja nicht

* Sämtliche hier angeführten Zahlen sind der Seite https://ccaf.io/cbeci/index/comparisons entnommen, die alle 24 Stunden aktualisiert wird

Bitcoins Energieverbrauch an sich, sondern sein CO_2-Fußabdruck, so dass die Klimabilanz des Bitcoin hauptsächlich an der Frage hängt, wie viel von dem verbrauchten Strom grün und wie viel fossil erzeugt wird. Das CCAF schätzt: Etwa 39 Prozent des beim Mining beanspruchten Stroms stammen aus regenerativen Quellen.

An diesem Punkt setzen die Bitcoin-Miner an. Sie haben sich vorgenommen, den grünen Anteil am Mining zu erhöhen, und die Chancen dafür stehen nicht schlecht. Und zwar weil der Wettbewerbsdruck im Bitcoin-Mining enorm ist und sich nur der zu halten vermag, der eine schlanke Kostenstruktur hat. Da aber grüne Energie, einmal installiert, in der Regel die günstigste Energiequelle darstellt, dürfte sich beim Mining über kurz oder lang ein natürlicher, marktgetriebener Drift zu einem ständig wachsenden Anteil regenerativer Energien etablieren.

Island zum Beispiel hat wegen seiner Geothermie traditionell extrem günstige Energiepreise. Weil Energie allerdings nur unter hohen Verlusten transportierbar ist, hat das Land in der Vergangenheit den umgekehrten Weg eingeschlagen und die energieintensive Aluminiumindustrie ins Land geholt. Genauso zieht Island heute Mining-Unternehmen auf die Insel im Nordmeer, auf der die Rechner wegen der niedrigen Temperaturen auch gleich noch gut gekühlt werden.

Dazu kommt eine weitere Eigenschaft des Minings, die sich in diesem Zusammenhang als Vorteil erweisen könnte: seine hohe Flexibilität, räumlich ebenso wie zeitlich. Schließlich können Miner ihre Geräte überall auf der Welt aufstellen, auch dort, wo es – sagen wir: weil ein Wasserfall in der Nähe ist – viel grüne Energie, aber kaum Strom-Nachfrage gibt. Erst durch die Bitcoin-Nachfrage könnte sich die Erschließung einer neuen natürlichen Energiequelle als rentabel erweisen.

Flexibel ist das Mining aber auch zeitlich, weil man es auf Knopfdruck an- und ausschalten kann. Diese Eigenschaft korrespondiert hervorragend mit einem der größten Probleme der erneuerbaren Energien: ihrer Unbeständigkeit. Stichwort Dunkelflaute: Mal weht gar kein Wind, scheint keine Sonne, dann müssen Gaskraftwerke hinzugeschaltet werden. Dann wieder weht eine steife Brise, und die Sonne knallt hernieder, als gäbe es kein Morgen – es wird mehr Energie produziert, als das Netz abfragt. Hier könnte das Bitcoin-Mining einspringen, das diese überflüssige Energie, die sogenannte *stranded energy*, abgreift, sich hingegen vom Netz nimmt, wenn Dunkelflaute herrscht oder wenn die Bewohner der Region aufwachen und ihre Espressomaschinen anwerfen. Kurzum, Bitcoin-Mining ist wegen seiner hohen Flexibilität eine ideale Ergänzungstechnologie, die der Energiewirtschaft neue Kalkulationen ermöglicht. In dieser Zukunftsvorstellung würde das Bitcoin-Mining keine Belastung für das Klima mehr sein, sondern eine Technologie, die den Ausbau der Erneuerbaren überhaupt erst großflächig rentabel macht, weil es jedem Versorger versprechen könnte, die vom Netz nicht nachgefragte, die liegen gebliebene Energie zu einem Mindestpreis abzunehmen, als Käufer letzter Instanz. So gibt es bereits weltweit, in den USA ebenso wie in Norwegen, innovative Kooperationen zwischen Energieversorgern und Mining-Unternehmen.

Obwohl Bitcoiner ihren eigenen Apokalypse-Kult betreiben, was den Crash des Weltfinanzsystems betrifft, sind sie ansonsten eher Evolutionsoptimisten, die an technologische Problemlösungen glauben: In Norwegen etwa setzen Miner die Abwärme, die das Mining aus grünen Energien erzeugt, zum Heizen von Häusern ein; man ist CO_2-neutral und nutzt das Mining nebenbei als Wärmequelle. Von einem besonders spannenden Projekt kann man in Peter McCormacks Podcast ›What Bitcoin did‹ hören*: Adam Wright, ein Inge-

* »Turning Garbage into Bitcoin« heißt diese Folge vom 13. Juli 2022

nieur, hat mit Vespene Energy eine Firma gegründet, die sich auf eine ökologisch verträgliche Nutzung von Methan spezialisiert hat, einem der übelsten Treibhausgase, für die Atmosphäre achtmal belastender als CO_2. Es fällt vor allem in der Massentierhaltung an, aber auch auf Mülldeponien. Im größten Teil der Welt wird es einfach in die Atmosphäre entlassen, in stärker regulierten Ländern wie den USA muss es verbrannt werden, so dass es dann »lediglich« als Kohlendioxid freigesetzt wird. Man kann es, erklärt Adam Wright, aber auch zur Energienutzung verwenden, wobei als ein entscheidender Faktor wieder Dezentralität ins Spiel kommt. Mülldeponien sind über die Länder verstreut, also dezentral, was bedeutet, dass die aus ihnen zu gewinnende Energie am Ort ihrer Entstehung oft nicht gebraucht wird. Darum bietet Vespene Energy den Kommunen, für die das vorschriftsmäßige Verbrennen des Methans meist nichts als ein Kostenfaktor ist, ein reizvolles Geschäft an: Man baut Gasgeneratoren und Mining-Anlagen in direkter Nachbarschaft zur Deponie, so dass die Einnahmen aus dem Bitcoin-Mining zumindest die Investitionen in die Gaskraftwerke für Wrights Firma nach unten hin absichern. Für die Kommunen ist es eine Win-win-Situation, für Vespene Energy macht es die Investition in die Gaskraftwerke überhaupt erst attraktiv.

Und dennoch ist es nicht immer leicht, mit Bitcoinern über die Energiefrage zu diskutieren, weil das, was externen Kritikern wie ein Sündenfall vorkommt, für Bitcoiner ein Grund zum Stolz ist: Energieverbrauch ist nichts, wofür sie sich schämen. Vielmehr garantiert dieser Verbrauch die Sicherheit des Netzwerks, und zwar auf dezentrale Art. *Proof of Work* meint eben auch: Jeder kann überall auf der Welt in den Wettbewerb um den nächsten Block eintreten, indem er eine günstigere Energiequelle auftut und effizientere Hardware einsetzt. Es ist dieser Wettbewerb, der sicherstellt, dass es zu keiner Zentralisierung im Mining-Gewerbe kommt und die Sicherheit des Netzwerks nicht am Ende in den Händen eines Monopolisten liegt.

Man kann es noch grundsätzlicher formulieren. Wir erinnern uns: Satoshi Nakamoto hat das größte Problem eines dezentralen Netzwerks, die Gefahr nämlich, durch Bot-Attacken gekapert zu werden, dadurch gelöst, dass er die Ressource, die jeder Computer braucht, zur Grundlage der Validierung von Bitcoin-Blöcken herangezogen hat: Energie. Sie ist der *missing link* zwischen der digitalen und der physischen Sphäre. Für Bitcoiner gewinnt sie dadurch geradezu eine moralische Qualität: Nur mit ihrer Hilfe kann dezentral Korrektheit oder »Wahrheit« im Netzwerk gewährleistet werden.

Und weil *Proof of Work* das Allerheiligste von Bitcoin ist, fühlen sich manche Bitcoiner durch den CO_2-Vorwurf derart in ihrer Ehre gekränkt, dass sie lieber gleich die ganze Klimawissenschaft in Frage stellen – doch das ist eine Minderheit. Die Mehrheit hat sich nicht in die Trotzecke drängen lassen. Hat die Herausforderung vielmehr angenommen und die Möglichkeiten eines grünen Bitcoin-Minings mit Pioniergeist umarmt, weshalb inzwischen überall auf der Welt neue, aufregende Projekte entstehen. So sollte es auch sein in einer Community, die ja auch bei ihrem Hauptanliegen auf Weltverbesserung durch technologische Innovation setzt.

Die Bitcoin- und die Öko-Bewegung kommen aus zwei sehr verschiedenen, sich oft feindlich gegenüberstehenden Lagern. Und doch ist auf diese Weise oft Fortschritt in die Welt gekommen: als Synthese zweier Positionen, die miteinander ringen, bis sie feststellen, dass sie genauso gut am selben Strang ziehen könnten. Dekarbonisierung wäre dann nicht nur ein Kostenfaktor, sondern könnte auch eine Quelle der Kapitalisierung darstellen, indem neue grüne Energiequellen erschlossen und die dafür erforderlichen Investitionen durch das Bitcoin-Mining überhaupt erst profitabel würden. So funktioniert die Logik von Anreizsystemen.

Zugegeben – das ist nicht so idealistisch, wie wenn man im Namen von *degrowth* einfach gar keine Energie mehr verbraucht, aber mit hoher Wahrscheinlichkeit ein effizienterer Weg, unsere ambitionierten Klimaziele in die Tat umzusetzen.

TEIL V

BITCOIN UND DIE ZUKUNFT

Bitcoin-Minimalismus, Minimalismus überhaupt

Bevor sich unsere Wege, verehrte Leserin, verehrter Leser, gleich trennen, muss ich Ihnen noch etwas mit auf den Weg geben: Bitcoin ist nicht Krypto, eine Unterscheidung, die ich für wichtig halte. Sie müssen ihr nicht folgen, aber Sie sollten wissen, warum sie diskutiert wird.

Für Außenstehende ist Krypto und Bitcoin alles eins, Internetgeld, das auf der Blockchain-Technologie fußt, für Bitcoiner hingegen verhalten sich die beiden Welten zueinander wie Feuer und Wasser.

Nachdem Satoshi Nakamoto Anfang 2009 den Genesis-Block generiert hatte und mit der Zeit immer mehr Leute auf die neue Technologie aufmerksam geworden waren, wurde sie naturgemäß kopiert. Heute gibt es schätzungsweise über 15 000 Kryptowährungen auf der Basis der Blockchain-Technologie; man nennt sie Altcoins, also alternative Coins. Die schiere Zahl braucht Sie nicht zu beeindrucken, es gehört nicht viel Schweiß (*Proof of Work*) dazu, Bitcoin zu kopieren – man muss nur ein bisschen was am Protokoll modifizieren, der Sache einen neuen Namen geben und ein schwungvolles White Paper formulieren, schon kann man dem Markt ein Angebot machen. 99 Prozent dieser Altcoins haben die Lebenserwartung einer Eintagsfliege, aber es gab eine Zeit um das Jahr 2017 herum, als das Spekulationsfieber ausbrach und viele Leute sich in Altcoins stürzten in der Hoffnung, dort die exorbitante Wertsteigerung von null auf hundert noch mitnehmen zu können, die sie bei Bitcoin verpasst hatten.

Zur Einordnung: Während ein Bitcoin im November 2016 noch für 600 Dollar zu haben war, kostete er im Dezember 2017 20 000 Dollar. Und auch der ganze Altcoin-Kosmos, der dem Bitcoin in seinen Auf- und Abwärtsbewegungen auf dem Fuß zu folgen pflegt, die Höhen und die Tiefen allerdings noch prononcierter zum Ausdruck bringt, ging erst recht ab wie eine Rakete.

Doch auf die Blase folgte in den Jahren zwischen 2018 und 2020 der sogenannte Kryptowinter, und der Bitcoin-Preis verfiel. Bis Februar 2019 ging es runter auf etwa 3500 Dollar. Der Markt wurde bereinigt, die »schwachen Hände« wurden »rausgewaschen«, nur die »diamantenen Hände«, die überzeugten Hodler, hielten durch. Aber während Bitcoin einfach nur gewaltig an Wert verlor, wurden die meisten Altcoins vollständig ausgelöscht, wobei viele Investoren sich eine blutige Nase holten, manche gar ihren gesamten Einsatz verspielten. Kaum ein Bitcoiner, der heute nicht Veteranengeschichten von seiner Altcoin-Phase zu erzählen hat. (Mich hat vermutlich nur der Umstand, dass ich erst 2020 ernsthaft über Bitcoin nachzudenken begann, vor solchen Erlebnissen bewahrt.) Als gebrannte Kinder scheuten sie aber nicht einfach das Feuer, sondern versuchten, sich Rechenschaft darüber abzulegen, was da eigentlich passiert war, und kamen zu dem Schluss, dass Bitcoin und Krypto zwei Paar Schuhe sind und fundamental verschiedenen Logiken folgen.

Denn man kann die Technologie von Bitcoin zwar kopieren oder nachbauen, nicht jedoch seinen geschichtlichen Entstehungsort – der ist singulär. Blumig ausgedrückt: Es gibt nur eine unbefleckte Empfängnis. Allen Altcoins, die nach Bitcoin kamen, fehlte die Unschuld des absoluten Anfangs, entstanden sie doch bereits im Bewusstsein vom Erfolg des Bitcoins, und dieser Erfolg schien zu besagen: Ein

Blockchain-Geld kann funktionieren, es kann enorm an Wert gewinnen. Also erfanden die Goldgräber neue Coins mit teilweise anderen, den Bitcoin scheinbar überbietenden technologischen Eigenschaften, machten aber zuerst einmal einen sogenannten *pre-mine*: Das heißt, sie schürften Coins, versorgten damit ihre Entwicklerteams und frühen Investoren, bevor sie mit der Kryptowährung auf den Markt gingen, in der Hoffnung, dass der Preis steigen würde. Das ist, was man ein ICO nennt: das schon erwähnte *Initial Coin Offering*. 2017 war der Höhepunkt solcher ICOs. Täglich gab es neue Coins, denen in den Chatrooms vorhergesagt wurde, ihnen gehöre die Zukunft. Eine Verhundertfachung des Einsatzes war das Minimum, worauf spekuliert wurde, alles darunter schien, so war die Stimmung, nur etwas für Loser zu sein.

Bei Bitcoin hingegen hat es nie ein ICO gegeben. Bitcoin kennt auch grundsätzlich kein *pre-mine*; neue Coins entstehen nur durch neue Blöcke, und es gibt keine Gruppe früher Investoren, die sich erst einmal selber die Taschen vollgemacht hätten, bevor sie ihr Produkt dem Markt anboten. Anders als Bitcoin, dessen Schöpfer Satoshi Nakamoto für die von ihm geminten Bitcoin echte Energie aufgebracht hat und diese Bitcoin dann nie wieder bewegt und sich aus der weiteren Entwicklung seiner Erfindung vollständig zurückgezogen hat, haben Bitcoins *Copycats* zudem einen Gründer, der am Erfolg seines Coins mitverdient und über besonderen Einfluss verfügt, was die Geldpolitik der Kryptowährung angeht. Im Falle der zweitgrößten Kryptowährung Ethereum ist es das russisch-kanadische Wunderkind Vitalik Buterin und die von ihm gegründete Ethereum Foundation, die im Alleingang geldpolitische Entscheidungen herbeizuführen vermag.

Während Satoshi Nakamoto zur mythischen Vorgeschichte von Bitcoin gehört, kann man Vitalik Buterin aus diesem Grund den CEO von Ethereum nennen: Sein Wort hat unendlich mehr Gewicht als das aller anderen Netzwerkteilnehmer. Und deswegen muss man Buterin, der fraglos über echtes Genie verfügt, auch gar keine bösen Intentionen unterstellen, nur eines sollte klar sein: Dezentralität sieht anders aus. Sämtliche Altcoins, so fasst es der »Blocktrainer« Roman Reher zusammen, sind Fintechs – sie mögen tolle Anwendungsfälle haben, um irgendeine Finanzdienstleistung effizient abzuwickeln, aber sie funktionieren wie ein Aktienunternehmen, an dem der Gründer die meisten Anteile hat, weshalb jeder weitere Anteilseigner auf die Weisheit der Unternehmensentscheidungen dieses Gründers vertrauen muss.

Und da reden wir jetzt noch gar nicht von den Halunken, die einen Coin aus reiner Bereicherungsabsicht kreieren, für viel Marketing sorgen und wenn es funktioniert und genügend Marktteilnehmer überzeugt sind, sofort verkaufen, bevor das Kartenhaus zusammenfällt. *Pump and Dump* nennt man diese Strategie.

Bitcoin ist nicht Krypto meint in diesem Sinn: Nur Bitcoin ist dezentral, nur Bitcoin hat keinen CEO, nur Bitcoin ist neutrales Geld, bei dem alle nach den gleichen Spielregeln spielen müssen; nur Bitcoin ist ein Rohstoff, kein Wertpapier – weshalb vermutlich nur Bitcoin dem Schicksal entgehen wird, wie ein Wertpapier durch die Börsenaufsicht reguliert zu werden.

Technikgeschichtlich könnte man sagen: Bei einer neuen Technologie setzt sich selten der erste Anwender durch. Aus dieser Perspektive wäre Bitcoin lediglich der erste Anwendungsfall der Blockchain, der durch effizientere, durchdachtere, besser ausgearbeitete Konzepte aus dem Markt gedrängt würde. So geschah es zum Beispiel im Fall der sozialen Medien, denn da hat nicht My Space das Rennen gemacht, obwohl die Plattform der *first mover* war, sondern Facebook.

Außerdem haben einige Altcoins durchaus etwas zu bieten, was Bitcoin nicht besitzt: Zum Beispiel hat der Altcoin

Monero weit bessere Privacy-Eigenschaften als Bitcoin. Andere Kryptos stellen mehr Datenvolumen pro Block bereit und versprechen sich davon eine höhere Skalierbarkeit; wieder andere wie Polkadot sollen Interoperationalität zwischen verschiedenen Blockchains ermöglichen. Und die Ethereum-Plattform, seit 2014 von Vitalik Buterin entwickelt, ermöglicht sogenannte Smart Contracts, also programmierbares Geld, so dass die Nutzer so gut wie jede Form von Finanztransaktion auf Ethereum abwickeln können, indem Zahlungen an die Erfüllung bestimmter Bedingungen gebunden werden.

Das sind alles echte Werte, doch eben solche der Nützlichkeit, während es für Bitcoiner nicht um mehr Effizienz bei Finanzdienstleistungen geht, sondern um ein neutrales Geld, das aufgrund seiner Dezentralität niemanden ausschließt oder bevorzugt. Es geht nicht um schneller, besser, weiter, sondern um anders. Gerne langsam, dafür sicher, gerne schlicht, dafür transparent. Es ist ein ganz anderer Traum, der da geträumt wird. Während in der Kryptowelt vielfach die Casinowelt des alten Finanzsystems auf der Blockchain nachgebaut wurde, will Bitcoin dem Ethos der schwäbischen Hausfrau gerecht werden und ein seriöses Sparvehikel sein, durch das man seine Arbeitsleistung speichern kann, ohne spekulieren zu müssen. Ein Sparvehikel, das von niemandem manipuliert wird und bei dem es nicht eine Zentralbank gibt, die die großen Player raushaut, wenn diese sich mal wieder verzockt haben. Weil aber die Kryptowelt der Welt der großen Finanzkrise zum Verwechseln ähnlich sieht, nur jünger und digitaler, haben Bitcoiner in den vergangenen Jahren viel Mühe darauf verwendet, eine möglichst hohe Brandmauer zwischen Bitcoin und Krypto zu errichten.

Außenstehende kaufen Bitcoinern dieses Ethos oft nicht ab, sie sehen allein die rasante Wertentwicklung von Bitcoin über die letzten 13 Jahre und halten deshalb jeden, der da mitgemacht hat, für einen klassischen Casinospekulanten, der es verdient hat, im selben Dante'schen Höllenkreis zu schmoren wie nur je ein Krypto-Bro.

Nun, am Ende kann auch ich bloß spekulieren, was in einzelnen Bitcoinern vorgeht, aber was ich zu sagen versuche, und zwar, wie ich glaube, mit guten Gründen zu sagen versuche, ist, dass die Idee von Bitcoin eine fundamental andere ist. Sie lautet (ich wiederhole mich): Eigenverantwortung ohne Gegenparteirisiko. Und darum der kategorische Imperativ: Haltet Eure Coins auf Eurem Wallet, nicht auf einer Exchange! Selbstverwahrung, das Ethos des Bitcoiners, schließt jedoch die Jagd nach möglichst hohen Renditen von vornherein und grundsätzlich aus, denn um Zinsen auf seine Coins zu bekommen, muss man sie einer Gegenpartei anvertrauen, die sie ihrerseits verleiht, um ebendiese Zinsen zu erwirtschaften. Das hat mit Bitcoin nichts zu tun.

Und so könnte man sagen: Auch die Kryptowelt will das alte Bankensystem überwinden, aber nicht, indem sie eine politische Alternative dazu bietet, sondern indem sie die Logik der alten Finanzdienstleistungen auf der Blockchain mit noch mehr Rasanz nachbaut: alter Wein in neuen Schläuchen ... Bitcoiner dagegen wollen einen ganz neuen Wein! Nirgends wurde das so greifbar wie beim Zusammenbruch von FTX, der Börse von Sam Bankman-Fried, dem Wunderkind der Kryptoszene, den das Magazin ›Fortune‹ zum neuen Warren Buffett ausgerufen hatte. Bankman-Fried hatte den von FTX selbst emittierten FTT-Token als Sicherheit für Kredite seines eigenen Investmentfonds Alameda hinterlegt. Hatte gewissermaßen seine eigene Zentralbank gespielt und genau das getan, was Bitcoiner den Fiat-Währungen vorwerfen: Geld aus dem Nichts zu erzeugen, *funny money*, dessen Bereitstellung FTX nichts kostete. Einen Bitcoin zu schürfen kostet hingegen immer Zeit und Geld – das ist, was Nick Szabo in seinem Aufsatz ›Shelling Out – The

Origins of Money‹ die »unforgeable costliness« von Bitcoin nennt: seine fälschungssichere Kostspieligkeit.

Kurz, die alte Einsicht, dass man, wenn man alle, die man erwischt, in einen Sack steckt und dann draufschlägt, schon keinen Falschen trifft, stimmt hier nicht, denn Bitcoin ist nicht Krypto, und der FTT-Token war eher eine Art interne Rabattmarke, über deren Menge Bankman-Fried willkürlich entscheiden konnte ...

Nicht wenige Bitcoiner nennen sich selber Bitcoin-Maximalisten, ein Begriff, der lustigerweise auf Vitalik Buterin zurückgeht, der damit bereits 2014 jene Anhänger Satoshi Nakamotos beschreiben wollte, die Bitcoin für allein seligmachend und alle anderen Kryptowährungen für entweder unterlegen oder rundheraus für Betrug hielten. Ursprünglich als Schmähbegriff geschaffen, haben viele Bitcoiner die Formulierung stolz auf sich selbst übertragen.

Maxis erkennt man daran, dass sie von Altcoins nur als »Shitcoins« sprechen; für sie gibt es Bitcoin und Shitcoins, und wer Shitcoins tradet, ist für sie ein Shitcoiner – mit ihm will man nichts zu tun haben. Dabei hatten eine Reihe Maxis ihre eigene Shitcoin-Phase gehabt, weshalb ihre rigorose Abgrenzungshaltung ein bisschen an den Alkoholiker erinnert, der nach Überwindung der Sucht lauthals erklärt, dass Schnaps generell Teufelszeug sei. Wegen dieses Rigorismus wirft man den Maxis gern Toxizität vor, und ich gebe zu, dass mich ihr Eifer anfangs mehr als nur irritiert hat, und das, obwohl ich mich selbst eigentlich auch als »Bitcoin only« beschreiben würde. Am Anfang meiner Reise habe zwar auch ich ein bisschen Ethereum gekauft, weil ich noch, ganz konventionell, einer Diversifikationslogik folgte, aber recht bald wurde mir klar, dass ich die Logik von Bitcoin verstehe, die der Altcoins hingegen nicht. Womit ich nicht ausschließen wollte, dass klügere Köpfe das Kryptoversum womöglich besser verstanden und deshalb mit mehr Recht in Kryptos investierten. Kurz, ich fand, man musste gar keine negative Meinung zu Altcoins haben, um sich doch ganz auf Bitcoin zu konzentrieren; ein neutrales Desinteresse genügte völlig. Oder, etwas altmodischer gesagt: Viele Wege führen nach Rom, jeder wählt den, den er berechnen kann, den er für gangbar hält, ohne deshalb den eigenen Weg zu verabsolutieren. Man könne jedenfalls, fand ich, nicht einerseits im Blick auf die Fiat-Währungen mehr Währungswettbewerb einklagen, andererseits aber für kryptografischen Monotheismus eifern. Das erschien mir einfach wenig liberal, ohne Sinn für die Fehlbarkeit menschlicher Urteile. Schon aus epistemologischen Gründen war mir der Maximalismus deswegen nicht geheuer; auch er konnte schließlich sein eigenes Nichtwissen nicht in seine Kalkulationen und Begründungen einbeziehen, und Respekt vor der Ungewissheit ist für mich immer die höchste Tugend gewesen.

Inzwischen allerdings glaube ich, dass ich mich getäuscht habe: Die Erfahrung der letzten zwei Jahre hat mich eines Besseren belehrt. Das Reinheitsgebot, zwischen Bitcoin und Shitcoin strikt zu trennen, war mehr als nur der Narzissmus der kleinen Unterschiede, es bezeichnet tatsächlich einen Unterschied ums Ganze. Minimalistisch könnte man formulieren: Wer die praktischen Handlungsanleitungen der Maxis befolgte, ist bis heute gut damit gefahren.

Und doch, trotz aller Dankbarkeit gegenüber den Maxis habe ich beschlossen, mich nicht als Bitcoin-Maximalisten, sondern als Bitcoin-Minimalisten zu sehen. Warum?

Nun, die Maxis kennen mir die Zukunft zu gut, sie wissen für meinen Geschmack zu genau, wie sich alles entwickeln wird, warum John Maynard Keynes ein Vollidiot war, wo in einem Jahr die Zinsen stehen und wie in 24 Jahren die *Hyperbitcoinization* vonstattengehen wird. Als Bitcoin-Minimalist hingegen versuche ich meine Annahmen über Bitcoin möglichst schlank zu halten: Bitcoin ist ein dezentrales Geld ohne Gegenparteirisiko, das sein Inhaber in Eigenverantwortung verwahren kann und dessen Menge begrenzt ist. Mehr weiß ich nicht. Was daraus folgt in der Dynamik der Wechselwirkungen und ob sich ein solches finanzielles Instrument tatsächlich durchsetzt, vermag ich dagegen weder vorauszusehen noch zu steuern. Nur an der oben angeführten, schlanken Definition will ich festhalten, in der Hoffnung, dass ich von diesem wenigen wie Descartes von seinem »Cogito, ergo sum« sagen kann: Daran zumindest muss ich nicht zweifeln.

Überhaupt bin ich Agnostiker, auch monetärer Agnostiker. Was das heißt? Ich finde es toll, wie die Bitcoin-Bewegung ein fundamental neues Nachdenken über Geld angestoßen hat, aber ich glaube nicht, dass es das eine wahre Geld gibt. Ich glaube nicht, dass wir erkannt haben, was Geld ist, ich glaube nicht einmal, dass wir überhaupt erkennen können, was Geld ist. Geld ist Zeit, heißt es. Und Geld ist wie die Zeit. So wenig wir die Zeit verstehen, so wenig verstehen wir Geld. Die Physiker haben das in Bezug auf die Zeit immerhin schon zugegeben.

Und doch ist meine Position keine fatalistische. Als Agnostiker bin ich nur letzten Einsichten gegenüber skeptisch, was nicht heißt, dass ich als Agnostiker nicht versuche, mir einen Reim auf die Dinge zu machen und dabei auch einen Weg einzuschlagen, von dem ich mir Besserung verspreche. Dass verschiedene Medien die Geldfunktion unterschiedlich erfolgreich in ihrer je eigenen Zeit erfüllt haben, das zu beobachten ist auch für einen Agnostiker legitim. Und er darf ja auch handeln und seine Sache zum Beispiel auf den Bitcoin bauen, weil er findet, dass diese digitale Währung einige sehr starke Seiten hat, und zwar genau dort, wo das gegenwärtige System seine offensichtlichsten Schwächen hat.

Aber als Agnostiker – und hier werden viele Bitcoiner enttäuscht sein – sehe ich es nicht als Kampf zwischen Licht und

Finsternis. Dafür finde ich zum Beispiel Giralgeld auch zu faszinierend. Ich habe nicht einmal etwas gegen Banker, ich glaube nur, dass sie in einem Umfeld mit völlig falschen Incentives operieren.

Ich bin Bitcoin-Minimalist, denn *my case for Bitcoin*, meine These, meine ganze Argumentation pro Bitcoin bemüht sich um Schlankheit. Ich will minimale Prognosen machen, was Bitcoin in der Welt anrichten wird. Nur drei minimale Wahrheiten halte ich für selbstevident: dass dieses Geld in jedem Fall knapp ist, dass es zensurresistent ist und kein Gegenparteirisiko kennt. Mehr nicht. Ich finde das zwar schon ziemlich viel, tatsächlich sogar etwas Neues in der Weltgeschichte; was daraus aber hervorgeht, über diese Frage höre ich mir gern phantasievolle Geschichten an, glaube aber nix davon. Bitcoin ist ein sehr starkes Instrument. Es wird in der Welt viel verändern, doch in welche Richtung? Das weiß ich nicht. Wie alles Neue wird es Gutes und Schlechtes nach sich ziehen. Es wird kein Medium des Heils sein, keine Kraft des Guten, aber auch keine des Schlechten, vielmehr ein neues Spiel mit erstaunlich fairen Regeln eröffnen, die mich überzeugen. Und deswegen spiele ich mit. Wie das Spiel ausgeht? Auch das weiß ich nicht. Denn auch nach dem Bitcoin bleibt die Welt komplex, dynamisch, unvollkommen und unvorhersehbar wie nur je.

Oder ist all das am Ende ein Streit um Worte? Meinen die Maxis vielleicht auch nichts anderes als das, was ich hier als Bitcoin-Minimalismus umrissen habe? Zumindest müssen wir noch auf einen entscheidenden Glaubensartikel zu sprechen kommen, den Maxis wie Minis teilen: Nur *Proof of Work* garantiert Dezentralität. Eine Frage, die für Bitcoin-Maximalisten zu einem wichtigen Schlachtfeld geworden ist, seit es bei Ethereum im September 2022 zum sogenannten Merge gekommen ist. Worum handelt es sich dabei?

Wir können das Thema hier allenfalls grob umreißen.

Jede Blockchain, muss man wissen, hat ihren spezifischen Konsensmechanismus. Bitcoin arbeitet mit dem *Proof-of-Work*-Algorithmus, und genauso war es über Jahre bei Ethereum, bis Vitalik Buterin und die Ethereum Foundation beschlossen, dass diese Art des Energieverbrauchs in Zeiten des Klimawandels nicht mehr zeitgemäß sei. Folglich suchte man nach einem alternativen Konsensmechanismus und fand ihn im sogenannten *Proof of Stake*. *Proof of Stake* verbraucht so gut wie keine Energie mehr. Hier qualifiziert man sich für das Finden des nächsten Blocks nicht durch einen Arbeitsnachweis, also durch real erbrachte Rechenleistung und verbrauchte Energie, sondern indem man selbst Coins stackt (also vertraglich abgibt, sie sperrt, so dass sie einem zwar gehören, man aber für die Dauer des Stacking keinen Zugriff auf sie hat) und so zum Validator wird. Wenn ein Validator falsche Transaktionen validiert, kann er bestraft werden, indem ihm seine gestackten Coins entzogen werden.

Proof of Stake funktioniert im Grunde wie eine Aktiengesellschaft, in der die größten Aktionäre die Macht über das Unternehmen haben, während bei *Proof of Work* für jeden neuen Block die notwendige Energie jeweils wieder neu aufgebracht werden muss. Der Streit um die Frage, was der überlegene Konsensmechanismus ist, wird von beiden Fraktionen ebenso vehement wie einseitig geführt, und das Hauptargument der Bitcoin-Maxis lautet: Allein *Proof of Work* ist wirklich dezentral, denn wer bei *Proof of Stake* einmal die Mehrheit der Coins für sich gesichert hat, der hat das Netzwerk dauerhaft in der Hand. Eine solche Kapitalkonzentration ist zwar vorerst nicht zu erwarten, da jedoch beide Lager in sehr langen Zeiträumen denken, schließlich sollen ihre Währungen unbedingt dauerhafter sein als die historischen Fiat-Währungen, spielen Langfristigkeitsüberlegungen eine erhebliche Rolle.

Auch hier folge ich den Maxis in der Sache, wenngleich

nicht im Grundsatz: Ich verstehe *Proof of Stake* zu wenig, um es belastbar beurteilen zu können. Ich bilde mir allerdings ein, *Proof of Work* so weit verstanden zu haben, dass ich bereit bin, diesem Konsensmechanismus mein Geld anzuvertrauen.

So gesehen ist dieses Buch ein »Bitcoin-only«-Buch. Und doch habe ich die Vermutung, dass wir mit der Blockchain eine so umfassende technologische Revolution erleben, dass diese mehr als nur Bitcoin hervorbringen dürfte. Das politisch-utopische Potential im strengen Sinn indes, gestützt durch Dezentralität und hohe Verlässlichkeit, sehe ich nur beim Bitcoin – was aber nicht heißt, dass andere Netzwerke wie Ethereum nicht ganz andere Funktionalitäten bedienen könnten. Noch mögen die beiden wie Konkurrenten erscheinen, aber schon bald werden sie, so meine Vermutung, jeweils völlig anderen Kunden nachjagen.

Unser Kuba heißt El Salvador

Jeder Zukunftsentwurf muss sich einem Maßstab unterwerfen, an dem er sein Scheitern ablesen kann. Für mich ist der Bitcoin eine Technik, kein Welterlösungskonzept, das heißt, er tritt an im Wettbewerb der Ideen, und es kann kein Verrat sein, falls man irgendwann einzuräumen haben sollte, dass er seine Funktion nicht erfüllt.

Wie aber könnte sein Scheitern aussehen? Was bleibt, wenn der Bitcoin-Kurs auf null fällt?

Bitcoin ist keine klassische Utopie wie der Kommunismus oder andere eschatologische Weltrettungsprojekte, bei denen man, wenn sie sich nicht durchsetzen, dekretieren kann: umso schlimmer für die Wirklichkeit. Scheitert Bitcoin, dann scheitert er an sich selbst, nicht an der Unzulänglichkeit der Menschen. Diese Ausflucht, die so viele Sozialisten für ihr Himmelreich auf Erden in Anspruch nehmen, hat er nicht – schon wegen seiner spieltheoretischen Natur: Seine spieltheoretische Wahrheit ist seine Adoption; setzt er sich nicht durch, ist er falsch, genauer: falsch konstruiert.

Natürlich frage ich mich manchmal, ob ich mich zu vorbehaltlos mit Bitcoin verbunden habe und womöglich eines Tages mit einem Kater wie nach einem Rausch aufwachen werde. Gewiss, damit muss ich rechnen. Bliebe trotzdem etwas? Ich würde sagen: ja, nämlich der faszinierende Versuch, in einem Zeitalter, dessen technologische Evolution auf immer mehr Zentralsteuerung zuläuft, darüber nachgedacht zu haben, wie Dezentralität praktisch funktionieren könnte. Dieses Nachdenken sollte nie aufhören, egal, wie der Coin heißt, mit dem wir unsere Arbeitszeit abspeichern – ob es Bitcoin oder ein »Shitcoin« oder Fiat ist.

Doch es gibt noch ein anderes Scheitern, und auch da sollte man sich ehrlich machen. Zweifellos ist es denkbar, dass sich Bitcoin als effektives Geldsystem durchsetzt, aber gesellschaftspolitisch zu einer Welt führt, in der die Chancengleichheit nicht, wie erwartet, zunimmt, sondern die Ungleichverteilung noch größer und die soziale Mobilität kleiner wird und Bitcoiner der ersten Stunde zu den neuen Besitzstandswahrern werden, die ihre Coins horten. Das ist die Sorge meines Freundes, des Opernsängers. Auch manche Bitcoin-Kritiker äußern sich so; ihre Überlegungen müssen wir ernstnehmen, selbst wenn wir die Dinge anders sehen. Sollte eine neue Klasse von Besitzstandswahrern lediglich die Positionen der alten einnehmen, dann wäre Bitcoin am Ende nicht mehr als eine gute Investition gewesen und kein Mittel zum Zweck der Emanzipation. Der Bitcoin selbst ist ja nur Werkzeug und Mittel: ein intelligenteres Geld, um die ökonomischen Interessen der Menschen besser, und das heißt: fairer zu koordinieren; wenn er sein Ziel verfehlt und sich als Instrument einer neuen Monopolisierung erweisen sollte, hat er als solches ausgedient – und hoffentlich findet die Menschheit dann andere, neue Mittel, die die Kreativität und den freien Geist der Menschen mobilisieren und zu mehr Freiheit führen. Freiheit bleibt das letzte Ziel.

Im September 2022, kurz vor Abschluss dieses Manuskripts, gab es in Innsbruck eine dreitägige Bitcoin-Konferenz mit mehr als 800 Besuchern. Noch nie war ich so vielen Bitcoinern in Fleisch und Blut begegnet, und ich muss sagen: Das Ganze sah aus wie eines der Werbeplakate, mit denen das Familienministerium Diversity anpreist. Da waren Schüler, die das Gespräch suchten, weil sie sonst niemanden kannten: Sie seien allein angereist, weil sich in ihrem Freundeskreis niemand für Bitcoin interessiere. Da waren junge Eltern mit Kleinkindern im Kinderwagen, da waren Leute in Bomberjacken, die sich mit dem Satz vorstellten, sie hätten kein Abitur, aber seit sie Bitcoin entdeckt hätten, gebe es nichts mehr, was sie nicht interessiere, Wissen sei für sie plötzlich die aufregendste Sache der Welt. Da waren klassische Nerds im Hoodie, die die Kunst beherrschen, komplett in Memes zu sprechen, jeder Satz eine Bitcoin-Metapher. Da waren Frauen, die zusammen mit ihren Kindern Bitcoin-Pioniere geworden waren, da waren Menschen jeder Altersstufe, jeder Sozialisation, jeden politischen Lagers, und bestimmt waren da auch einige »Wale«, aber sie waren an ihren Kleidern nicht zu erkennen, man konnte es nur vermuten, wenn die Geschichten, die sie erzählten, bis ins Jahr 2011 zurückgingen ... Manche waren Veganer, andere Carnivoren, manche brannten für den freien Markt, andere stellten sich als Kommunisten vor, es gab Elektroingenieure und Juristen, Musiker und Volkswirte, Rapper und Professoren, bekennende Christen und Anhänger der Spaghetti-Monster-Religion. (Deren Anhänger gehen davon aus, dass ein Monster, das ziemlich genau wie ein wilder Haufen gekochter Spaghetti aussieht, die Menschen, das Universum und überhaupt alles erschaffen habe, und fordern im Namen der Religionsfreiheit für sich dieselben Rechte ein, wie sie anderen Konfessionsgemeinschaften gewährt werden. In der atheistisch geprägten Welt von Codern und Programmierern ist dieser dadaistische Meme-Kult sehr beliebt ...) Und natürlich waren alle furchtbar aufgeregt, zum einen, weil sie plötzlich leibhaftig Menschen gegenüberstanden, die sie bisher nur von ihrem Twitter-Handle kannten (»Ach, du bist der Hodlnaut!«), aber auch, weil der kollektive Schwung sie erfasst hatte und sie es kaum fassen konnten, was da gerade passierte – einer der am häufigsten gehörten Sätze lautete: »We are so early, it's so crazy!«

Und obwohl es eine deutschsprachige Konferenz war, wurde dieser Satz jedesmal auf Englisch ausgerufen. Denn das ist die Dauerschizophrenie, in der Bitcoiner leben: Bewundernd auf die OGs schauend, die das Wachstum des Netzwerks schon seit zehn Jahren begleiten, fühlen sie sich als Spätentwickler, die die heroischen Jahre des Anfangs bloß aus Opas Erzählungen kennen; und als Antidot zu diesem Gefühl müssen sie sich unablässig daran erinnern, dass sie noch immer absolute *early adopter* sind, dass das Netzwerk noch immer jung ist und die bisher geschürften 330 000 Blöcke in den Annalen der Bitcoin-Geschichte noch nicht einmal den Prolog ausmachen. Und eben weil, wenn alles noch ganz am Anfang ist, auch noch alles möglich ist, dieser Ausruf: »We are so early, it's so crazy!«

Und weil man so früh war und alles noch so neu und dynamisch, dass die Seele manchmal gar nicht mitkam mit dem Tempo der Gedankenfluchten, in die Bitcoin einen zog, hatte die Konferenz gleichzeitig etwas von einer Gesprächstherapie, in der alle von ihren Gefühlen redeten, von dieser staunenswerten Erfahrung, dass Bitcoin wie eine Obsession von ihrem Denken Besitz ergriffen hatte und sie täglich stundenlang Bitcoin-Content rezipieren ließ; mitunter sei ihr Mitteilungsbedürfnis wirklich riesig groß gewesen, nur leider habe niemand in ihrem Umfeld etwas von Bitcoin hören wollen.

Ich selbst war Speaker auf der Konferenz, und weil mein Thema »Strategien gegen die Selbstimmunisierung« lautete, es bei mir also um die Frage ging, wie man sich als Community trotz Gemeinschaftsrauschs vor allzu starker ideologischer Homogenisierung hüten könne, kamen nicht wenige Konferenzbesucher danach zu mir und brachten eine gemeinsame Erfahrung zum Ausdruck: nämlich die Sorge, ob man überhaupt überprüfen könne, dass man nicht einem Kult angehöre: »Bin ich der Geisterfahrer oder sind es die anderen, die mir entgegenkommen?«

Idealtypisch sagte es ein junger Mitarbeiter des Bundeskriminalamts, der seit Jahren im Personenschutz arbeitet, mithin sehr nah am »System« ist, weil er oft lange Reisen mit den Ministerinnen und Ministern unternimmt. Natürlich *orangepille* er seine Schutzperson … Aber, und dabei schaute er mich bange an, er merke doch an sich selbst, wie sein Misstrauen gegenüber staatlichen Institutionen gewachsen sei, seit er sich mit Bitcoin beschäftige, und wenn dieser Prozess so weitergehe, befürchte er, dass er in noch einmal drei Jahren möglicherweise an einen Punkt komme, an dem er dann einen echten Loyalitätskonflikt als Staatsdiener *und* Bitcoiner in seinem Inneren auszutragen habe.

So sprachen viele, und immer im Tonfall der Sorge, nicht in dem eines überheblichen Triumphs, denn die meisten wollten nichts weniger, als sich der Gesellschaft zu sehr zu entfremden. Dennoch waren sie umgekehrt auch nicht bereit, für ihre gesellschaftliche Zugehörigkeit die neuen Einsichten, die Bitcoin sie gelehrt hatte: über das Geldsystem, über Zentralisierung, über den Wert der Privatsphäre, aufzugeben.

Mich begleitet dieser Konflikt ebenfalls. Auch ich, der ich eigentlich immer ein Liberaler der Mitte gewesen bin, beobachte, wie mein Institutionenvertrauen in den drei Jahren meiner Bitcoin-Reise zurückgegangen ist. Nun, damit kann ich leben. Doch weil mich Selbstbeobachtung schon immer interessiert hat, blicke ich zugleich ständig auf mich wie von außen, um mich zu fragen: Bist du selbst jetzt zu einem solchen geworden, der eine neue Wahrheit für sich entdeckt hat und glaubt, in ihr den Schlüssel zu allen Weltgeheimnissen in der Hand zu haben? Und hat es in der Geschichte nicht ständig Bewegungen gegeben, deren Anhänger überzeugt waren, diesen Universalschlüssel gefunden zu haben? Hast du, als Utopie-Skeptiker, diese Erleuchteten nicht immer als unangenehm abgelehnt? Diese zu lauten Leute! Bist du jetzt selbst ein solcher?

Und dann muss ich daran denken, dass ich, Jahrgang 1971, mit vielen Erwachsenen (Lehrern, Professoren, Bekannten, öffentlichen Figuren) aufgewachsen bin, die als desillusionierte 68er irgendwie mit dem Umstand zu leben hatten, dass sie für einen bestimmten Zeitraum geglaubt hatten, die Weltrevolution stehe, wenn man nur konsequent genug für *tabula rasa* sorge, sich vom Bürgerlichen befreie und dem »Schweinesystem« die Maske vom Gesicht zerre, praktisch vor der Tür. Und weil die Knabenmorgenblütenträume dann doch nicht wahr geworden waren, mussten sie für den Rest ihres Lebens eine Haltung würdevoller Melancholie für sich finden. Immerhin, man hatte noch Träume gehabt – das war doch in sich schon eine moralische Qualität. Zu uns, der Generation Golf, sagten sie herabblickend: »Wir waren so viel politischer als ihr!«

Jede Epoche, jede Generation kennt diese Erzählung von den verlorenen Illusionen. Hat es auch mich zuletzt noch eingeholt? Werde ich mir in zehn Jahren die Augen reiben (weil Bitcoin entweder völlig verschwunden ist oder aber sich flächendeckend durchgesetzt und alles schlimmer gemacht hat, zu einer von Bitcoin-Walen verknechteten Welt)? Das will ich nicht ausschließen. Da ich absolute Wahrheiten weiterhin ablehne, kommt meine Bitcoin-Überzeugung einer Wette gleich: Ich kann sie gewinnen, aber ich kann sie genauso gut verlieren.

Zu besagter Bitcoin-Konferenz in Innsbruck war auch die Finanzministerin von El Salvador angereist und schilderte, im Rahmen welches größeren gesellschaftlichen Umbaus die Einführung des Bitcoins als gesetzliches Zahlungsmittel ein Puzzleteil unter mannigfachen politischen Strukturreformen sei – und welche dynamischen Energien man bereits jetzt beobachten könne. Wachstum der Tourismusbranche, Ansiedlung junger IT-Firmen, steigende Rückkehrzahlen von Diaspora-El-Salvadorianern, sinkende Mordraten usw.

Nun, wenn eine Ministerin eines autoritären Landes, in dem es keine Pressefreiheit gibt, spricht, weißt du, dass du ihren Zahlen nicht trauen darfst. Trotzdem: Während sie die Investoren aufrief, ein Business in El Salvador zu gründen, dort gehe schließlich gerade die Sonne auf, sah ich mich selbst bereits dorthin reisen, um das erste Bitcoin-Land der Welt in Augenschein zu nehmen.

An sich haben Bitcoiner naturgemäß ziemliche Bauchschmerzen mit der Top-down-Einführung des Bitcoins in El Salvador, und dennoch lässt keinen das Schicksal des kleinen Landes am Pazifik kalt. Nicht zuletzt, weil man als westlicher Bitcoiner, so geht es mir zumindest zuweilen, ein schlechtes Gewissen hat: Ausgerechnet die El Salvadorianer, die sowieso nichts haben, müssen jetzt als Erste in dieses Experiment hinein, während wir in den Tiroler Alpen ihnen zwar die Daumen drücken, selbst dabei jedoch nicht wirklich was zu verlieren haben.

Während ich der Ministerin lauschte, stieg allerdings noch eine andere Erinnerung in mir auf: Wenn ich als Schüler morgens zum Gymnasium nach Heidelberg radelte, kam ich immer an einem Sportplatz vorbei, an dessen Mauern der Satz gesprüht war: »Waffen für El Salvador!« Obwohl ich mich in jenen Jahren als Marxist verstand und die Weltrevolution für eine gute Sache hielt, erschien mir dieses Graffito schon damals irgendwie hohl, aufgesetzt und ohne echten Bezug zu dem Land, für das man sich einzusetzen vorgab – wohlfeile Revolutionsfolklore.

Und doch sah ich mich nun (die Ministerin sprach noch immer) tatsächlich durch El Salvador reisen. Vielleicht könnte man da eine kleine Ferienwohnung erwerben? Dann könnte man jedesmal, wenn das Bedürfnis stark würde, Bitcoin auch mal auszugeben, nach El Salvador fliegen und mit Lightning bezahlen … Und mitten in meiner Tagträumerei musste ich plötzlich an Hans Magnus Enzensberger denken, den Lyriker, Essayisten und Zeitdiagnostiker, der mit der Beweglichkeit seiner Gedanken der Immobilität der Zeitgenossen fast immer voraus gewesen ist. Für einen kurzen Zeitraum träumte ja auch HME von der Weltrevolution, verkündete das Ende der (bürgerlichen) Kunst und reiste gewissermaßen als Revolutionstourist in das Kuba des Fidel Castro, wo er mit eigenen Händen in einer Zuckerrohrplantage mit anpackte und nach dieser Realzeugenschaft inklusive Einsatz in der Produktion der Castro-Diktatur ein ausgesprochen freundliches Zeugnis ausstellte.

Enzensberger, der Nichtdogmatiker, hatte sich für einige Jahre den Traum der Weltrevolution erlaubt, dann war er aus den Illusionen erwacht und schrieb mit dem großartigen Gedichtzyklus ›Der Untergang der Titanic‹ ein Requiem auf die Utopien.

Jahrzehnte später, in den zehner Jahren, klopft das Literaturarchiv Marbach an Enzensbergers Tür. Gemeinsam schaut man in alte Kisten im Keller, und da findet Enzensberger all die Sachen wieder, die er als Vierzigjähriger geschrieben hat. In seinem Buch ›Tumult‹ spricht er über die späte Selbstbegegnung: »Dieses Ich war ein anderer. Ich sah nur eine Möglichkeit, mich ihm zu nähern: den Dialog mit einem Doppelgänger, der mir wie ein jüngerer Bruder vorkam, an den ich sehr lange Zeit nicht mehr gedacht hatte. Ich wollte ihn ausfragen. Doch war mir weder an einem Verhör noch an einer Beichte gelegen. Ob dieser knapp Vierzigjährige sich mit Schuldgefühlen oder Peinlichkeiten herumschlug, ob er recht oder unrecht hatte, war mir egal. Das war seine Sache. Damit musste er selbst fertig werden. Das einzige, was mich interessierte, waren seine Antworten auf die Frage: Mein Lieber, was hast du dir bei alledem gedacht?«*

Es vergeht kein Tag, an dem ich nicht diesen Moment in

* Hans Magnus Enzensberger, Tumult, Berlin 2014, S. 107

der Zukunft zu antizipieren versuche, an dem ich mich möglicherweise kopfschüttelnd über mein 51-jähriges Ich beuge und zu mir selber sage: »Mein Lieber, was hast du dir damals nur gedacht?«

Was ich mir »damals« gedacht habe, habe ich in diesem Buch festgehalten. Ich habe versucht, für jede Behauptung Gründe anzuführen – natürlich: Auch wer mit Gründen argumentiert, kann falschliegen, sonst gäbe es schließlich gar keinen rationalen Diskurs, weil die Ratio nur eine Position, nämlich die einzig richtige, zuließe.

Ich hoffe, dass es ein rationales Buch geworden ist, obwohl ich mich nicht gezwungen habe, meine Begeisterung und Faszination zu verstecken. Wie alle, die sich mit Bitcoin beschäftigen, bin ich deshalb gespannt wie ein Flitzebogen auf die Zukunft und kann den nächsten Block kaum erwarten.

DANK

Ich danke meinem Lektor Alexander Fest, ohne den das Bücherschreiben nicht halb so viel Spaß machen würde. Den Bitcoinern Tassilo mit seiner Urteilskraft, Jan mit seinem musischen Sinn und Jan Wüstenfeld mit seinem professionellen Wissen. Dem Bitcoin-Space überhaupt, von dem ich so viel gelernt habe. Und Jule, die irgendwann anfing, mich über Bitcoins mögliche Schwachstellen auszufragen – da wusste ich: Sie hatte die Pille geschluckt.